ENGLISH
HAITIAN CREOLE
DICTIONARY

Second Edition

Féquière Vilsaint
Jean-Evens Berret

EDUCA VISION

English - Haitian Creole Dictionary
Second Edition
Authors: Féquière Vilsaint, Jean-Evens Berret
Cover design: Saradja Registre

© Copyright 1991, 1995, 2005 Educa Vision, Inc.
Coconut Creek, FL

For information, please contact:

Educa Vision Inc.,
7550 NW 47th Avenue,
Coconut Creek, FL 33073
Telephone: 954 725-0701.
E-mail: educa@aol.com.
Web: www.educavision.com

ISBN: 1-58432-213-6

PREFACE

The English Haitian Creole Dictionary is a practical instrument to help both English and Haitian Creole learners of the other language to improve their language skills and clarify issues of orthography. It contains 17,000 word entries and expressions, many with multiple meanings.

We depart dramatically from our previous edition by first using a word frequency list of the English language to select frequent entries in common English communication. Second, we added special vocabulary from secondary-school content fields such as social sciences, physical sciences, biological sciences, mathematics, language arts etc. The result is a comprehensive list of English entries with Haitian Creole equivalents in all areas covered in school curricula.

Several people helped in the development of this dictionary. Some by making useful comments or corrections, others by doing pioneering works that guide our own efforts. We wish to thank especially Professor Albert Valdman, Ph.D. (Indiana University), Professor Bryant Freeman, Ph.D. (University of

Kansas) and Yves Déjean, Ph.D. for the useful reference materials they provided in Haitian Creole literature. We wish also to acknowledge critical energies and direction brought about by Michel Degraff, Ph.D. (MIT), Mimosa Louinis, (BCSB), Carole Bérotte Joseph Ph.D., (Dutchess Community College). Lucrece Louisdhon, (MDPL), Maude Heurtelou, (Women Writers of Haitian Descent) and Pierre Vernet, Ph.D.)Université d'Etat d'Haiti).

Féquière Vilsaint
Educa Vision
September 2004

LIST OF ABREVIATIONS
LIS ABREVYASYON

	English	Haitian Creole
a.	adjective	adjektif
adv.	adverb	advèb
art.	article	atik
conj.	conjunction	konjonksyon
eltr.		elatriye
interj.	interjection	entèjeksyon
n.	name	non
pos.	possessive adjective	adjektif posesif
prep.	preposition	prepozisyon
pron.	pronoun	pwonon
v.	verb	vèb

A

a, an: *det.* yon, you, on, youn
A. D.: apre Jezi-Kri
aback: *adv.* pa sipriz
abactor: *n.* vòlè bèt; vòlè bèf
abandon: *v.* abandonnen, kite, lage. Li abandonnen la. 2. Mete atè
abandonee: *n.* moun yo abandonnen
abandonment: *n.* renonsman, abandonnen
abase: *v.* abese, diminye
abash: *v.* demoralize
abatable: *a.* negosyab
abate: *v.* diminye
abbreviate: *v.* abreje
abbreviation: *n.* abrevyasyon
abdicate: *v.* abdike, abandone, fè bak
abdomen: *n.* vant
abdominal: *a.* ki gen relasyon ak vant, abdominal
abdominal cramps: *n.* kolik
abdominal pain: vant fè mal
abduct: *v.* kidnape, anlve
abductor: *n.* moun ki komèt zak kidnapin, kidnapè
abet: *v.* pwovoke, enstige, ensite, eksite
abettor: *n.* konplis, pwovokatè
abhor: *v.* deteste, rayi
abide: *v.* respekte

ability: *n.* abilte, aptitid, ladrès
abiotic: *a.* abyotik (ki pa gen lavi)
abject: *a.* abjèk, degoutan
abjuration: *n.* renonsman
ablation: *n.* operasyon pou retire yon pati nan kò ki malad
able: *a.* kapab, anmezi
abnormal: *a.* anòmal
ABO system: sistèm klasifikasyon san A, B, AB, O
aboard: *adv.* abò.
abolish; abolished: *v.* aboli
abolishment: *n.* abolisyon
abolition: *n.* abolisyon
abolitionist: *n.* abolisyonis
aboriginal: *a.* aborijèn
abort: *v.* avòte.
abortion: *n.* dilatasyon, avòtman
abound: *v.* anpil; fè mikalaw, abonde
about: *prep.* osijè. 2. prèt pou
above: *prep.* anlè, anwo, sou
above zero: anwo zewo, tanperati ki depase zewo.
above-average: plis pase mwayèn
abrade: *v.* graje, fwote , kòche, grafouyen
abrasion: *n.* kòche, grafouyen, ki pa lis
abreast: *adv.* okouran
abridge: *v.* abreje
abroad: *adv.* laba; lòtbò;

aletranje.

abrogate: *v.* revoke; anile

abrupt: *a.* rapid, brid-sou-kou

abscess: *n.* abse

abscond: *v.* sove; chape; vole gagè

absence: *n.* absans, vagabondaj, woul

absent: *a.* absan

absent minded: tèt pa la

absinthe: *n.* absent

absolute: *a.* absoli.

absolute advantage: avantaj absoli

absolute location: pozisyon absoli

absolute magnitude: valè absoli

absolute monarchs: monak absoli

absolute time: tan absoli

absolute value: valè absoli

absolute zero: zewo absoli

absolutely: *adv.* absoliman.

absolution: *n.* padonnen peche, absolisyon

absolutism: *n.* absolitis, teyori politik

absolve: *v.* padonne, absoud

absorb: *v.* absòbe, enbibe

absorption: *n.* absòpsyon

abstain: *v.* absteni.

absurd: *a.* absid, blèm, raz

abundance: *n.* bondans, anpil; pakèt; kantite

abundant: *a.* annabondans, anpil-anpil

abuse: *n.* abi, jouman (v) abize, joure

abyss: *n.* labim.

abyssal hill: mòn anba lanmè

abyssal plain: plenn anba lanmè

academic: *a.* akademik

academic achievement: pwogrè nan lekòl

academics: *n.* akademik, nivo konesans avanse

accede: *v.* aksede, rantre

accelerate: *v.* akselere, bay gaz

acceleration: *n.* akselerasyon

accelerator: *n.* akseleratè

accept: *v.* aksepte, dakò

acceptable: *a.* akseptab

acceptance: *n.* akò, dakò, akseptasyon

access: *n.* aksè, *v.* antre, fasilite, aksede

accessible: *a.* aksesib, ou ka jwenn san difikilte

accessory: *n.* konplis. 2. ki itil men ki pa nesesè.

accident: *n.* aksidan

accidental: *a.* ki rive sanzatann, san planifye, aksidantèl

accolade: *n.* akolad

accommodate: *v.* akomode, loje, bay kote pou retè

accommodation: 1. kay tanporè, otèl, kote moun rete

tanporèman 2. akomodasyon, adaptasyon

accompany: *v.* akonpaye

accomplice: *n.* konplis.

accomplish: *v.* akonpli

accomplished thief: vòlè; wa chat

accomplishment: *n.* akonplisman, reyalizasyon

accord: 1. *n.* akò; 2. *v.* akòde

according to: daprè

accordion: *n.* akòdeyon, enstriman mizik

accost: *v.* akoste, bòde

account: *n.* 1. kont nan bank; dosye biznis; 2. *v.* jistifye, eksplike

account for: *v.* rann kont

account number: nimewo kont [labank]

account, to: *v.* bay rapò, rapòte, (bay), arevwa (ak)

accountability: *n.* responsablite

accountable: *a.* responsab, ki pran responsablite

accountant: *n.* kontab

accounting: *n.* kontablite

accredited: *a.* li akredite, ki otorize.

accroach: *n.* vòlè

accrue: *v.* akimile

acculturation: *n.* akiltirasyon

acculturative stress: nostalji

accumulate: *v.* akimile, rasanble

accuracy: *n.* presizyon, egzatitid

accurate: *a.* egzak,, kòrèk, jis, vre, ki ekzak, ki pa gen erè, byen mezire

accusation: *n.* akizasyon

accuse: *v.* akize moun; mennen moun lajistis

accustom: *v.* familyarize, abitye

ace: *n.* las

acerola: *n.* seriz.

acetone: *n.* asetòn [sòlvan òganik]

acetylcholine: *n.* asetilkolin

ache: *n.* doulè, mal

achieve: *v.* reyalize, reyisi, konplete

achievement: reyalizasyon, pwogrè

achievement test: egzamen, tès pou deside nivo akademik

acid: *n.* asid

acid rain: lapli asid [dlo lapli k ap tonbe ak polisyon (souf, azòt) ki delye ladan l]

acidic: *a.* asidik

acidity: *n.* asidite

acknowledge: *v.* rekonèt

acknowledgment: *n.* rekonesans pou yon travay ki fèt; konfimasyon, patisipasyon

acne, acnea: *n.* akne, bouton nan figi, fed-jennès

acolyte (mass): *n.* anfannkè, konpayèl, akotit

acquaint, acquainted: *v.* konnen, fè konesans

acquaintance: *n.* konesans, zanmi

acquiesce: *v.* admèt, konsanti, rekonèt, di wi, dakò

acquire: *v.* achte, pran, trape

acquisition: *n.* konpreyansyon, akizisyon, aprantisaj, acha

acquit: *v.* akite; egzante

acquittal: *n.* akite, egzante

acre: *n.* ak (sifas)

acrid: *a.* rak, brak

acromion: *n.* zo akwomyon

across: *prep.* palòtbò, toupatou, anfas

across from: anfas

across, on the opposite side: anfas lòt bò

across the country: toupatou nan peyi a

act: 1. *n.* zak; lwa; 2. *v.* aji

ACT (American College Testing): egzamen pou antre nan kolèj ameriken

action: *n.* aksyon, mouvman, entèvansyon, aktivite, desizyon, demand, plent, pwose, mekanis, fonksyònman

action and reaction: aksyon ak reyaksyon

action ex delito: *n.* aksyon ki fèt pandan yon moun ap fè yon move zak

activation energy: enèji

aktivasyon; enèji ki nesesè pou kòmanse yon reyaksyon

active: *a.* aktif

active partner: asosye oswa patnè ki aktif

activist: *n.* aktivis, manm aktif nan gwoup oswa nan yon pati

activity: *n.* aktivite

actor: *n.* aktè, aktris

actual: *a.* aktyèl, ki ajou, ki pa pase mòd, ki gen valè toujou, vre, reyèl, efektif, definitif

actually: *adv.* aktyèlman, kounye a

actuate: *v.* balanse, aksyonen

acuity: *n.* akuite, egzaktitid

acupuncture: *n.* akiponkti (teknik lamedsin chinwa ki sèvi ak zegwi pou pike plizyè pati nan kò pou trete maladi)

acute: *a.* pwenti, egi

acute angle: ang egi, ki pi piti pase 90 degre

acute stress disorder: depresyon kwonik

acute triangle: triyang egi

ADA (American with Disabilities Act): Lwa ameriken pou moun ki andikape

adapt: *v.* adapte

adaptable: *a.* adaptab, ki kapab adapte

adaptation: *n.* adaptasyon

adaptation level: nivo adaptasyon

adaptive: *a.* ki kapab adapte
adaptive behavior: konpòtman pou adapte
add: *v.* adisyone, ajoute, ogmante
ADD (Attention Deficit Disorder): Pwoblèm timoun ki pa kapab konsantre
addend: *n.* adann (pati adisyon)
addict: 1. n. depandan, dwoge; 2. *v.* dwoge, adikte
addicted: *a.* ki depandan, ki pa ka reziste
addiction: *n.* akoutimans, abitid kwonik (ki devlope lè yon sistèm pa jwenn yon dwòg oswa yon remèd li abitye anpil avè l)
addictive: *a.* adiktif
addition: *n.* adisyon, sòm, total
additional: *a.* adisyonèl, anplis
additive: 1. *n.* aditif. 2. *a.* aditif
address: 1. *n.* adrès 2. *v.* adrèse
addressee: *n.* destinatè, moun ki pou resevwa lèt
adenoids: *n.* chè nan nen
adept: *a.* pwofonde, fò nan
adequate: *a.* adekwa, sifizan, ki ale byen, ki efikas
ADHD (Attention Deficit with Hyperactivity Disorder): pwoblèm pou kontwole konpòtman ak konsantrasyon
adhesion: *n.* adezyon, donnen, kole
adhesive: *n.* adezif

adjacent: *a.* ki pre epi ki touche youn ak lòt.
adjective: *n.* adjektif
adjourn: *v.* ajoune, ranvwaye, sispann
adjournment sine die: ranvwaye endefiniman
adjudge: *v.* deklare, deside
adjudicate: *v.* deklare, deside
adjudication: *n.* desizyon
adjuration: *n.* sèman
adjust: *v.* ajiste, fikse
adjustable: *a.* ki ka ajiste, ajistab
adjuster: *n.* reprezantan konpayi asirans ki kalkile valè pèt pou asirans ranbouse.
adjustment disorder: pwoblèm adaptasyon
administer (give): *v.* pase, bay, administre
administration: *n.* administrasyon
administrative: *a.* administratif
administrative placement: plasman (ki fèt dapre desizyon) administratif
administrator: *n.* administratè
admiration: *n.* admirasyon
admire: *v.* admire
admirer: *n.* admiratè, fanatik
admission: *n.* 1. admisyon, akseptasyon, rekonèt tò, admèt;

2. valè pou peye pou antre nan yon fonksyon. 3. pase nan yon klas siperyè

admission criteria: kondisyon pou admisyon

admit: *v.* rekonèt, admèt (admit defeat) Bat ba, aksepte defèt, aksepte yon pèt

admonish: *v.* bay avètisman

admonition: *n.* avètisman, remontrans

adolescence: *n.* adolesans

adolescent: *n.* jennjan, adolesan

adopt: *v.* adopte, apwouve

adoption: *n.* adopsyon

adoptive: *a.* adoptif

adoration: *n.* adorasyon

adore: *v.* adore

adorn: *v.* òne, dekore

adrenal gland: glann adrenal, glann sirenal

adrenaline: *n.* adrenalin

adult: *n.* adilt, granmoun, jenn moun

adultery: n . adiltè, zoklo

advance: 1. *n.* avans, avalwa; 2. *v.* avanse, lanse, bay avalwa

advance payment: avalwa

advance warning: preyavi

advanced notification: enfòmasyon alavans

advanced placement: klas avanse ki valab pou nivo inivèsitè

advancement: *n.* avansman, pwogrè, pwomosyon

advances, sexual: avans seksyèl

advantage: *n.* avantaj

adventist: *n.* advantis

adventure: *n.* avanti, risk, pwojè ki pa gen yon fen ki defini davans

adverse effect: efè kontrè, chòk anretou

advertise: *v.* fè anons, fè piblisite, anonse, pibliye

advertisement: *n.* reklam, piblisite, avètisman

advertising: *n.* anons, piblisite, reklam.

advice: 1. *n.* konsèy; 2. *v.* avize, bay konsèy, enfòme davans

advice and consent: konsèy ak konsantman

advisement: *n.* pran an konsiderasyon

adviser: *n.* konseye

advisor: *n.* konseye

advisory: *n.* konsèy

advocacy: *n.* defans, pran defans, kesyon ki merite pou moun defann yo

advocate: 1. *n.* defansè, aktivis militan; 2. *v.* defann

aerodynamic shape: fòm ayewodinamik

AFDC (Aid to Families with Dependent Children): wèlfè, byennèt sosyal

affable: *a.* afab

affair: 1. *n.* afè, efè, kesyon, plasaj, posesyon

affect: *v.* afekte, touche, frape, twouble

affectedly: *adv.* bwòdè, dwòl

affection: *n.* afeksyon

affectional needs: bezwen afeksyon

affectionate: *a.* ki bay afeksyon, ki karesan

affidavit: *n.* afidavi, garanti, prèv, otorizasyon, pèmisyon

affiliation: *n.* afilyasyon, kòkòday

affirm: *v.* afime, deklare

affirmative action: aksyon afimatif (pou ankouraje kichòy)

affirmative defense: defans ki gen bon baz

affirmed (judgment): desizyon final ki vin konfime desizyon yon premye tribinal te pran.

affix: *v.* afiche, plake

afflicted: *a.* vant ba, ki bay tristès

affliction: *n.* afliksyon; doulè; lapenn

affluent: *a.* rich, alèz

afford: *v.* gen mwayen, ka achte

affordable: *a.* ki gen yon pri akseptab; ki posib, bon mache

affray: *n.* ti diskisyon

affront: 1. *n.* afwon, atak. 2. *v.* afwonte

afiliate: *v.* afilye

afoot: *adv.* apye

aforethought: *a.* premedite, reflechi avan yon zak

afraid: *a.* pè, gen laperèz, kraponnen

afresh: *adv.* ankò

Africa: *n.* Afrik, Lafrik

African: *n.* Afriken

African civilization: sivilizasyon afriken

African-American: *n.* Afwo-Ameriken, Ameriken Nwa

afro: *n.* afwo, estil penyen cheve san trese

after: *prep.* apre, dèyè

afterimage: *n.* vizyon annapre (ki sanble toujou rete nan je yon moun malgre sa l te wè a pa la ankò)

afternoon: *n.* aprèmidi

afterwards: *adv.* lèfini; apre

again: *adv.* ankò

against: *prep.* kont, opoze

agar: *n.* aga, jèl, medyòm pou kiltive mikwòb

age: 1. *n.* laj; 2. *v.* vyeyi

Age of Reason: Laj-de-Rezon

aged: *a.* vye, aje, vyeyi

agency: *n.* ajans, sant, biwo, sikisal, branch

agency shop: prekont sendikal jeneralize

agenda: *n.* ajannda, orè, pwogram

agent: *n.* ajan, reprezantan, ofisye

aggravate: *v.* agrave, annwiye

aggravated (assault): atak fizik danjere, agresyon danjere

aggravating circumstances: sikonstans ki rann yon ka pi grav

aggravation: *n.* anmèdman

aggregate: *n.* agrega

aggregate demand: demand total

aggregate demand curve: koub demand total

aggregate supply: òf total

aggregate supply curve: koub òf total

aggression: *n.* agresyon; atak

aggression cues: siy, siyal atak

aggressive: *a.* apòy, agresif

aggressiveness: *n.* efò

aggressor: *n.* moun ki atake a

aggrieved: *n.* moun ki soufri domaj

agile: *a.* ajil, lejè

agility, tact: *n.* ladrès (adrès); lespri; entelijans; riz

agitate: *v.* ajite, brase, vire, eksite

agitator: *n.* ajitatè

ago: *adv.* depi; tan pase; tan lontan

agonizing: *a.* ki nan agoni; ki ezite anvan desizyon

agony: *n.* agoni, trepa, prèt pou mouri, ki an-doulè

agoraphobia: *n.* agawofobi (laperèz pou sòti deyò sou pretèks malè kab rive)

agrarian: *a.* agrè, agrikòl

agree: *v.* dakò, pase kondisyon

agreement: *n.* akò, konpwomi, negosyasyon

agression: *n.* agresyon

agribusiness: *n.* agwobiznis, agwo-endistri, biznis agrikòl

agricultor: *n.* agrikiltè

agricultural: *a.* agrikòl

agricultural areas: rejyon agrikòl

agricultural engineer: enjenyè agwonòm

agriculture: *n.* agrikilti, lakilti, lagrikilti, travay latè

agronomist: *n.* agwonòm

agronomy: *n.* agwonomi

ah!: *interj.* an! an!

aha!: *interj.* anhan!

ahead, in front: *adv.* ann avan, devan

aid: *n.* èd, sipò

aid and abet: ede, ankouraje

AIDS (Acquired Immune Deficiency Syndrome): SIDA, maladi sida [abreje pou maladi sendwòm defisyans sistèm iminitè (nan òganis moun)].

AIDS virus: viris SIDA

ail: *v.* soufri

ailing: *a.* malad
aim: 1. *n.* bi; 2. *v.* pwente, vize
aimlessly: *adv.* san direksyon
air: *n.* lè, è
air conditioned (AC): è kondisyone
air conditioning: è kondisyone
air force: Lame-de-lè. Militè-avyatè
air horn: sirèn, anbilans
air mass: mas lè
air pressure: presyon lè
air sac: pòch lè
airbag: *n.* èbag, (balon ki gonfle otomatikman nan yon machin lè aksidan)
Airlifted: deplase an-ijans pa-avyon pou mennen blese lopital
airline: *n.* konpayi avyon.
airplane: *n.* avyon
airport: *n.* ayewopò
aisle: *n.* koulwa
Alamo: Alamo
alarm: *n.* alam
alarm clock: revèy
albino: *n.* albinòs (ki pa gen pigman)
album: *n.* albòm
alcohol: *n.* alkòl, tafya, bwason, bweson
alcohol drink: bwason ki gen alkòl
alcoholic: 1. *n.* moun ki sou souvan; 2. *a.* alkolik (alcoholic beverage) bweson, gwòg

alcoholism: *n.* alkolis
ale: *n.* byè
alert: 1. *n.* alèt, alam, avètisman; 2. *a.* ki eveye
alford plea: deklarasyon espesyal ki deklare yon akize koupab
algae: *n.* alg
algebra: *n.* aljèb
algebraic expression: espresyon aljebrik
alias: *n.* ti non; lòt non; non jwèt
alibi: *n.* alibi; eskiz
alien: *n.* etranje
Alien Registration Card: Kat rejistrasyon pou etranje; pèmi
Alien status: Estati yon etranje
align: *v.* aliyen
alignment: *n.* aliyman
alike: *a.* tankou, menm, parèy, sanble
aliment: *n.* manje
alimony: *n.* lajan kòm dedomajman ant moun ki divòse.
alive: *a.* vivan, anvi
alkaline: *a.* alkalen, rak, ki pa asid
all: 1. *a.* tout; 2. *adv.* okonplè, konplètman, nèt
all around: *prep.* toutotou; toupatou
all, completely: *adv.* tou, tout, konplètman

all day long, all the time: *adv.* tout-la-sent-jounen

all of the above: tout sa ki anlè a

all right: yès, oke

all the others: tout lèzòt

all the time: *adv.* tout tan

All Saints' Day: Latousen.

All Souls' Day: Fètdèmo

all-purpose: pou tout okazyon

allay: *v.* soulaje, diminye

allegation: *n.* swa dizan; alegasyon, akizasyon

allege: *v.* pretann, akize

alleged: *a.* swadizan

allegedly: *adv.* swadizan, an sipozisyon

allegiance: *n.* alejans

allegiance: *n.* alejans; lwayote; fidelite

allergic: *a.* alèjik

allergy: *n.* alèji

alleviation: *n.* alejman, souf

alley: *n.* koridò

alliance: *n.* alyans

allied powers: puisans alye

allies: alye

alligator: *n.* aligatò, kayiman

allocate: *v.* dedye, konsève (yon espas, resous), distribiye

allot: *v.* repati, lote

allotment: *n.* pòsyon

allow: *v.* pèmèt, otorize

allowance: *n.* lajan pou depanse, alokasyon

alloy: *n.* alyaj, melanj metal

Allspice: *n.* Malagèt

allude: *v.* pretann, sipoze

allure: *v.* atire

allusion: *n.* alizyon, sipoziyon

alluvial fan: alivyon

ally: *n.* alye

almond: *n.* zanmann

almost, nearly: *adv.* prèt pou; vanse; prèske

aloe: *n.* lalwa, plant lalwa

alone: *pron.* sèl, poukont, san lòt moun

along: *adv.* ansanm, toutolon

along with: ansanm avèk

aloof: *a.* endiferan, lwen

aloud: *a.* fò, pale fò, awotwa

alphabet: *n.* alfabèt; abese

already: *adv.* ko; deja, gentan

also, too: *adv.* tou; ositou

altar: *n.* lotèl lamès

alter: *v.* chanje, altere, falsifye

altercation: *n.* batay, batay, diskisyon, kont

altered check: chèk falsifye

altered state of consciousness: pa fin gen tout bonsans

alternate: 1. *v.* altène; chanje. 2. *n.* ranplasan

alternating current: kouran altènatif

alternative: *a.* altènatif, lòt chwa

alternative school placement: plasman elèv nan lòt kalite lekòl

alternative schools: lekòl altènatif

alternator: *n.* altènatè

although: *conj.* atout, malgre

altitude: *n.* altitid, wotè

aluminum: *n.* aliminyòm

aluminum foil: papye aliminyòm

alveoli: *n.* alveyòl [nan poumon]

always: *adv.* toujou

Alzheimer's disease: maladi Alzheimer (maldi pèdi memwa)

AM: maten

amardillo: *n.* amadiyo (bèt)

amass: *v.* akimile

amateur: *n.* amatè

amaze: *v.* etone, bay flè, bay lamadlèn

amazing: *a.* etonan

ambassador: *n.* anbasadè

amber: 1. *n.* anb; 2. *a.* ki fèt avèk anb; anbre

ambiguity: *n.* yon bagay ki pa kle

ambiguous: *a.* ki pa klè

ambiguous stimulti: konfizyon

ambition: *n.* anbisyon

ambitious: *a.* anbisye, anbisyèz

ambivalence: *n.* anbivalans

ambulance: *n.* anbilans

ambush: *n.* anbiskad

amen!: *interj.* amèn, abobo (ayibobo, agogo)

amend: *v.* modifye; chanje; korije

amended: *a.* amande, chanje

amendment: *n.* amandman, chanjman, revizyon

amenity: *n.* konfò, amenajman

America: *n.* Etazini; Kontinan Amerik

American: 1. *n.* Ameriken; 2. *a.* ameriken

American Anti Slavery Society: Sosyete Ameriken kont Esklavaj

American Expeditionary Force (AEF): Fòs Ekspedisyonè Ameriken

American Federation of Labor (AFL): Federasyon Ameriken pou Travay

American Indian Movement (AIM): Mouvman Endyen Ameriken

American Revolution: Revolisyon Ameriken

American sign language: langaj ansiy pou moun ki soud oswa ki bèbè

American System: Sistèm Ameriken

amiable: *a.* amyab

amicable settlement: antant

amino acid: asid amine

amnesia: *n.* pèt memwa

amnesty: *n.* amnisti
amniocentesis: *n.* amnyosentèz
amoeba: *n.* ameba (mikwòb, pwotozoè dlo dous)
among: *prep.* pami, omilye, sou
amount: *n.* montan (lajan), total, kantite, valè
ampere (A): *n.* anpè
amphetamine: *n.* anfetamin
amphibian: *n.* batrasyen, anfibi; (ki viv ni nan dlo ni sou tè
ample: *a.* ase, gran, laj, sifizan
amplifier: *n.* anplifikatè
amplify: *v.* anplifye
amplitude: *n.* anplitid
amputate: *v.* koupe yon manm, anpite
amputation: *n.* anpitasyon
amputee: *n.* moun ki gen yon manm koupe
amulet: *n.* amilèt, meday ki pann nan kou
amuse: *v.* amize, distrè, pran plezi
amusing: *a.* amizan
anagram: *n.* anagram
anal: *a.* dèyè, anal
anal stage: etap anal, peryòd anal
analysis: *n.* analiz, egzamen
analyze: *v.* analize, fè analiz
anarchist: *n.* anachis
anarchy: *n.* anachi
anatomy: *n.* anatomi, pati nan kò

ancestors: *n.* moun ansyen, gran-gran paran, zansèt
ancestry: *n.* ansèt, zansèt
anchor: *n.* lank bato
anchovy: *n.* anchwa (ti pwason)
ancient: *a.* lontan, ansyen, antik, vye
and: *conj.* ak, epi, e
and so on, and so forth: elatriye, kesekwann kesedjo.
androgen: *n.* andwojèn (òmòn mal)
androgyny: ki sanble ak ni fi ni gason
anemia: *n.* anemi
anemic: *a.* anemik
anemometer: *n.* anemomèt, zouti pou mezire vitès van
anesthesia: *n.* anestezi
anesthetize: *v.* andòmi, bay anestezi
anew: *adv.* ankò, anouvo
angel: *n.* zanj
angelus: *n.* lanjelis
anger: 1. *n.* kòlè; 2. *v.* fache
angina: *n.* doulè nan kè, anjin
angle: *n.* ang
angry: *a.* fache, move
animal: *n.* animal, zannimo, bèt
animal kingdom: rèy animal
animated: *a.* anime, eksite
animism: *n.* animis
anion: *n.* anyon (iyon chimik)
anise: *n.* anetwale

anise liqueur: anizèt (annizèt)
ankle: *n.* je pye, cheviy
annatto (B. orellana): *n.*
woukou
annex: 1. *n.* anèks; 2. *v.* anekse
annexation: *n.* aneksasyon
annihilate: *v.* detwi, anile
anniversary: *n.* fèt, dat anivèsè
annotation: *n.* nòt, notasyon
announce: *v.* anonse
announcement: *n.* anons
announcer: *n.* anonsè, espikè
annoy: *v.* anbete; agase;
anmède, nui, anwiye
annoying: *a.* anbetan; anmèdan;
enèvan; annwiyan; nuizib
annual: *a.* anyèl, chak anne, lan
annual percentage rate (APR):
to enterè anyèl
annual ring: mak kwasans
anyèl plant
annually: *adv.* chak ane
annul: *v.* anile
anode: *n.* anòd (bòn elektrik)
anole: *n.* zandolit
anomalous: *a.* anomali; ki pa
nòmal
anonymous: *a.* anonim
anorexia nervosa: anorekzi
(maladi moun ki pa ka manje)
anosmia: *n.* anosmi; maladi
moun ki pa ka pran sant nan nen
yo
another: *pron.* yon lòt

answer: 1. *n.* repons; 2. *v.*
reponn, fè repons
answering machine: repondè,
machin ki anrejistre mesaj
telefòn
ant: *n.* foumi
antacid: *n.* anti-asid
antagonist: *n.* advèsè
antagonize: *v.* chèche fè kont
antartica: *n.* antatik
ante mortem: anvan lanmò
anteater: *n.* manjèdfoumi
antecedents: *n.* antesedan, ki
pase anvan; dosye
antenna: *n.* antèn
anterior arch: koub devan
anthill: *n.* nich foumi
anthropology: *n.* antwopoloji
Anti-Defamation League: Lig
Anti-Difamasyon (li kont bay
manti ak derespekte moun)
Anti-Federalist: Anti-Federalis
Anti-Imperialists League: Lig-
Anti Enperyalis
anti-Seminis: anti-Seminis
(kont kilti Jwif)
anti-Semite: anti-Semit (prejije
kont Jwif)
anti-trust: antitwòs, anti-
monopòl
antibiotics: *n.* antibyotik,
medikaman kont mikwòb
antibody: *n.* antikò
anticipate: *v.* prepare davans

anticipation: *n.* antisipasyon, preparasyon pou sa ki pral vini

anticyclone: *n.* antisiklòn

Antifederalist: *n.* Antifederalis

antifreeze: *n.* antifiz

antigen: *n.* antijèn

antihistaminic: *a.* anti-istaminik

Antilles: *n.* Zantiy

antilock brakes: fren anti blokaj

antiseptique: *a.* antiseptik (ki detwi mikwòb)

antisocial personality: pèsonalite antisosyal

antitrust legislation: lejislasyon anti-twòs

anus: *n.* twou dèyè, anis

anvil: *n.* anklim

anxiety: *n.* enkyetid, anksyete, kè sote, sou tansyon, kè sou biskèt

anxiety disorder: maladi kè sote

anxious: *a.* sou tansyon, pa kapab tann

any: 1. *a.* okenn; 2. *pron.* nenpòt

anybody home?: interj. Onè! Èske gen moun?

anybody, nobody: *pron.* pèsonn

anyhow: *adv.* kèlkilanswa.

anymore: *adv.* pa plis; (not anymore) pa plis ankò

anyone: *pron.* kikonk, nenpòt kimoun

anything: *pron.* anyen; nenpòt kisa

anytime: *adv.* nenpòt kilè

anyway; at any rate: *adv.* Antouka; kelkilanswa, nenpòt kijan.

anywhere: *adv.* toupatou, nenpòt ki kote

aorta: *n.* gwo kannal san wouj, awòt

apart: aleka, separe, detache, apa

apartheid: *n.* apated (separasyon)

apartment: *n.* apatman

aphid: *n.* pis plant

apogee: *n.* tèt flèch, pik, pwent tèt

apologize: *v.* eskize, mande eskiz

apology: *n.* eskiz

apostle: *n.* apot

appall: *v.* efawouche, terifye

appalling: *a.* terifyan

apparent: *a.* ki parèt, ki bay enpresyon

apparent magnitude: valè aparan

appeal: 1. *n.* apèl, reklamasyon, dezyèm jijman; 2. *v.* fè apèl; ale annapèl (voye yon kòz devan yon tribinbal ki pi wo)

appeal: *n.* apèl; voye yon kòz devan yon tribinal ki pi wo
appealing: *a.* atiran
appear: *v.* parèt, prezante, konparèt
appearance: 1. *n.* aparans, lè, min, aspè. 2. prezante devan tribinal; konparèt devan tribinal
appease: *v.* apeze
appeasement: *n.* apezman, pasifikasyon
appellant: *n.* moun ki prezante demann devan yon tribinal ki pi wo pou revize sa yon tribinal ki pi ba fè.
appellate court: tribinal dapèl revize tcheke sa yon tribinal pi ba fè.
appellate jurisdiction: jiridiksyon kou dapèl
appellate review: revizyon tribinal dapèl
appellee: *n.* moun ki prezante yon kòz devan tribinal dapèl
append: *v.* tache, kole, ajoute
appendicitis: *n.* apendisit, anflamasyon apendis
appendix: *n.* apendis
appetite: *n.* apeti
applaud: *v.* bat bravo
applause: 1. *n.* aplodisman; 2. *v.* aplodi, bat bravo
apple: *n.* pòm
appliance: *n.* aparèy, enstriman
applicable: *a.* aplikab

applicant: *n.* kandida
application: *n.* aplikasyon, fòm demann
applied math: matematik aplike
apply: *v.* fè demann, mande; mete, aplike
appoint: *v.* lonmen, deziyen
appointment: *n.* randevou; pwopòsyon
appointment book: ajanda, kaye orè randevou; nominasyon
appraise: *v.* evalye, estime, bay pri
appreciate: *v.* apresye, konsidere, valorize
appreciation: *n.* apresyasyon
apprehend: *v.* apreyande, arete, kenbe, bare
apprehension: *n.* mefyans, ezitasyon
apprehensive: *a.* ki enkyete
apprentice: *n.* apranti.
apprenticeship: *n.* aprantisaj
apprenticeship program: pwogram aprantisaj
approach: *n.* aksè, apwòch, fason
approach: *v.* abòde, apwoche, konsidere
appropriate: *a.* ki apwopriye, ki kòrèk
appropriation bill: lwa depans
approval: *n.* benediction, konsantman, pèmisyon, apwobasyon

approve: *v.* apwouve
approximate: 1. *a.* apwoksimatif 2. *v.* mezire apeprè
approximately: *adv.* apeprè
approximation: *n.* apwoksimasyon, prèske, apeprè
apricot: *n.* abriko
April: *n.* avril
apron: *n.* tabliye
apt: *a.* kapab, jis
aptitude tests: ekzamen pou verifye enterè
aquarium: *n.* akwaryòm
aquatic: *a.* akwatik
aqueduct: *n.* akedik
aquifer: *n.* akwifè, dlo anba tè
Arab: *n.* Arab
Arab League: Lig Arab
arable: *a.* kiltivab
arachnid: *n.* araknid, areyen
arbiter: *n.* abit
arbitrary: *a.* abitrè, san metòd
arbitration: *n.* abitraj
arc: *n.* ak (sèk)
arch: *n.* koub, ach
Archbishop: *n.* Monsenyè, Achevèk
arched: *a.* fon ach
archeology: *n.* akewoloji
archipelago: *n.* achipèl
architect: *n.* achitèk
architecture: *n.* achitekti
archives: *n.* achiv.

arctic: *n.* atik [zòn polè]
area: *n.* sifas, zòn, katye; rejyon
areola: *n.* areyòl (sèk ki alantou pwent tete)
argon (Ar): *n.* agon (gaz)
argue: *v.* diskite, plede
argument: *n.*defans, rezon, agiman
arid: *a.* sèk, tè sèk
arise: *v.* pete, gaye, soulve, leve
aristocracy: *n.* aristokrasi
aristocrat: *n.* aristokrat
arithmetic: *n.* aritmetik, kalkil
arm: 1. *n.* bra; zam; 2. *v.* ame
armband: *n.* brasa
armchair: *n.* fotèy, dodin
armed forces: fòs lame
armed robbery: vòl ak zam
armistice: *n.* amistis, trèv, poze zam
armpit: *n.* anbabra
army: *n.* lame
aroma: *n.* odè, bon odè manje
aromatic oil: lwil esansyèl
around: *prep.* vè, alantou, otou, anviwon, apeprè
arouse: *v.* leve, eksite
arraignment: *n.* akizasyon fòmèl
arrange: *v.* ranje, òganize
arrangement: *n.* planifikasyon, dekorasyon
array: *n.* etalaj
arrears: *n.* dèt ki poko peye

arrest: 1. *n.* arestasyon; 2. *v.* arete
arrest warrant: manda arestasyon
arresting officer: polis ki arete yon moun
arrid: *a.* arid, sèch
arrival: *n.* rive, ateri
arrive: *v.* rive, abouti
arrive socially: pran elan, rive
arrogance: *n.* awogans, frekansite
arrogant: *a.* awogan, angran
arrow: *n.* flèch
arrowroot: *n.* arawout
arson: *v.* mete dife, ensandye
arsonist: *n.* ensandyè; moun ki mete dife esprè
art: *n.* atizay, boza
art gallery: galeri da, galeri espozisyon penti
art work: pyès travay atis
artery: *n.* atè, kannal san wouj
artesian wells: pui atesyen
arthritis: *n.* atrit, maladi jwenti
arthropod: *n.* atwopòd, bèt kò yo divize an segman
arthroscopy: *n.* egzamen pou enspekte andedan jwenti
artic: *a.* atik, zòn pol nò
artichoke: *n.* aticho (legim)
article: *n.* atik
articles of incorporation: atik konstitisyon sosyete

Articles of Confederation: Atik Konfederasyon (1777)
artifact: *n.* atifak, restan
artificial: *a.* atifisyèl
artificial intelligence: entelijans atifisyèl
artisan: *n.* atizan; bòs.
artist: *n.* atispent, atis
artistic: *a.* atistik
arts and crafts: atizana
as: 1. *conj.* avèk (avè, ak, a); 2. *prep.* kòm, tankou, otan, menm ak
as for: *prep.* kanta pou
as if, as though: *conj.* kòmsi; kouwè; tankou
as long as: *adv.* toutan, tank
as much as: mezi, tout sa ki posib
as soon as: sito; kou
as soos as possible (ASAP): pi vit posib
as that: konsa
ascaris: *n.* vè solitè
ascend: *v.* monte
ascertain: *v.* asire, bay asirans
ascorbic acid: asid askòbik, vitamin C
asexual reproduction: repwodiksyon aseksyèl, vejetatif, san sèks
ash: *n.* sann
ashamed: *a.* wont, jennen
ashore: *v.* desann sou tè, met pye sou tè (soti nan bato)

ashtray: *n.* sandriye
Asia: *n.* Azi, Lazi
Asian: 1. *n.* Azyatik; 2. *a.* azyatik
Asian-American: Ameriken ki orijin Azyatik
aside: *prep.* akote, sou kote
ask: *v.* mande; poze (kesyon)
askew: *a.* kwochi
asleep, sleeping: *a.* nan dòmi; kabicha
asparagus: *n.* aspèj
aspect: *n.* aspè, kalite
asphalt: *n.* asfalt
asphyxiate: *v.* asfiksye, anpeche respire
aspirin: *n.* aspirin
ass (buttocks): *n.* dèyè (pati nan kò), bounda, latya; (donkey) bourik
assail: *v.* asayi, atake
assailant: *n.* agresè
assassin, murderer: *n.* ansasen
assassinate, to murder: *v.* ansasinen
assassination: *n.* ansasinay
assault: 1. *n.* atak, agresyon; 2. *v.* atake, fè menas, frape moun, fè vyolans
assemble: *v.* rasanble
assembly: *n.* asanble
assembly line: chèn montaj manifakti, liy manifakti
assent: *n.* dakò
assert: *v.* revandike, sètifye

assertive discipline violation: vyolasyon règ disiplin
assess: *v.* evalye, bay valè
assessment: *n.* jijman, estimasyon, evalyasyon
asset: *n.* byen ki gen valè, aktif (nan sans biznis), pwopriyete
assets: *n.* aktif
assign: *v.* deziyen, anchaje, bay responsabilite, distribiye travay
assignment: *n.* responsabilite, devwa, travay
assimilate: *v.* asimile
assimilation: *n.* asimilasyon, entegrasyon kiltirèl
assist: *v.* ede, asiste, (pran pa nan), segonde
assistance: *n.* èd, kolaborasyon, asistans, konkou
associate: 1. *n.* asosye, patnè, kolaboratè; 2. *v.* asosye, kolabore
associate counsel: avoka, reprezantan legal
associate with: *v.* sèvi ak; asosye avèk
association: *n.* asosyasyon
associative: *a.* asosyatif
assort: *v.* asòti
assortment: *n.* asòtiman, yon melanj ki reprezante tout eleman
assume: *v.* sipoze, asime, fè ipotèz
assumption: *n.* sipozisyon
assurance: *n.* asirans

assure: *v.* asire
asterick: *n.* asteris
asteroids: *n.* astewoyid
asthenosphere: *n.* astènosfè (kouch nan ekòs terès la ki vin anvan kouch litosfè a)
asthma: *n.* opresyon, las, alèji
astigmatism: *n.* astigmatis (defòmasyon nan je yon moun ki lakòz li pa wè byen)
astonish: *v.* sezi, bay sezisman, etone, siprann
astonisment: *n.* sezisman
astound: *a.* ki fè sote
astrolabe: *n.* astwolab
astrology: *n.* astwoloji
astronaut: *n.* astwonòt, moun ki ale nan lespas
astronomer: *n.* astwonòm, moun ki etidye lespas
astronomy: *n.* astwonomi; etid lespas
asylum: *n.* azil
at: *conj.* a
at all: *adv.* menm; ditou; pyès
at ease: alèz
at least: *adv.* omwen
at once: *adv.* sanzatann
at times: tanzantan
athlet foot: pye mayas, pye atlèt, enfeksyon nan pye
athletic: *a.* atletik, espòtif
Atlantic Charter: Pak Atlantik
atlas: *n.* atlas
ATM: gichè otomatik

atmosphere: *n.* atmosfè, pati lespas toutotou latè. 2. anbyans
atolls: *n.* atòl
atom: *n.* atòm
atomic: *a.* atomik
atomic bomb: bonm atomik
atomic mass: mas atomik
atomic number: nonm atomic, kantite pwoton
atop: *prep.* anlè, soutèt, anlètèt
atrocious: *a.* atwòs, orib
atrocity: *n.* atwosite
attach: *v.* kole, mare; koud
attachment: *n.* atachman
attack: *v.* atake, fonse sou; kòmanse
attain: *v.* atenn, rive
attainment: *n.* reyalizasyon
attempt: 1. *n.* esè, tantativ; 2. *v.* tante, eseye, pran chans
attend: *v.* asiste
attendance: *n.* patisipasyon, apèl
attention: *n.* atansyon, konsantrasyon
attention span: peryòd konsantrasyon
attentive: *a.* alekout, atantif
attest: *v.* ateste
attic, loft: *n.* grenye; galta; atik
attitude: *n.* atitid, dispozisyon, konpòtman
attorney at law: avoka
attorney general: komisè gouvènman, pwokirè jeneral

Attorneys lien: poze sele avoka mete lè ou dwe li
attract: *v.* atire
attraction: *n.* atraksyon
attractive, beautiful: *a.* bèl, atreyan
attribute: *n.* kalite
audience: *n.* asistans; odyans
audio: *a.* odyo (pou tande)
audio materials: materyèl odyo
audiovisual: *a.* odyovizyèl (materyèl ki fèt ni pou wè ni pou tande)
audiovisual aids: materyèl odyovizyèl
audit: 1. *n.* odit, enspeksyon kontab; 2. *v.* verifye
audition: *n.* seyans, repetisyon
auditory area: pati tande
auditory ossicle: woslè zòrèy
August: out; dawou, mwa dout
aunt: *n.* matant, tant, tantin
auricle: *n.* oreyèt, (pati nan kè).
aurora: *n.* owò
auscultate: *v.* sonde, konsilte
auspicious: *a.* favorab
austere: *a.* serye, sinik
austerity: *n.* osterite (sevè, estrik)
authentic: a. otantik
authenticity: *n.* veritab (vrè); otantisite
author: *n.* otè, ekriven
authoritarian: *a.* otoritè, sevè

authoritarian personality: otoritè, tanperaman diktatè
authorities: *n.* otorite, leta, lapolis, moun ki gen pouvwa
authorization: *n.* otorizasyon, pèmisyon
authorize: *v.* otorize, mandate
autoclave: *n.* otoklav
autocracy: *n.* otokrasi (pouvwa nan men yon sèl moun)
autokinetic effect: efè otokinesik, mouvman otomatik
automated teller machines (ATMs): gichè otomatik
automatic: *a.* otomatik
automation: *n.* otomatizasyon, (travay ak machin otomatik)
automobile: *n.* otomobil; machin; vwati
autonomy: *n.* otonomi
autopsy: *n.* otopsi; diseksyon pou idantifye kòz lanmò.
autumn: *n.* sezon otòn
autumn equinox: ekinòks otòn (premye jou sezon otòn, lè lajounen ak nannwit egal)
availability: *n.* disponiblite, fasilite pou jwenn
available: *a.* disponib, aladispozisyon, la pou (sa)
avaricious: *a.* peng, kripya, ava
avenge: *v.* vanje.
avenue: *n.* avni

average: *n.* mwayèn
aversion therapy: teknik pou bay degoutans
avert: *v.* evite
aviator: *n.* avyatè
avocado: *n.* zaboka
Avogadro's number: Nonm Avogadwo (chimi)
avoid: *v.* evite
await: *v.* tann, espere
awake: *v.* reveye
award: 1. *n.* diplòm; prim. 2. *v.* bay pri, bay prim, medaye
aware: *a.* okouran, konnen, enfòme
awareness: *n.* konsyantizasyon, nosyon, enfòmasyon
away: *adv.* lwen, akote
awful: *a.* terib, terifyan
awfully: *adv.* yon jan ki terib
awhile: *adv.* yon bon ti moman
awkward: *a.* malagòch; maladwat.
axe: *n.* rach, aks
axilla: *n.* anba bra
axiom: *n.* aksyòm
axis: *n.* aks (liy wotasyon)
axis of abscissa: aks absis (liy orizontal pou mete valè (x) nan aks kowòdone)
axis of ordinate: aks òdone (liy vètikal pou mete valè (y) nan aks kowòdone)
axis of rotation: aks wotasyon (liy imajinè ki sèvi kòm aks pou glòb tè a vire. Liy sa a sòti nan pòl nò, l ale nan pòl sid glòb la.)
axis of symmetry: aks simetri (liy santral ki separe yon fòm an de pati ki sanble)
Axis powers: Puisans ki nan aks yo
axle: *n.* aks, aks kamyon, aks kabwèt
axon: *n.* aksonn
azure: *a.* ble

B

B.C.: avan Jezikri

babble: *v.* babye, bougonnen, gazouye

babbling: *n.* gazouyman, babiyman

baby: *n.* bebe, tibebe

baby boom: ogmantasyon natalite

baby boom generation: jenerasyon bebiboum (moun ki fèt nan lane 1940 rive ane 1960)

baby bottle: bibwon

baby car seat: chèz yo mete nan machin pou tibebe chita

baby oil: *n.* luil bebe

babysit: *v.* veye timoun, gade timoun

babysitter: *n.* gadyen timoun

bachelor: *n.* 1. selibatè, moun ki pa marye. 2. Apatman senp pou moun ki pa marye, chanm gason. 3. Diplom premye degre nan inivèsite.

back: *n.* do, dèyè do. 2. *a.* aryè

back ache: do fè mal, doulè nan do, maldo

back into: fè bak sou yon lòt machin

back pain: doulè do

back talk: *v.* reponn mal

back up: *v.* fè bak; prezève ekstra kopi dokiman.

backbite: *v.* fè langèz

backbiting: *a.* pale moun mal

backbone: *n.* kolòn vètebral, zo rèldo

backbreaking: *a.* travay ki difisil, ki bay do-fè-mal

backcountry: andeyò, nan lanati

backfire: *v.* vire mal. 2. *n.* rebondisman

background (social~): kondisyon sosyal; istwa, antesedan

backtrack: *v.* chanje lide, anile yon pwojè

backwards: *adv.* pa bak; fè bak

backwoods: *n.* bwa, nan rak, nan bwa, andeyò, raje.

bacon: *n.* vyann kochon sale, bekonn

Bacon's Rebellion: Rebelyon Bakonn (1676)

bacteria: *n.* bakteri

bacteriology: *n.* bakteryologi

bad (mean, naughty): *a.* mal; move, mechan; 2. bad (taste): *a.* move (gou)

bad deal: move kout kat, move zafè

bad debt: move zafè, lajan ki pa pa janm antre.

bad habit: *n.* mani, movèz-abitid.

bad luck: malchans; devenn

bad mood: an chyen, movèz-imè, fache
bad weather: move tan
bad-mouth: tripotay, pale moun mal
bad-temper: move karaktè, move tanperaman, ki fache fasil
badge: *n.* badj idantifikasyon
badly: *adv.* mal, mal fèt
badly-made: *a.* mal taye, mal fèt, malouk
badness: *n.* mechanste
baffle: 1. *n.* deflektè; 2. *v.* dewoute
bag: *n.* sak, sache, valiz, malèt
bagage: *n.* bagaj, malèt
baggy: *a.* flòk, twò gwo, evaze.
bail: *n.* kosyon, garanti, depo
bail bond forfeiture: konfiskasyon; sezi kosyon
bail bondsman: yon moun ki bay kosyon
bailable offense: tip zak ki mande pou depoze yon kosyon pou rete an libète pwovizwa
bailiff: *n.* grefye, uisye
bait: *n.* ratyè, pyèj, zen, pèlen
bait and switch: twonpri piblisitè
bake: *v.* anfounen; kuit nan fou
baker: *n.* boulanje
bakery: *n.* boulanje, boulanjri
baking powder: poud elevasyon
balance: *n.* 1. balans. 2. ekilib

balance budget: bidjè ekilibre
balance of payments: balans pèman
balance of power: pouvwa equilibre, balans pouvwa
balance of trade: balans komèsyal, echanj pwodui ant de peyi, balans enpò-ekspò
balance sheet: rapò kontabilite
balance test: tès ekilib yo fè moun ki sou
balanced diet: dyèt ki balanse, dyèt ekilibre
balanced equation: ekwasyon balanse
balcony: *n.* balkon
bald: *n.* tèt chòv
bale: 1. *n.* bal twal, bal papye; 2. *v.* òganize an-bal
ball: *n.* boul, balon; (of string) plòt fil
ball bearing: woulobiy
ballgame: *n.* jwèt ak balon
balloon: *n.* blad; balon
ballot: *n.* bilten vòt; fich eleksyon
bamboo: *n.* banbou
ban: 1. *n.* entèdiksyon; 2. *v.* entèdi, bani
banana: *n.* fig; bannann
banana bark: vantrès bannann
banckruptcy: *n.* fayit, bankwout
band: *n.* bando; riban; gwoup mizik

band: *v.* bande; mete sou tansyon
band saw: goyin ak kouwa
band-aid: *n.* pansman
bandage: 1. *n.* pansman. 2. *v.* panse
bandit: *n.* bandi, malandren, sanzave
bang: 1. *n.* detonasyon; 2. frape, eklate
banish: *v.* bani, entèdi
banishment: *n.* depòte, bani
banjo: *n.* bandjo
bank: *n.* bank; labank
bankrupt: 1. *v.* fè fayit. 2. *n.* fayit
bankruptcy: *n.* bankwout, fayit
banner: *n.* labanyè, bandwòl
banquet: *n.* bivèt, bankè; resepsyon.
bans: *n.* ban maryaj, anons maryaj
baptism: *n.* batèm
baptize: *v.* batize
bar: *n.* ba, boutik, bivèt
bar association: asosyasyon gwoup avoka
bar graph: graf fòm kolòn
bar magnet: ba leman
barbed wire: filfè
barber: *n.* kwafè
barber shop: salon kwafè
barbiturate: *n.* babitrik
bare: *a.* toutouni; vid

bareback: *adv.* apwal, san sèl
barefoot: pye atè, san soulye
barely: *adv.* apèn
bargain: *n.* lavant, piyay, bon okazyon pou achte. 2. *v.*fè jispri, machande
bargaining: *n.* machandaj
barge: *n.* bato pou transpòte pasaje ak machandiz pou travèse yon espas kout. 2. *v.* antre ak fòs
bark: 1. *n.* ekòs, po; 2. *v.* jape
barley: *n.* òj; lòj (sereyal)
barn: *n.* granj, depo
barometer: *n.* bawomèt
barracks: *n.* kazèn, barak
barrel: *n.* barik; bidon, doum
barren: *a.* arid, steril; vid
barrette: *n.* barèt
barricade: *n.* obstak, baryè, barikad
barrier to entry: baryè komèsyal
barring: *prep.* sòf, eksepte
barrister: *n.* avoka
bartender: *n.* bamann
barter: 1. *n.* twòk 2. v twoke
basalt: *n.* bazalt
base: fondasyon, baz
base: *v.* baze
base year: ane debaz
baseless: san baz, ki pa baze sou anyen
basement: *n.* sousòl
bash: *n.* banbòch; banbilay, fèt

basic: *a.* preliminè, fondamantal, bazik
basic needs: bezwen premye nesesite
basic skill: nosyon preliminè
basic subject area teachers: pwofesè matyè debaz
Basil: *n.* Bazilik
basin: *n.* basen, kivèt
basis: *n.* baz
basist: *n.* basis, mizisyen ki jwe bas
basket: *n.* panye
basketball: *n.* baskètbòl
bass: *n.* bas
bastard: *a.* bata, ki pa lejitim
baste (sewing): *v.* fofile
bat: *n.* 1. chovsouri; 2. *n.* baton bezbòl; 3. *v.* frape
batch: *v.* founen, pake, gwoupe
bath: *n.* beny, tranpe nan dlo
bath towel: sèvyèt deben
bathe: *v.* benyen.
bathing suite: kostimdeben
bathrobe: *n.* dezabiye, moumou
bathroom: *n.* twalèt; watè, saldeben
bathtub: *n.* basen, basinèt, benywa
baton: *n.* baton, kokomakak
batter: *n.* pat pou fri
battery (car): *n.* batri
battery: *n.* frape, oubyen itilize lafòs kont yon moun

battery (sexual~): atake moun pou eseye fè sèks
battle, fight: *n.* batay; konba
Battle of Antietam: Batay Antyetam (1962)
Battle of Brandywine Creek: Batay Brandwine Creek (1777)
Battle of Britain: Batay Grann-Bretay (1940-41)
Battle of Bunker Hill: Batay Bunker Hill (1775)
Battle of El Alamein: Batay El Alamein (1942)
Battle of Fallen Timbers: Batay Fallen Timbers (1794)
Battle of Gettysburg: Batay Getysburg (1863)
Battle of Goliad: Batay Goliad (1836)
Battle of Horseshoe Bend: Batay Horseshoe Bend (1814)
Battle of lake Erie: Batay Lak Erie (1813)
Battle of Leyte Gulf: Batay Gòlf Leyte (1944)
Battle of Midway: Batay Midway (1942)
Battle of New Orleans: Batay New Orleans (1815)
Battle of Pea Ridge: Batay Pea Ridge (1862)
Battle of Princeton: Batay Prenstonn (1777)
Battle of San Jacinto: Batay San Jasento (1836)

Battle of Saratoga: Batay Saratoga (1942)
Battle of Shiloh: Batay Shiloh (1862)
Battle of Stalingrad: batay Stalingrad (1942-43)
Battle of the Atlantic: Batay Atlantik
Battle of the Bulge: Batay Bulge (1944-45)
Battle of the Coral Sea: Batay Lamè koray (1942)
Battle of the Little Bighorn: Batay Little Bighorn (1876)
Battle of the Thames: Batay Thames (1813)
Battle of Tippecanoe: Batay Tipekanoye (1811)
Battle of Trenton: Batay Trennton (1776)
Battle of Vincennes: Batay Vincennes (1779)
Battle of Yorktown: Batay Yorktown (1781)
bauxite: *n.* boksit, min aliminyòm
bawl: *v.* braye, fè djòlè
bay: *n.* rad, gòlf, bè
bay window: bèvitre
Bay of Pigs Invasion: Envazyon Bèdèkochon (an 1961 lè yon gwoup Kiben ki t ap viv Ozetazini eseye anvayi Kiba, sou prezidan Kennedy)
bayonet: *n.* bayonnèt

bazaar (fair): *n.* kèmès
be: *v.* ye; se
beach: *n.* plaj
bead: *n.* ti boul won, pèl, chaplè
beady eyes: zye pichpich
beak: *n.* bèk
beaker: *n.* bechè, vè ak bèk
beam: 1. *n.* madriye, poto; 2. *v.* pwojte limyè; pwojte reyon
bean: *n.* pwa
bear: *n.* lous. 2. *v.* pote. 3. *v.* sipòte; admèt; soufri
bear market: mache alabès
Bear Flag Revolt: Revòlt Bear Flag (1846)
beard: *n.* bab
bearer: *n.* pòtè, moun ki pote
bearing: *n.* enfliyans
beast: *n.* bèt sovaj
beat: 1. *n.* kadans, mizik; 2. *v.* bat, kale, bay baton
beat it!: 1. *interj.* alevouzan; 2. kouri ale
beating: *n.* kal, batman
Beaufort scale: echèl Beaufort
beautification: *n.* anbelisman
beautiful: *a.* bèl anpil
beautify: *v.* anbeli
beauty: *n.* bèlte, bote
beauty mark: siy sou kò
beauty parlor: estidyo bote
beaver: *n.* kastò
because: *conj.* paske; akoz.; poutèt; afòs

become: *v.* vini, tounen; transfòme
bed: *n.* kabann
bed sore: maleng kabann
bedbug: *n.* pinèz
Bedouins: 1. *n.* Bedwen; 2. *a.* bedwen
bedpan: *n.* basen pou pipi, vaz, potchanm
bedridden: *a.* malad kouche; kouche
bedroom: *n.* chanm
bedspread: *n.* kouvreli
bedspring: *n.* somyè
bedtime: *n.* lè dòmi
bedtime snack: kolasyon anvan dòmi
bedwetter: *n.* pisannit
bee: *n.* myèl, abèy
beef: *n.* vyann bèf, bèf
beef steak: biftèk
beehive: *n.* esen, nich myèl
beer: *n.* byè
beetle: *n.* ensèk ki gen zèl di; vonvon
beets: *n.* bètrav, bètwouj
befall: *v.* rive
before: *adv.* anvan
befriend: *n.* trete an zanmi
beg: *v.* mande, sipliye
beggar: *n.* mandyan
begin: *v.* tanmen, kòmanse, amòse
begin again: *v.* rekòmanse

beginning, start: *n.* kòmansman, amòs, anlagan, okòmansman
beguile: *v.* twonpe
behalf (on behalf): anfavè, onon, nan non, nan benefis, nan enterè, nan avantaj
behave: *v.* konpote
behavior: *n.* konpòtman, jan, fason; konduit
behavior management: fason pou konwole konpòtman
behavior modification: chanjman nan konpòtman
behavioral risk factors: faktè nan konpòtman ki pa nan avantaj sante oswa lavi yon moun
behaviorism: syans ki etidye konpòtman
behead: *v.* sote tèt, koupe tèt
behind: *adv.* 1. dèyè; pa dèyè; annaryè
behold: *v.* kontanple, gade
beige: *a.* koulè bèj
being: *n.* egzistans, kretyen vivan
belch: *v.* wote, vomi; rann gaz
belie: *v.* demanti
belief: *n.* kwayans
believe: *v.* kwè
believer: *n.* fidèl; kwayan
belittle: *v.* pa respekte, pase nan tenten
bell: *n.* klòch, sonèt

bellbottom: *n.* patalon pat elefan

bellhop: *n.* gason, moun ki pou bay sèvis nan otèl

belligerent: *a.* awogan, frekan, agresif; belijeran

bellow: begle

belly: *n.* vant

belly bouton: lonbrik

belong: *v.* se pou, fè pati, manm

belongings: *n.* afè, posesyon

below: *adv.* anba; pa anba

below zero: anba zewo

belt: *n.* senti, sentiwon, kouwa

belt loop: pasan patalon, pasan jip

belt sander: machin pou sable

bench: *n.* ban, bankèt; biwo jij

bench warrant: manda darè yon jij siyen

benchmark: *n.* referans pou konparezon

bend: *v.* pliye, koube, flechi

beneath: *adv.* anba; pa-anba

benediction: *n.* benediksyon

beneficence: *n.* byenfezans

beneficial: *a.* benefisyèl

beneficiary: *n.* benefisyè

benefit: 1. *n.* benefis; 2. *v.* benefisye

benefit of counsel: lè yon moun gen avoka ki reprezante l

benevolent: *a.* benevòl

bent over: *v.* pliye, bese

benzene ring: zanno bennzèn (chimi òganik)

bequeath: *v.* pase papye pou bay yon eritaj

bereavement: *n.* peryòd dèy

Berlin Airlift: Pon Ayeryen Bèlen (1948)

Berlin Blockade: Blokis Bèlen (Almay)

Berlin Wall: Mi Bèlen (miray ki te separe Berlin an de blòk, kominis ak kapitalis)

berry: *n.* grenn bwa

beseech: *v.* sipliye

beside: *prep.* akote, kote; bò kote

besides: 1. *adv.* anplis 2. *prep.* andeyò

besiege: *v.* asyeje, atake

besique: *n.* jwèt bezig

Bessemer process: Pwosedi manifakti Bessener (metòd pou fè asye)

best: *a.* meyè, pi bon. 2.*adv.* mye, miyò

best evidence: prèv fondamantal, prèv enpòtan

bet: *n.* pari; paryay. 2. *v.* parye

betray: *v.* trayi, vann, denonse

better: 1. *a.* miyò; pi bon; 2. *adv.* mye, miyò

betting: *n.* paryaj

between: 1. *prep.* ant, nan mitan, omilye; 2. *adv.* nan mitan

beverage: *n.* bwason

beware: *v.* mefye, pote atansyon

bewilder: *v.* dezoryante; gaye, pèdi tèt, pèdi lakat

bewitch: *v.* chame, ansòsele

beyond: *adv.* palòtbò

biannual: *a.* byenal, defwa pa anne

bias: *n.* prejije

bib: *n.* bavèt

Bible: *n.* Bib, Labib; liv sakre

biblical: *a.* biblik

bicameral: *a.* bikameral, ki gen de chanm (Lachanm Depite ak Lachanm Senatè)

bicameral legislature: lesjislati a de chanm

bicarbonate of soda: bikabonnat

biceps: *n.* bibit, bisèp, miskilati bra

bicycle: *n.* bisiklèt; bekàn.

bid: *n.* òf, paryaj; dokiman pou pwopoze yon kontra

bidder: *n.* moun ki dispoze pwopoze yon kontra

bidding: *n.* zanchè, òf-o-zanchè

big: *a.* gwo, gran

Big Bang hypothesis: teyori Big Bang

big brothers: granmoun ki volontè pou bay jèn moun konsèy

big dipper: grantous (konstelasyon zetwal)

big eyes: je bourik

big shot (VIP): zotobre

big toe: gwo zòtèy

big stick policy: politik gwo ponyèt

bigamist: *n.* bigamis

bigot: *n.* rasis

bike: *n.* bisiklèt

bile: *n.* bil; move kòlè; fyèl

bilingual: *a.* bileng, de lang

bill: *n.* bòdwo, fakti, dèt; 2. (money): *n.* lajan papye; 3. nòt; biye; 4. bèk zwazo; 5. pwojè lwa

Bill of Rights: Deklarasyon Dwa Moun

billiards: *n.* jwèt biya

billing agency: ajans osnon konpayi pèseptè

billion: *n.* milya (1,000,000,000)

bind: *v.* 1. tache, mare, ini; 2. oblije, konpwomèt

binding: *a.* ki gen valè legal

bingo: *n.* jwèt bingo

binoculars: *n.* longvi

biochemical abnormality: anòmalite byochimik

bioconversion: *n.* transformasyon biyolojik

biodata: *n.* byodata, enfòmasyon ki gen rapò ak byoloji

biodegradable: *a.* transfòmasyon ak mikwòb, ki ka degrade

biofeedback: *n.* byofidbak
biological aging: vyeyisman byolojik
biological predisposition: kalite ereditè, predispozisyon byolojik
biologist: *n.* byolojis
biology: *n.* biyoloji
biomass: *n.* kantite matyè vivan, byomas
biome: *n.* kalite anviwònman; biyom (tankou dezè, forè twopikal)
bionic: *a.* byonik
biopsychologist: *n.* byosikològ
biosphere: *n.* byosfè
biotic: *a.* byotik
bipartisan: *n.* bipati, balanse
bipolar disorders: maladi ki fè yon moun pase nan depresyon ale nan konpòtman mànyak (ale-retou)
bird: *n.* zwazo.
birdseed: *n.* manje zwazo, grenn pou zwazo.
birth: *n.* lè timoun fèt, nesans
birth certificate: batistè, dokiman nesans
birth control: kontwòl nesans, planing
birth injury: defòmasyon depi nan nesans
birthday: *n.* anivèsè; fèt, dat fèt
birthmark: *n.* anvi, mak nan kò ki la depi yon moun fèt.

birthrate: *n.* to nesans, kantite moun ki fèt pa tèt moun ki genyen
biscuit: *n.* biskwit
bisect: *n.* bisektè, liy ki rankontre
bisector: *n.* bisektè
bishop: *n.* 1. evèk
bison: *n.* bizon, bifalo, bèf sovaj
bit (bridle): *n.* mò, brid
bit (of dril): *n.* Mèch pou pèse
bit by bit: Lit-lit, tigout-pa-tigout.
bit, piece: *n.* ti kal, ti moso, bout; moso
bitch: 1. *n.* femèl chen, chyèn. 2. *v.* plenyen
bite: *v.* mòde, kout dan
bitter: *a.* anmè
bizarre: *a.* biza, dwòl, ki pa nòmal
blabber: *n.* rans, radòt
blabbering: *n.* radotay
blabbermouth: *n.* djolè
black: *a.* nwa
black holes: twou nwa (nan domèn astwoloji, se yon seri kò nan lespas ki tèlman masif, ki tèlman gen fòs gravisyonèl, limyè pa kab ni rive jwenn fondè ni travèse yo)
black market: mache nwa, mache paralèl, mache ilegal
black pepper: pwav
Black Codes: Kòd Nwa

Black Death: Epidemi lapès Nwa

Black Panthers: Pantè Nwa (gwoup nwa ozetazini ki sèvi ak fòs vyolans pou fè rekonèt dwa yo)

Black Power: Pouvwa Nwa (mouvman nwa ameriken ki ankouraje moun nwa afime yo)

black-out: 1. *n.* pàn elektrik, pàn elektrisite, blakawout, pàn kouran; 2. *v.* endispoze

blackboard: *n.* tablo

blacken: *v.* nwasi

blackeyed peas: pwa enkoni

blacklist: *n.* lis nwa

blacklisting: lis nwa

blackmail: *v.* fè chantaj

blacksmith: *n.* fojwon

bladder: *n.* blad pipi, vesi

blade: *n.* lam, lam kouto

blame: *v.* blame; akize, enkriminen; joure

bland: *a.* san gou

blank: *a.*vid, blan

blanket: *n.* kouvèti; lenn

blatherer: *n.* radotè

blaze: *n.* flanm, dije

bleach: *n.* klowòks

bleach: *v.* blanchi

bleak: *a.* fèb

bleed: *v.* senyen

bleeding: *n.* senyman, emoraji

blend: 1. *n.* konbinezon, melanj; 2. *v.* melanje

blended families: fanmi melanje, fanmi elaji

blender: *n.* blenndè, melanjè

bless; blessed: *v.* beni

blessing: *n.* batèm; benediksyon

blind: 1. *a.* avèg; 2. *n.* avèg; 3. *v.* bouche je

blind spot: pozisyon nan retin je ki pa kapab pèmèt yon moun wè

blindness: *n.* sesite, avègleman

blink: *v.* bat je, bay koutje

blissful: *a.* byennere

blister: *n.* blad, zanpoud; glòb

blizzard: *n.* bliza, nèj ak gwo van frèt

bloat: *v.* gonfle, anfle, plen, bonbonfle

bloated stomach: balònman

block: 1. *n.* blòk; moso; blòk, katye, zòn; 2. *v.* fèmen, bare, bloke

block grants: sibvansyon anblòk

blockade: *n.* blokis, blokaj

blockhead: *n.* enbesil, idyo

blood: *n.* san

blood circulation: sikilasyon san

blood clot: san kaye

blood disease: maladi nan san

blood pressure: tansyon, presyon san

blood sample: priz san, echantiyon san

blood sausage: bouden, sosis ki fèt ak san

blood test: tès san

blood transfusion: transfizyon san

blood type: gwoup san, gwoup sangen

blood vessel: kannal sikilasyon san

bloodshot eyes: je wouj (ak san)

bloodsucker: *n.* sansi

bloodthirsty: *n.* sanginè

bloody: *a.* senyen, an san, benyen an san

bloody diarrhea: kolerin

bloom: 1. *n.* bouton flè ki louvri ansanm. 2. *v.* fleri

blossom: 1. *n.* florezon, flè; 2. *v.* fleri

blot: *n.* tach

blouse: *n.* kòsaj

blow: *n.* kou, chòk, bòt, kout pwen

blow: *v.* mouche, soufle, sonnen, vante, soufle; eklate; pete; eksploze; bay sabò; bay kou

blow a horn: kònen; klaksonnen

blow one nose: mouche nen

blow up: *v.* fè move san, grandi sou; gonfle

blue: *a.* ble

blue jeans: abako

blue-collar workers: travayè kòl ble, travayè manyèl

blueprint: *n.* plan; plan kay

bluff: 1. *n.* blòf; manti; 2. *v.* blofe, woule

blunder: 1. *n.* erè; 2. *v.* fè erè nan sosyete

blurred vision: je twoub

blush: *a.* wouji, wont

boar: *n.* koure. 2. kochon sovaj

board: 1. *n.* planch, tablo; komite 2. *v.* anbake abò

board games: jwèt ki jwe sou tab (damye, echèk)

boarding house: pansyon

boast: *v.* vante, fè gam, chante gam

boastful: *a.* lwanjè

boat: *n.* bato, batiman

boathouse: *n.* bato ki sèvi kòm kay

bobbin: *n.* navèt (machinakoud), bobin; tounikèt (tonnikèt)

bobby pin: pens; pens cheve

bodily injury: donmaje; blese

body: *n.* kò, kadav; kò machin, kawosri

body hair, fur: plim sou kò

body language: atitid fizik (jès oswa aparans fizik)

body system: sistèm kò

bodyshop: *n.* garaj pou ranje kawosri machin

Boer: Bowès

bog: *n.* marekaj
boggy: *a.* marekaje, ki tankou marekaj
bogus: *n.* manti; fent
boil: 1. *n.* klou nan zye; 2. *v.* bouyi
boiled water: dlo bouyi
boiling: *n.* ebilisyon, bouyi
boiling point: tanperati pou bouyi
bold: *a.* kare, odasye, temerè; an karaktè gra, epè
bolero: *n.* bolewo
Bolshevik Revolution: Revolisyon Bòlchevik
bolt: 1. *n.* boulon, chevi, takèt; 2. *v.* boulonnen
bomb: *n.* bonm
bona fide: de-bòn-fwa
bonanza: *n.* bonannza
bond: *n.* kosyon; garanti; depo
bone: *n.* zo, zosman, eskelèt
bone marrow: mwèl zo
bone scan: egzamen pou etidye zo
bonfire: *n.* boukandife (boukan)
bonnet: *n.* bone, bonnèt
bonus: *n.* prim, gratifkasyon
Bonus Army: Lame Bonus
bony: zo ak po
book: 1. *n.* liv; 2. *v.* arete, rezève davans
book cover: kouvèti liv
book value: pri yon bagay daprè liv komès

bookends: *n.* plak pou kore liv sou etajè
bookkeeper: *n.* kontab
bookmark: *n.* makè pou make paj liv
bookstore: *n.* libreri
boom: *n.* ekspansyon, eksplozyon
boom!: *interj.* boum!
boombox: *n.* radyo pòtatif
boost: 1. *n.* èd, ankourajman, bourad. 2. *v.* remonte, ankouraje, rechaje batri, fè chèlbè
booster: *n.* boustè, ankourajman
boot: *n.* bòt
booties: *n.* choson
bootlegger: *n.* kontrebandye (alkòl ilegal)
border: *n.* fwontyè, bòdi, lizyè
border states: eta frontyè
border, trimming: *n.* aranjman
borderland: *n.* teritwa ki sou frontyè
bore: 1. *a.* raz; 2. ki anniye
boring: *a.* raz
born (to be): *v.* fèt
borrow: *v.* prete
bosom: *n.* pwatrin
boss: *n.* bòs; patwon; chèf; kòmandè; sipèvizè
bossy: *a.* otoritè, tiranik
Boston Massacre: Masak Boston (1770)

Boston Tea Party: Protestasyon Te (1773)

botanist: *n.* botanis

botany: *n.* botani, syans plant

botch: *v.* rabache

both: 1. *a.* toulede; 2. *pron.* youn ak lòt

bother: *v.* anmède, anbete, bay traka; jennen, anniye; deranje

bottle: *n.* bibwon; boutèy

bottle cap: bouchon boutèy

bottle feed: bay bibwon

bottle opener: kle kola

bottom: 1. *n.* fon, anba, dèyè, bout anba; 2. *a.* ki anba, enferyè

bouillon: *n.* bouyon san ma

boulevard: *n.* boulva

bounce: *v.* rebondi; remonte, mate

bound: 1. *n.* limit, bòn; 2. *v.* bòne; bondi sote; 3. *a.* lye, atache

boundaries: *n.* fwontyè, bòn, limit, lizyè

boundless: *a.* san limit, enfini

bountiful: *a.* abondan, jenere

bouquet: *n.* bouke flè; odè flè

bourgeois: 1. *n.* boujwa; 2. *a.* boujwa

bourgeoisie: *n.* boujwazi

bout: *n.* atak (maladi), peryòd, kriz

bow: 1. *n.* kokad; 2. *a.* kanbral; 3. *v.* koube

bow leg: pye kanbral

bowel: *n.* trip

bowel movement: fè poupou, ale alasèl

bowl: *n.* bòl

bowlegged: janm kanbral

bowling alley: sal pou jwe kiy

box: *n.* bwat

boxer: *n.* boksè

boxer short: kalson ak janm

Boxer Rebellion: Rebelyon Boksè (1900)

boy: *n.* ti gason; pitit gason

boycott: *n.* bòykòt, bòykotaj, grèv, manifestasyon

boyfriend: *n.* mennaj

Boyle's law: Lwa Bòyl (fizik, chimi)

bra: *n.* soutyen

brace: 1. *v.* bretèl, atach; mèch vilbreken; aparèy òtopedik; genn

bracelet: *n.* goumèt; braslè.

braceros: brasewòs (travayè nan chan kann)

brackets: *n.* kwochèt

brag: *v.* vante, fè dyòlè, fè gam, chante gam

braggart, showoff: *n.* grandizè; granchire; granfòma.

braid: 1. *n.* très; 2. *v.* trese

brain: *n.* sèvo, tèt; sèvèl; entelijans

brain injuries: chòk nan sèvo

brainstorming: *n.* brase lide

brainwashing: *n.* lavaj sèvo

braise: *v.* flanbe
brake: 1. *n.* fren; 2. *v.* frennen; rete
brake down: pàn, anpàn
brake lights: limyè fren
branch: *n.* branch
brand: *n.* mak
brand name: mak depoze, mak machandiz
brand; branded: *v.* tanpe, etanpe ak fè cho
brandnew: *a.* tounèf
brass: *n.* kuiv, leton
brass band: fanfa
brass chuckles: fo pwen
brat: *n.* maymay; ti moun dezòd
brave: *a.* brav, michan, ki pa pè
brawl: *n.* tapaj; lobo; lòbèy; deblozay, diskisyon; 2. *v.* goumen
bray: *v.* ranni
bread: *n.* pen, biskwit
breadfruit: *n.* lam veritab
break: *v.* kase, kraze, brize, separe; (break in a horse) debosale; (break into) kase, kase kay; kase, fache; (break to go somewhere) fè fòlòp. (break water) kase lezo
breakdown: *v.* anpàn, pran pàn
breakfast: *n.* kolasyon, dejene; manje maten
breaking and entering: fòse rantre; kase kay
breast: *n.* tete, sen, pwatrin

breast pump: ponp pou retire lèt
breast-feed: *v.* bay tete
breastbone: *n.* biskèt
breath: *n.* souf, respirasyon; alèn respire fò (out of breath) pèdi souf, souf koupe (shortness of breath) souf kout; (hold breath) kenbe souf
breathe: *v.* respire
breathing: *n.* respirasyon
breathless: *a.* san souf
breed: *v.* kwaze, elve
breeze: *n.* briz, labriz
bribe: *v.* kòwonp ak lajan oswa sèks, soudwaye, achte yon moun
bribery: *n.* peye anba tab; grese lapat; bay podven
brick: *n.* brik
bridal: *a.* ki anrapò ak nòs, nipsyal
bride: *n.* lamarye
bridge: *n.* pon; jwèt kat
brief: *a.* 1. brèf; 2. *n.* dosye; rezime
briefcase: *n.* valiz; sak
brigade: *n.* brigad
bright: *a.* klere, eklere; klè, entelijan, briyan
brightness: *n.* klète; limyè; briyans, degre klète yon limyè
brilliant: *a.* klere, fò
brilliant person: entelijan
brim: *n.* bò, rebò

bring: *v.* pote, mennen, chofe
brittle: *a.* frajil, fasil pou kase
broad: *a.* laj
broad daylight (in): lajounen; gwo lajounen
broad shouldered: zèpòl laj
broadcast: 1. *n.* emisyon. 2. *v.* emèt
broccoli: *n.* bwokoli
broil: *v.* griye nan fou
broiler: *n.* fou (pou fè manje)
broke: *a.* razè; pòv, san lajan
broken: *a.* kase, kraze
broken bone: zo kase
broken down: anpàn; gate
broken glass: zenglen
broker: *n.* koutye
broker: *n.* koutye, koutye labous
bronchi: *n.* bwonch
bronchial tube: bwonchi, bwonch
bronchitis: *n.* bwonchit, enfeksyon nan bwonch
bronchus: *n.* bwonch
Bronze Age: Laj Bwonz (peryòd)
brood: *v.* kouve
brook: *n.* sous, ti rivyè
broom: 1. *n.* bale; 2. *v.* bale, pase bale
broth: *n.* ji bouyon (clear broth) ji bouyon san ma; medyòm likid pou kiltive mikwòb
brothel: *n.* kafe; bodèl; makrèl

brother: *n.* frè, chèfrè
brotherinlaw: *n.* bòfrè
brow: *n.* sousi
brown: *a.* mawon, bren
Brown v. Board of Education: Pwosè Brown kont Edikasyon Nasyonal (1954)
bruise: *v.* mètri; grafouyen
bruised: *a.* choke, fache, chode, merilan
brush: 1. *n.* bwòs. 2. *v.* bwose
brutal: *a.* brital
brute: *a.* brital, sovaj
BTU: BTU (inite chalè Britich)
bubble: *n.* boul kim
bubonic plague: lapès bibonik
bucket: *n.* bokit; chèz fotèy
buckle: 1. *n.* bouk; bouk soulye; bouk sentiwon; 2. *v.* boukle
buckle up: *v.* mare; tache senti
bud: 1. *n.* bouton; boujon. 2. *v.* boujonnen
Buddhism: *n.* Boudis (relijyon)
buddy: *n.* konpè (monkonpè); zanmi; lamitye
budge: *v.* bouje; brannen
budget: *n.* bidjè
budget deficit: defisi bidjetè
budget surplus: eksedan bidjetè
buffalo: *n.* bizon, bifalo
buffer: *n.* likid pou estabilize pH
buffer zone: zòn sekirite

buffet (furniture): *n.* pàntyè, bifèt
buffoon: ransè, voryen
bug: *n.* pinèz, ensèk, ti bèt aniyan
buggy: *n.* bogi
bugle: *n.* klewon
build: *v.* monte; bati, konstwi
building: *n.* bilding
building code: kòd konstriksyon
bulb: *n.* anpoul
bulge: *v.* gonfle, bonbe
bulimia nervosa: maladi boulimi, apeti grangozye
bull: *n.* towo bèf
bull market: mache alawos
Bull Moose Party: Pati Politik Elan
bulldozer: *n.* bouldozè, traktè
bullet: *n.* bal; plon
bump: 1. *n.* chòk, kou, boul. 2. *v.* frape, pouse
bump into: *v.* teke; kontre bab-pou-bab
bumper: *n.* defans oto
bumper sticker: viyèt
bunch: *n.* grap, pakèt
bundle: *n.* pake, lyas
bungalow: *n.* boungalo, kay
bungler: *n.* machokèt
bunion: *n.* zòbòy; kò nan zòtèy
Bunsen burner: Lanp Bennsenn (lanp laboratwa)

buoy: *n.* bouwe sou dlo
buoyant force: fòs pou flote nan dlo
burden (problem): *n.* chay, fado
burden of proof: responsabilite pou bay bonjan prèv
Bureau of Immigration: Biwo Imigrasyon
Bureau of Indian Affairs: Biwo Afè Endyen
bureaucracy: *n.* biwokrasi
burglar: *n.* vòlè
burglary: *n.* vòl
burial: *n.* antèman
buried treasure: ja lajan, ja lò
burlap bag: sak kòlèt
burn: 1. *n.* boule. 2. *v.* boule, brile
burner: *n.* bòbèch, recho, brilè
burning: *n.* brili, boule, brile ◆
burning on urination: pipi brile
burnout: *n.* depresyon (~mantal, fizik oswa emosyonèl ki rive akòz twòp tansyon)
burp: 1. *n.* rapò, gaz; 2. *v.* rann gaz
burrow: *n.* twou bèt
burst: *v.* eklate, pete
bury: *v.* antere; tere
bus: *n.* bis, otobis
bush: *n.* raje, rak bwa, buison
bushy: *a.* toufi, ki gen anpil plant, ki gen anpil fèy

business: *n.* afè, biznis, komès
business cycle: sik ekonomik
business fluctuations: fliktiyasyon ekonomik
business hours: lè travay nòmal
business partners: asosye, kolaboratè
businessman: *n.* biznismann
busy: *a.* okipe
busybody: *a.* fouyapòt
but: *adv.* men
butcher: *n.* bouche
butter: 1. *n.* bè. 2.v. bere
butterfly: *n.* papiyon
buttock: *n.* fès; dèyè
button: 1. *n.* bouton; 2. *v.* boutonnen
button up: *v.* kòlte; fèmen
buttonhole: *n.* boutonnyè
buy: *v.* achte
buyer: *n.* achtè
buying on margin: acha nan maj
buzz: *v.* kònen; boudonnen; gwonde
by: *prep.* (a certain date) anvan (yon) dat; pa, ak, nan; (by car) nan oto; (by foot) apye by
by far: *adv.* lontan
bypass: 1. *n.* devyasyon. 2. *v.* kontoune, devye
byproducts: *n.* pwodui segondè, rès
byzantine: *n.* peryòd tan bizanten

C

C.V.A. (Certified Vocational Evaluator): evalyatè vokasyonèl diplome
cab: *n.* taksi, laliy
cabbage: *n.* chou
cabin: *n.* kabin
cabinet: *n.* kabinè, biwo pwofesyonèl, gwoup minis, gwoup lejislatè
cable: 1. *n.* kab telegram. 2. fil kab. 3. *v.* voye dokiman rapid
cacao: *n.* kakawo
cache: *n.* kachèt
cacique (Indian chief): *n.* kasik; chèf endyen
cackle: *v.* kodase
cactus: *n.* kaktis, rakèt
cadaver: *n.* kadav; kò; mò
cadence: *n.* kadans, rit mizik
caesarean: *n.* sezaryèn
café: *n.* kafe
cafeteria: *n.* kantin; kafeterya
caffeine: *n.* kafeyin
cage: *n.* kalòj
cajole: *v.* andyoze, bay bon bouch
cake: *n.* gato
calabash: *n.* kalbas
calabash bowl: kwi
calamine: *n.* kalamin (losyon medikaman)
calamity: *n.* kalamite

calcaneus: *n.* kalkaneyò [zo]
calcium (Ca): *n.* kalsyòm
calculate: *v.* kalkile
calculator: *n.* kalkilatris
calendar: *n.* almanak; kalandriye
calf: *n.* molèt, jarèt; ti bèf; vo
calibration: *n.* kalibrasyon
California: *n.* Eta Kalifòni
California Gold Rush: Kous Lafyèv lò Kalifòni (1849)
caliph: *n.* kalif
calisthenics: *n.* jimnastik, egzèsis pou sante ak bote
call: 1. *n.* apèl; 2. *v.* rele
calligraphy: *n.* kaligrafi
callous: *a.* di, rèd, san pitye
callus: *n.* kòn, kò
calm: *a.* kalm
calm: *a.* kal, trankil, rete dousman
calm down: *v.* kalme, mouri poul (mouri kò); pran san; poze san
calorie: *n.* kalori; enèji
calorimetry: *n.* kalorimetri [mezire chalè]
calvary: *n.* kalvè
calypso: *n.* kalipso
camel: *n.* chamo
camelias: *n.* kamelya
camera: *n.* kamera; kodak
cameraman: kameramann
camomille: *n.* kamomi

camouflage: *n.* kamouflay
camp: 1. *n.* kan, kan vakans; 2. *v.* desann, poze pye, kanpe
Camp David Accords: Akò kan David (1978)
campaign: 1. *n.* kanpay 2. fè kanpay [prepare eleksyon]
camphor: *n.* kanf
camphorated: *a.* kanfre
campus: *n.* enstalasyon kanpis lekòl
can: 1. *n.* kanistè, konsèv, bwat an metal; 2. *v.* kapab
can opener: kle pou louvri bwat
canal: *n.* kannal
canaliculus: *n.* ti kannal
cancel: *v.* anile, elimine
cancer: *n.* kansè
candelabra: *n.* chandelye
candid: *a.* fran, senp
candidate: *n.* kandida
candle: *n.* chandèl, bouji; balenn; syèj
candy: *n.* sirèt, bonbon
cane: *n.* baton, badin; kann
canine: *n.* kanin; chen
cannabis sativa: pye mariwana
cannon: *n.* pyès kanno
cannonball: *n.* boulèt
canoe: *n.* kannòt, boumba
canopy: *n.* vout ak fèy
cantaloupe: *n.* kantaloup; melon frans
canteen: *n.* kantin

cantons: *n.* kanton

canvas: *n.* twal, twal sak, twal penti

cap: *n.* bouchon; kaskèt; kepi, berè

Cap-Haitien: Okap

capable: *a.* konpetan; kapab

capacity: *n.* kapasite

capillary: *n.* ti kannal san, kapilè

capital: *n.* (city) kapital; lakapital; (money) kapital, kòb, lajan, grinbak

capital: *n.* byen ekipman

capital case: ka ki mande lapèn-de-mò

capital flight: fuit kapital

capital gain: revni kapital

capital loss: pèt an kapital

capital offense: zak ki mande lapèn-de-mò

capital punishment: chatiman kapital; kondanasyon amò

capitalism: *n.* kapitalis

capitalization: *n.* kapitalizasyon

capitalize: *v.* ekri an majiskil

capricious act: kapris, mechanste

capsize: *v.* koule

capsule: *n.* kapsil, grenn

captain: *n.* kapitenn (kaptèn)

caption: *n.* antèt, lejand

captive: *a.* kaptif

capture: *v.* kaptire, bare; kenbe

car: *n.* vwati; oto; machin

car cover: kouvèti pou machin

car registration: papye machin

car roof: *n.* tèt oto

car seat: *n.* kousen machin

caramel: *n.* karamèl

carapace: *n.* karapas, po di

caravan: *n.* karavàn

caravel: *n.* karavèl

carbohydrate: *n.* idrat kabòn [sik, fib ak lanmidon]

carbon (C): *n.* kabòn

carbon dioxide: dioksid kabon, gaz kabonik

carbon monoxide: monoksid kabòn

carbonate: *n.* kabonat

carbonic acid: asid kabonik

carbonize: *v.* kabonize

carburetor: *n.* kabiratè

carcass: *n.* kakas

card: *n.* kat, katpostal, kat idantite

card game: jwèt kat

cardamom: *n.* epis kadamom

cardboard: *n.* katon; bwat katon

cardiac muscle: mis kè, miskilati kè

cardinal: 1. *a.* kadinal; 2. *n.* zwazo seren

cardinal point: pwen kadino

cardiology: *n.* kadyoloji

care: 1. *n.* swen; 2. *v.* swaye

care for: *v.* swen; pran swen

career: *n.* karyè, pwofesyon, metye

career center: sant ki ede moun chwazi pwofesyon

carefree: *a.* byennere; san pwoblèm

careful (be): fètatansyon, pote atansyon, veye, atantif

careful: atantif, apwofondi

careless driving: kondui ak neglijans

caress: 1. *n.* karès. 2. *v.* karese

caressing: *a.* karesan

caretaker: *n.* gadyen; jeran; wachmann; siveyan

cargo: *n.* chajman; chay

Caribbean: Karayibeyen

caribou: *n.* karibou

caring: *a.* pran swen, bay laswenyaj

carnation: *n.* flè eyè

carnival: *n.* kanaval

carnivore: *n.* kanivò, ki manje vyann

carnivorous: *a.* manjèd vyann, kanivò

carotene: *n.* kawotèn [vitamin A nan kawòt]

carouser: *n.* banbochè

carp: *n.* kap, pwason kap

carpenter: *n.* chapantye

carpet: *n.* tapi

carpetbaggers: *n.* pòtè tapi, opòtinis

carpetbaggers: *n.* kapètbagè, opòtinis

carpool (to): *v.* vwayaje nan menm machin

carport: *n.* remiz pou machin

carpus: *n.* kap

carriage: *n.* bis, otobis, bogi. charyo, kabwèt

carried tooth: dan pike

carrion: *n.* chawony

carrot: *n.* kawòt

carry: *v.* pote; bwote, transpòte

cart: *n.* charyo, kabwèt

cartel: *n.* gwoup, katèl

cartilage: *n.* katilaj, tisi fèm elastik, ki atikile zo yo

cartography: *n.* katografi

carton: *n.* katon

cartoon: *n.* komik, desen anime; karikati

carve: *v.* sizle, eskilte, fè eskilti

case: *n.* ka; kès, bwat

case disimissed: ka anile

case law: jirispridans

case manager: reskonsab dosye

case study: obsèvasyon patikilyè, etid espesyal

case worker: moun k ap travay sou dosye

cash: *n.* lajan, kach

cash a check: *v.* chanje chèk; touche chèk

cash crop: danre, danre komèsyal, pwodui agrikòl

cash register: kès

cash value: valè yon bagay ta ka genyen si yo ta vann li
cashew nut: *n.* nwa kajou
casing: *n.* anvlòp
casino: *n.* kazino
casket: *n.* sèkèy
cassava: *n.* manyòk
cassava bread: kasav
cassava cake: bobori
cassette: *n.* kasèt
cassette player: aparèy ki jwe kasèt
cast: 1. *n.* aktè nan pyès teyat; anplat, aparèy; 2. *v.* bay fòm
cast a spell on: *v.* mete bouch sou; voye mò sou
cast nets (fish): sennen; voye sèn
caste system: sistèm kas (kote tout moun pa gen menm valè)
castigate: *v.* reprimande, chatye,
castle: *n.* chato
castor: *n.* kastò
castor oil: *n.* luil derisen
castrate: *v.* chatre
castration: *n.* kastrasyon, chatre (operasyon pou wete grenn oswa testikil)
casual: *a.* san fòmalite
casualties: *n.* pèt
casualty: *n.* viktim aksidan
cat: *n.* chat
cat scan: teknik medikal ki montre andedan kò moun

catalog: *n.* katalòg
catalyst: *n.* katalizè
cataract: *n.* katarat
catastrophy: *n.* katastwòf
catatonic episode: peryòd katatonik (faz endispozisyon kote moun nan pa bay pyès siy)
catatonic schizophrenia: eskizofreni katatonik (rete rèd san pale)
catch (caught): *v.* pare; ankese; atrape; pran
catch: 1. *n.* lapèch. 2. *v.* pran, bare, trape
catch a chill: pran lè; refwadisman
catch redhanded: bare, kenbe men nan sak
catchup: *n.* sòs tomat
catechism: *n.* katechis
cater: *v.* founi, apwovizyone
caterpillar: *n.* cheni, lav ensèk; lav papiyon; mawoka, cheniy papiyon; traktè
cathedral: *n.* katedral
catheter: *n.* sonn, katetè
cathode: *n.* katòd
cathodic ray: reyon katodik
catholic: *a.* katolik
catholicism: *n.* katolisis
cation: *n.* katyon
cattail: *n.* jon
cattle: *n.* bèf; betay
Caucasian: *n.* Blan; ras moun blan

caucuses: *n.* kokis
caudillos: *n.* kodiyos
caul: *n.* kwaf; fèt ak kwaf
cauldron: *n.* chodyè
cauliflower: *n.* chouflè
cause: *n.* kòz, lakòz, rezon, responsab, lotè
caution: *n.* prekosyon
cave: *n.* kav, gwòt; twou wòch
caviar: *n.* kavya, ze pwason
cavity: *n.* twou, fant; kavite
cayman: *n.* kayiman; kwokodil
CD (Compact Disc): sidi; disk konpak
CD-Rom: *n.* sedewòm
cease: *v.* sispann, rete, estòp
cedar: *n.* sèd (pye bwa)
cede: *v.* sede, bay legen
ceiling: *n.* plafon
Celcius scale: echèl Sèlsiyis [sistèm pou mezire tanperati]
celebrate: *v.* fete; selebre
celebration: *n.* selebrasyon, fèt
celery: *n.* seleri
cell: *n.* selil
cell division: divizyon selil
cell membrane: manbràn selil [pou pwoteje selil]
cell wall: manbràn selil plant
cellar: *n.* kav
cellular phone: telefòn sèlilè
Celsius (C): *n.* degre Sèlsiyis, degre santigrad

cement: 1. *n.* siman. 2. *v.* simante
cement mixer: malaksè siman
cemetery: *n.* simityè
censorship: *n.* sansi (baboukèt pou anpeche difizyon lapawòl, lide osinon dokiman)
censure: *n.* sansi
census: *n.* resansman
cent: *n.* santim
center: 1. *n.* sant; 2. *v.* santre
center forward: avansant
center of activity: sant aktivite
center of symmetry: sant simetri
center-point irrigation: irigasyon sikilè
centi (c) 0.01 [10E-2]: santi (prefiks)
centigrade: *n.* santigrad
centiliter: *n.* santilit
centimeter (cm): *n.* santimèt
centipede: *n.* milpat, milpye
central: *a.* santral
central government: gouvènman santral
central heating: chofay
central nervous system: sistèm santral nè
central pillar: poto mitan
central traits: karaktè prensipal
Central America: Amerik Santral
Central Intelligence Agency (CIA): Ajans Santral Entèlijans

Central Powers: Pouvwa Santral

centrifugal force: fòs santrifij

centripetal force: fòs santripèt

century: *n.* syèk

ceramic: *n.* seramik

cereal: *n.* sereyal

cerebellum: *n.* serebelòm, ti sèvo, sèvelè; sèvèl

cerebral cortex: kòtèks serebral (pati nan sèvo ki plis sou deyò tankou ekòs)

cerebral hemispheres: emisfè serebral; bò sèvo (bò dwat oswa bò goch sèvo)

cerebral palsy: maladi paralezi sèvo

cerebrum: *n.* serebwòm; pati nan sèvo

ceremony: *n.* seremoni

certain: *a.* sèten, siswafè, si

certainly: *adv.* sètènman, siman

certainty: *adv.* san mankman

certificate: *n.* sètifika

certificate of completion: sètifika, diplòm

certificates of deposit (CD): sètifika depo

certification: *n.* diplòm

certified check: chèk sètifye

certified copy: kopi sètifye

certify: *v.* sètifye

cervical vertebrae: zo vètèb kou

cervix: *n.* kòl matris, kòl iteris

chafe: *v.* fwote, friksyonnen, irite

chaff: *n.* bal, pake

chagrin: n kontraryete, chagren

chain: *n.* chenn

chain-link fence: kloti an filfè

chained: *a.* mare, anchene

chair: *n.* chèz, fotèy

chairman: *n.* prezidan, direktè

chalet: *n.* chalè; kay vakans, estil achitekti

chalk: *n.* lakrè

chalkboard: *n.* tablo

challenge: *n.* defi, pwoblèm, difikilte, konplikasyon

challengeable: *a.* ki ka defye

challenging: *a.* difisil, konplike

chamber: *n.* chanm; lachanm

chamber pot: vaz; pòt-chanm

chambers: *n.* biwo jij

chameleon: *n.* aganman, kameleyon

chamomile: *n.* kamomin

champ: *n.* chanpyon

champagne: *n.* chanpay

champion: *n.* chanpyon

championship: *n.* chanpyonna

chance: *n.* aza; chans

chancel: *v.* titile

chancellor: *n.* chanselye, dwayen

chancre: *n.* chank

chandelier: *n.* chandelye

change: 1. *n.* chanjman; monnen, lajan monnen; 2. *v.* chanje

change gears: chanje vitès

change of fortune: revè; fè fayit

change of venue: transfè, transfere yon ka soti nan yon tribinal ale nan yon lòt.

change one's mind: chanje lide

channel: *n.* filyè, estrateji, kanal

channels of distribution: kanal distribisyon

chant: *n.* chante, refren

chaos: *n.* tibilans san kontwòl, kawo

chaotic: *a.* an dezòd, kawotik

chap (young man): *n.* jenn gason

chapel: *n.* chapèl; legliz

chapter: *n.* chapit

char: *v.* boule; kankannen

character: *n.* karaktè, kalite, pèsonalite; tanperaman

characteristic: *n.* karakteristik

characterization: *n.* karakterizasyon

characterize: *v.* karakterize

charcoal: *n.* chabon

charcoal burner: recho chabon

charge: 1. *n.* chaj; akizasyon; 2. *v.* chaje, akize

charge account: kont kliyan

charge the jury: bay jiri a enstriksyon anvan li al delibere

charging document: akizasyon ofisyèl alekri, dokiman ki di akize a komèt yon zak

charitable: *a.* charitab, ki gen bon kè

charity: *n.* charite, zèv; lacharite

charlatan: *n.* chalatan

Charles law: Lwa Chal (chimi)

charm: 1. *n.* cham, bèlte; *v.* pran nanm, chame

charming: *a.* karesan; janti

chart: *n.* plan, tablo, graf

charter: *n.* ak konstititf. 2. chat konstitisyonèl

chase: *v.* kouri dèyè, rapousuiv, pousuiv; chase

chassis: *n.* chasi

chaste: *a.* ki gen lakonduit

chat: *n.* konvèsasyon; 2. *v.* konvèse

chauffeur: *n.* chofè

chayote: *n.* militon

cheap: *a.* bon mache

cheat (to copy): *v.* pran bèt (pran poul); kopye; vòlè, twonpe·

check: *n.* chèk

check: *v.* tcheke, verifye; ekzaminen; konsilte; kontwole

check klearing: konpansasyon chèk

check off: tcheke

check stub: resi chèck

check up: konsiltasyon

checkable deposits: kont an chèk

checkbook: *n.* kanè chèk

checker: *n.* chekè

checking account: kont kouran

checklist: *n.* lis

checks and balances: sistèm pouvwa ekilibre

cheek: *n.* figi, po figi, jou; ponmèt

cheek to cheek: tèt kole

cheekbone: *n.* zo figi

cheer: *v.* ankouraje, aplodi; rejwi

cheerful: *a.* bon karaktè; ki gen kè kontan

cheerleader: *n.* majorèt, animatè

cheese: *n.* fwomaj

chemical: 1. *a.* chimik; 2. *n.* pwodui chimik

chemical activity: aktivite chimik

chemical bond: lyezon chimik [fòs ki kenbe atòm]

chemical change: chanjman chimik

chemical element: eleman chimik

chemical energy: enèji chimik

chemical equation: ekwasyon chimik

chemical equivalent: ekivalan chimik

chemical formula: fòmil chimik

chemical product: pwodui chimik

chemical property: pwopriyete chimik

chemical reaction: reyaksyon chimik

chemical symbol: senbòl chimik

chemist: *n.* chimis

chemistry: *n.* chimi

chemotherapy: *n.* kimoterapi

cherish: *v.* pran swen, renmen, karese

Cherokee: Chewoki (tribi endyen)

cherry: *n.* seriz

chess: *n.* echèk, jwèt echèk

chest: *n.* kòf lestomak, pwatrin, pwatray

chest cold: rim pwatrin

chest oppression: opresyon

chew: *v.* chike; moulen, mache, kraze

chew gum: *v.* chiklèt

chewing gum: chiklèt

chic: *a.* elegan, bwodè; chik

Chicano movement: mouvman Chikano

chick: *n.* tipoul, pousen

chicken: *n.* poul 2. *a.* (coward) boboy; kapon, lach

chicken coop: kaj poul, kalòj

chicken pox: saranpyon

chickenfeed: *n.* manje pou poul
chief: *n.* chèf
Chief Executive Officer (CEO): Direktè Jeneral
Chief Justice: prezidan Lakou Siprèm
Chief of State: Chèfdeta
chiefly: *adv.* prensipalman
chigger: *n.* chik (enfeksyon)
chihuahua: *n.* chiwawa (chyen)
child: *n.* pitit, timoun
child abuse: abi kont timoun
child birth: akouchman
child care: swen timoun, gadri
child care center: gadri pou timoun, pouponyè
child labor: anbochaj timoun
child labor laws: lwa sou anbochaj timoun
childish: *a.* anfanten, ki aji tankou timoun
childishness: *n.* anfantiyay
chili: *n.* piman; sòs pike; 2. manje ki fèt ak pwav ak vyann ak legim.
chill: 1. *a.* glase; 2. *n.* frison; refwadisman; cho frèt. 3. *v.* rafredi
chills and fever: lafyèv ak frison
chime: *v.* karyonnen; sonnen
chimney: *n.* chemine
chimpanze: *n.* chenpanze
chin: *n.* manton
china (porcelain): *n.* pòslèn

china closet: veselye; bifèt vesèl
China: *n.* Chin, Lachin
Chinese: *n.* Chinwa
Chinese Exclusion Act: Lwa pou ekskli Chinwa (1882)
chitchat: *n.* fraz, blag
chitterlings: *n.* andui, trip kochon.
chives: *n.* siv; chalòt; epis
chlorine (Cl): *n.* klò
chlorophyll: *n.* klowofil (pigman nan plant ki bay koulè vèt)
chocolate: *n.* chokola
choice: 1. *n.* chwa, preferans; seleksyon. 2. *v.* chwazi, fè chwa
choir: *n.* kè; koral
choke: *v.* toufe, mal pou respire, trangle
choking: *n.* sifokasyon, toufe, trangle
cholera: *n.* maladi kolera
cholesterol: *n.* kolestewòl
choose: *v.* chwazi
choose teams: fè de kan
chop: *v.* tranche, koupe; rache
chorus: *n.* koral
Christ: *n.* Kris, Jezi-Kri
christian: *n.* kretyen
christianity: *n.* kretyènte
Christmas: *n.* Nwèl
chromatography: *n.* kwomatografi [metòd chimik]
chromosomes: *n.* kwomozòm

chronic: *a.* kwonik; ki pa geri; ki dire
chronic complainer: plenyadò
chronological order: lòd kwonolojik
chrysalis: *n.* krizalid (etap nan lavi papiyon)
chrysanthemum: *n.* krizantèm (flè)
chubby: *a.* gra, gwo
chuckle: *v.* ri anbachal
chum: *n.* zanmi, patnè
chump: *v.* blòk
chunk: *n.* bich; moso; pyès.
chunky: *a.* won, gwo; ki gen gwo mòso
church: *n.* legliz
cigar: *n.* siga
cigarette: *n.* sigarèt
cigarette butt: pòy, sigarèt
cigarette lighter: brikè
cinch: *a.* senp, ki pa difisil, ki fasil
cinder: *n.* sann
cinema: *n.* sinema
cinnamon: *n.* kanèl
circle: 1. *n.* sèk, sikonferans, laviwonn. 2. *v.* viwonnen; fè wonn
circle graph: graf fòm sèk
circuit: *n.* sikui; sektè; zòn kote yon tribinal gen jiridiksyon
circuit breaker: swich santral
circuit court: tribinal ki gen jiridiksyon nan yon zòn

circular: *a.* won, ansèk; sikilè, ki gen fòm sèk
circular-flow model: modèl mouvman sikilè
circulate: *v.* sikile
circulation: *n.* sikilasyon
circulatory system: sistèm sikilatwa, sistèm san
circumcision: *n.* sikonsizyon
circumference: *n.* sikonferans
circumnavigate: *v.* sikoumnavige (deplase nan bato); virewon nan bato
circumstance: *n.* sikonstans
circumstancial evidence: prèv ki chita sou sikonstans; prèv endirèk
circus: *n.* sik, teyat ak bèt
cirrhosis: *n.* siwoz (maladi nan fwa)
cirrus cloud: nyaj siris (tinyaj mens, lejè ki fèt ak glas ki wo anpil nan atmosfè
cistern: *n.* sitèn; kamyon sitèn
Citadel: Sitadèl
citation (summons): *n.* manda; sitasyon
cite: *v.* lonmen; site
citizen: *n.* sitwayen
citizenship: *n.* sitwayènte
citronella: *n.* sitwonnèl
citrus: *n.* sitwon, sitris
city: *n.* vil, lavil
city council: konsèy minisipal
city hall: lakomin

city-states: vil-eta
civic: *a.* sivik
civic group: kominote, gwoup sivik
civic values: valè sivik
civics: *n.* sivis
civil: 1. *a.* sivil; 2. *n.* sivil
civil cases: pwosè sivil
civil disobedience: dezobeyisans sivil
civil liability: responsablite sivil
civil rights: dwa sitwayen, dwa moun; dwa sivil
civil rights movement: mouvman dwa sivil
civil servant: anplwaye leta
civil society: sosyete sivil
civil unrest: soulèvman popilè
civil war: lagè sivil (lagè ant moun nan menm peyi)
Civil Rights Act of 1866: Lwa pou Dwa Sivil 1866
Civil Rights Act of 1875: Lwa pou Dwa Sivil 1875
Civil Rights Acts: Lwa sou Dwa Sivil
Civil Rights Movement: Mouvman pou Dwa Sivil
civilian: 1. *n.* sivil; 2. *a.* sivil
civilian labor force: mendèv sivil
civilization: *n.* sivilizasyon
claim: 1. *n.* reklamasyon; plent; 2. *v.* reklame; pretann.

claim damages: asiyen yon moun pou dedomajman
clairvoyance: *n.* konesans; wè klè; bon tèt; klèvwayans
clam: *n.* paloud; bivav
clammy: *a.* mwat
clamp: 1. *n.* kranpon. 2. *v.* fèmen; kole ansanm
clamp down on: sere boulon
clan: *n.* klan
clang: v sonnen, rezone
clap: *v.* bat men, bat bravo, aplodi
clarify: *v.* eklèsi, klarifye
clarinet: *n.* klarinèt
clash: *v.* goumen
clasp: 1. *n.* agraf; 2. *v.* tache, agrafe
class: *n.* klas
class action suit: pwosè kolektif; pwosè an gwoup
classic: *n.* klasik
classical: *a.* klasik
classical conditioning: kondisyònman natirèl
classification: *n.* klasman, klasifikasyon
classify: *v.* klase
classroom: *n.* salklas, klas
clastic rocks: wòch sedimantè ki fòme ak fragman lòt wòch
clatter: *n.* bwi
clause: n pwopozisyon; kloz
clavicle: *n.* zo salyè, klavikil

claw: 1. *n.* grif 2. *v.* grife, grifonnen
clay: *n.* tè glèz, ajil
clay pipe: kachimbo; pip an ajil
Clayton Antitrust Act: Lwa anti Monopòl Clayton (1914)
clean: 1. *a.* pwòp; 2.*v.* netwaye; lave
cleaner: *n.* dray; pwodui pou netwaye; 2. *a.* ki pi pwòp
cleaning: *n.* pwòpte, netwayaj
cleanliness: *n.* pwòpte
cleanser: pwodui pou netwaye
clear: 1. *a.* klè, avidèy, transparan, nèt; 2. *v.* sekle, netwaye, mete lòd, debarase
clear up (weather): *v.* anbeli
clearing house: depo santral
clearly: *adv.* klèman
cleat: *n.* kranpon
cleavage: *n.* separasyon; seksyon; detachman; divizyon
cleave: *v.* fann, separe
clemency: *n.* fè pa; gen pitye
clement: *a.* ki gen pitye
clench: *v.* mare, sere, ponyen
clergy: *n.* klèje, pè, pastè
clergyman: *n.* klèje
clerical error: fot-de-frap; erè.
clerk: *n.* komi, sekretè tribinal
clever: *a.* fò, mètdam, entelijan
client: *n.* kliyan
cliff: *n.* falèz

climate: *n.* klima
climatologist: *n.* klimatolojis
climatology: *n.* klimatoloji
climb: *v.* monte; pran fil, grenpe
clinic: *n.* dispansè, klinik
clip: 1. *n.* klips, agraf; 2. *v.* tonn, koupe
clippers: *n.* tondèz
clitoris: *n.* klitoris
clock: *n.* revèy; pandil
clone: *v.* repwodui san sèks, klonen
cloning: klonin, repwodiksyon ak selil somatik, san sèks
close: 1. *a.* rapwoche, toupre; 2. *v.* fèmen
closed campus policy: pratik pou toujou kenbe baryè lakou (yon lekòl) fèmen.
closed primary: eleksyon primè
closed shop: atelye sendike
closely: *adv.* pre, tou pre
closing costs: frè kloti
clot: *n.* kayo, san kaye
cloth: *n.* tòchon, twal, rad
cloth hanger: sèso
cloth line: *n.* kòd pou pann rad
clothe: *v.* abiye
cloud: *n.* nyaj
cloud forest: forè nyaj
cloudy: *adv.* fè nyaj, tan kouvri, tan mare
clout: *n.* jefò

clove: *n.* jiwòf
clover: *n.* trèf (plant)
clown: *n.* madigra
club: 1. *n.* trèf; baton, chaplèt; koko-makak; 2. *v.* (beat).*v.* bat; bay chaplèt
club house: klib
club warehouse store: magazen depo pou manm
clue: *n.* kle, endis
clump: *n.* touf; grap
clumsy: *a.* maladwa, loudo, mal fèt; gòch; malagòch; kòkòb
cluster: *n.* gwoup, grap
clutch: *n.* klòtch
coach: 1. *n.* antrenè; 2. *v.* antrene
coal: *n.* chabon tè, liyit
coalition: *n.* kowalisyon, lig
coalition governments: gouvènman kowalisyon
coarse: *a.* bawòk, mastòk, koryas, ki pa lis
coast: 1. n rivaj; lakòt; 2. *v.* desann sou woulib
coast downhill: fè woulib
coast guard: gadkòt
coast lines: lakòt, litoral
coastal area: lakòt; zòn bò lanmè
coastal trade: kabotaj; konmès bò dlo
coat: 1. *n.* manto; randui; penti, krepisaj. 2. *v.* kouvri an kouch
coax: *v.* kajole

cob: *n.* bwa mayi
cobalt (Co): *n.* kobalt [metal]
cobweb: *n.* fil arenyen; twal arenyen
cocaine: *n.* kokayin
coccoon: *n.* kokon, krizalid
coccyx: *n.* kòksis, zo koupyon
cochlea: *n.* espiral zòrèy, pati andedan zòrèy
cock (a gun): *v.* baskile, prepare gachèt fizi
cock: 1. *n.* kòk. 2. *v.* ame, branche (revòlvè)
cock fight: lit ant kòk nan gagè; konba kòk; batay kòk
cockpit: *n.* gagè; kabin pilòt avyon
cockroach: *n.* ravèt
cockscomb: *n.* (flower) krètkòk; krèt
cocksis: *n.* kòksis
cocktail: *n.* kòktèl; gwòg
cocoa: *n.* kakawo; chokola
coconut: *n.* kokoye
coconut bread: konparèt
coconut cookie: kokonèt
cocoon: *n.* kokon
cod: *n.* lanmori (pwason)
cod liver oil: luil fwadmori
coddle: *v.* dòlote
codeine: *n.* kodeyin
coefficient: *n.* koyefisyan
coerce: *v.* kontrenn; fòse

coercive power: sistèm krazezo, sistèm kokomakak
coffee: *n.* kafe
coffee filter (cloth): grèp, filt
coffee maker: kafetyè
coffee plant: pye kafe
coffee pot: kafetyè
coffin: *n.* sèkèy
cogeneration: *n.* kojenerasyon
cognac: *n.* konyak
cognitive dissonance: kontradiksyon ant panse ak aksyon
cognitive learning: aprantisay entelektyèl
cognitive map: memwa mantal
cognizance: *n.* rekonèt; konesans
cohabit: *v.* abite ansanm
cohabitation: *n.* ko-abitasyon, viv, abite, rete ansanm
coherent: *a.* konsistan
cohesion: *n.* koyezyon
coil: 1. *v.* bobinen, anwoule; 2. *n.* bobinaj
coin: *n.* pyès; lajan monnen
coin purse: sakit
coincide: *v.* rive menm lè, koyenside
coincidence: *n.* konyensidans
coinsurance: *n.* ko-asirans
coinsurer: *n.* dezyèm konpayi asirans
cola: *n.* kola

cold: *a.* frèt; glase; grip; endiferan; 2. *n.* fredi
cold blooded animals: bèt san frèt
cold front: vag fredi
Cold War: Lagèfwad
colic: *n.* kolik, vantfèmal
collaborate: *v.* kolabore, soutni; travay ansanm
collaboration: *n.* kolaborasyon
collapse: *v.* vide; kraze; anfale; tonbe
collar: *n.* kòl, chenn, kòlèt
collar bone: zo salyè
collateral: *n.* garanti, kolateral
collect: *v.* rasanble, kolekte; ranmase
collectible: ki ka koleksyone
collection (of money): *n.* kotizasyon; kèt
collective: *a.* kolektif
collective bargaining: negosyasyon ant travayè ak patwon
collective farm work: konbit, kòve
collective security: sekirite kolektif
collector: *n.* pèseptè
college: *n.* kolèj; inivèsite
collide: *v.* fè kolizyon; frape
collinear: *a.* kolineyè
collision: *n.* kolizyon
colloquial: *a.* familye, pale san fòmalite

cologne: *n.* losyon, kolòy
colon: *n.* kolon (eksplwatè);
kolon, gwo trip
colonel: *n.* kolonèl
colonial: *a.* kolonyal
colonial era: peryòd kolonyal
colonial times: tan lakoloni
colonialism: *n.* kolonyalis
colonoscopy: *n.* egzamen pou
wè andedan gwo trip,
kolonoskopi
colony: *n.* koloni
color: 1. *n.* koulè. 2. *v.* kolore
color blindness: enkapasite pou
wè koulè
color weakness: daltonnis
(difikilte pou fè distenskyon ant
kèk koulè ki sanble)
colostrum: *n.* kolostwòm
(premye lèt ki soti nan tete
manman)
colposcope: *n.* zouti pou gade
kòl iteris (matris) ak vajen
colposcopy: *n.* egzamen pou
gade vajen ak kòl matris
column: n kolòn, pilye
coma: *n.* koma
comb: 1. *n.* peny; 2. *v.* penyen
combat: *n.* konba; batay
combination: *n.* konbinezon
combine: *v.* konbine; kole;
asosye
combustible: *a.* konbistib; ki ka
brile

combustion: *n.* konbisyon,
boule, reyaksyon chimik ki bay
chalè
come: *v.* vini
come back: *v.* retounen ankò
come in: *v.* antre
come in!: interj. respè, antre
comedian: *n.* komedyen
comedy: *n.* komedi
comet: *n.* komèt [kò nan lespas]
comfort: 1. *n.* konfò; byennèt.
2. *v.* rekonfòte; konsole, ede.
comfortable: *a.* konfòtab, alèz
comings and going: vatevyen,
alevini
command: 1. *n.* kòmann. 2. *v.*
kòmande
command economy: ekonomi
planifye, ekonomi kontwole
commander: *n.* kòmandan
Commander-In Chief:
Kòmandan an Chèf
commence: *v.* kòmanse
commend: 1. *n.* lòd. 2. *v.* bay
lòd, òdone, kòmande
commentary: *n.* kòmantè
commerce: *n.* komès, negòs
commercial: *a.* komèsyal.
commercial agriculture:
agrikilti komèsyal
commercial bank: bank
komèsyal
commission: *n.* komisyon
commissioner: *n.* ofisye
gouvènman lokal

commit: *v.* angaje; bay garanti; fè konfyans

commitment: *n.* angajman, rezolisyon, devouman, pawòl, antant

committed: *a.* angaje, entène

committee: *n.* komite

Committee of Civil Rights 1946: Komite dwa Sivil 1946

commodity: *n.* machandiz, pwodui

common: *a.* òdinè; komen; bon mache

common abbreviations: abreviyasyon kouran

common base: baz komen

common denominator: denominatè komen

common factor: faktè komen

common goods: byen komen

common jack: pwason karang

common law: dwa koutimye (baze sou koutim); ki deja etabli

common law marriage: plasay

common multiple: miltip komen

common sense: bon sans; bonnanj

common stock: aksyon òdinè

common traits: mantalite; kalite plizyè moun genyen

commonwealth: *n.* eta lib asosye

commotion: *n.* bri, vire-tounen; monte-desann

communal: *a.* kominal, ki konsène lakomin

commune: *n.* komin

communicable disease: maladi atrapan

communicate: *v.* kominike

communication: *n.* kominikasyon

communion: *n.* kominyon

communique: *n.* kominike

communism: *n.* kominis

Communist Party: Pati Kominis

communists: *n.* kominis

community: *n.* kominote.

community action council: konsèy aksyon kominotè

community center: sant kominotè

community colleges: kolèj kominotè

community policing: polis kominotè

commutation: *n.* diminisyon santans

commutative: *a.* komitatif

compact: *a.* konpak

compact bone: zo konpak

compact disk player: aparèy pou jwe konpak disk

companion: *n.* konpayon

company: *n.* konpayi, sosyete

comparative advantage: avantaj konparatif

comparative psychology: sikoloji konparatif
compare: *v.* konpare
comparison: *n.* konparezon
comparison shopping: acha konparatif
compartment: *n.* konpatman, espas separe.
compass: *n.* konpa, bousòl
compatible: *a.* konpatib
compel: *v.* oblije
compelling testimony: temwayaj kle
compensate: *v.* konpanse, dedomaje
compensation: *n.* konpansasyon, rekonpans, dedomajman
compete: *v.* fè konkirans, fè konpetisyon
competence: *n.* konpetans, kapasite, repondong, konesans
competency levels: nivo kapasite, nivo konpetans
competency test: egzamen pou mezire konpetans
competent: *a.* alawotè, konpetan
competition: *n.* konkirans, konpetisyon, konkou, pledman
competitive advertising: piblisite konpetitif
compile: *v.* konpile; rasanble
complain: *v.* wouspete; babye; bougonnen, plenyen

complainant: *n.* pleyan, moun ki pote plent lajistis
complaint: 1. *n.* plent; 2. *v.* pote plent; mennen lajistis
complement: *n.* konpleman
complementary: *a.* konplemantè
complementary good: byen konplemantè
complete: 1. *a.* konplè; 2. *v.* konplete; ranpli (yon fòm)
completely: *adv.* nèt; toutafè
complex machine: machin konpoze
compliance (with): konfòm (ak, dapre), odyapazon
complicate: *v.* konplike, mongonmen
complication: *n.* konplikasyon
compliment: *n.* konpliman
complimentary: *a.* flatè
comply: *v.* soumèt, respekte, obsève
component: *n.* konpozan, pyès, pati, seksyon
compose: *v.* konpoze
composite: *n.* foto, melanj, aranjman
composite number: nonm konpoze
compost: *n.* konpòs [angrè natirèl]
compound: *n.* lakou, konplèks; gwoup bilding; konpoze [melanj] alyaj

compound event: evènman konbine
compound machine: machin konpoze
comprehend: *v.* konprann
comprehensible: *a.* konpreyansib, klè
comprehensible instruction: ansèyman ki alapòte elèv
comprehension: *n.* konpreyansyon
comprehensive: *a.* konplè, ki pran plizyè bagay an konsiderasyon
compress: *n.* Konprès.
compressed: *a.* konprese, peze
compressive force: fòs konpresif
compromise: *n.* konpwomi
compromising: *a.* antravan
compulsion: *n.* anvi prese
compulsory: *a.* obligatwa
computation: *n.* kontwòl, kalkil kimilatif
computer: *n.* òdinatè, konpitè
computer litteracy: konesans sou òdinatè
computer litterate: konesans pou travay ak konpitè
computer program: pwogram odinatè
computer programming: pwogramasyon konpitè
computer science: enfòmatik; syans konpitè

computer terms: vokabilè enfòmatik
Computer Revolution: Revolisyon Enfòmatik
computer-assisted instruction (CAI): enstriksyon sou konpitè; konpitè ki pwograme pou ede moun aprann
computerized: *a.* enfòmatize (ki fèt ak èd konpitè)
comrade: *n.* kanmarad; zanmi; kòlèg
con: *n.* enbesil
concave: *a.* konkav, fòm bonbe
concave lens: lantiy konvèjan
conceal: *v.* kache, kouvri, bare
concealed propaganda: pwopagann kache
concealed weapon: zam kache
concealment: *n.* kache
conceit: *n.* ògèy
conceive: *v.* konsevwa; fè; envante
concentrate: *v.* konsantre
concentration: *n.* konsantrasyon
concentration camp: kan konsantrasyon
concentric circle: sèk konsantrik
concept: *n.* konsèp, ide, lide
concern: *n.* angwas, enkyetid, pwoblèm
concert hall: sant kote yo bay konsè

conch: *n.* lanbi
conch shell: kòn lanbi
concious: *a.* reveye; gen konsyans
concise: *a.* brèf, kout
conclude: *v.* konkli; fè konklizyon
conclusion: *n.* konklizyon
conclusion of law: desizyon ki bay daprè sa lalwa di
concrete: 1. *n.* beton; siman. 2. *a.* konkrè
concurrent: *a.* konkouran, ki rive menm lè
concurrent powers: pouvwa konkiran
concurrent sentence: de oubyen plizyè santans ki sèvi an menm tan
concurring opinion: opinyon konkouran
condemn: *v.* kondane
condemnation: *n.* kondanasyon.
condensation: *n.* kondansasyon
condensation level: nivo kondansasyon
condensation point: tanperati kondansasyon
condense: *v.* kondanse
condition: *n.* kondisyon, eta
conditional statement: deklarasyon kondisyonèl
conditioned: *a.* kondisyone

conditioned aversion: degoutans kondisyonne
conditioned emotional response: repons otomatik kondisyonne
conditioned response: repons kondisyone
conditioning: *n.* kondisyonnman
condolence: *n.* kondoleyans
condom: *n.* kapòt, kondòm
condominium: *n.* kondominyòm
condone: favorize; sipòte; admèt
condor: *n.* kondò (zwazo)
conduct: 1. *n.* konduit. 2. *v.* kondui
conduction: 1. *n.* kondiksyon (fizik); 2. mouvman elektwon nan matyè; 3. sikilasyon chalè ant 2 eleman
conductivity: *n.* kondiktivite
conductor: *n.* kondiktè
condyle: *n.* kondil
cone: *n.* kònè, fòm kòn
cones: kòne (reseptè vizyèl pou pèmèt moun wè)
confederacy: *n.* konfederasyon
Confederate States of America: Eta Konfedere
confederation: konfederasyon
conference: *n.* reyinyon, konvokasyon, senpozyòm

confess: *v.* konfese; admèt; rekonèt

confession (church): *n.* konfesyon.

confetionery: *n.* sirèt

confide: *v.* fè konfidans

confidence: *n.* konfidans, sekrè; konfyans

confident: *a.* asire, ki gen konfyans

confidential: *a.* konfidansyèl, rezève, ansekrè, anprive

confidential record: dosye konfidansyèl

confidentiality: konfidansyalite

confine: *v.* fèmen; met nan kaj, mete nan prizon

confirm: *v.* konfime

conflict: *n.* konfli; diskisyon, dilèm

conflict of interest: konfli-denterè

conflict resolution: rezolisyon konfli

conform: 1. *a.* konfòm; 2. *v.* konfòme

conformity: *n.* konfòmite; mache opa ak lòt

confront: *v.* konfwonte, koresponn.

confrontation: *n.* konfwontasyon

confucianism: *n.* konfisyanis

confuse: *v.* konfonn

confused: *a.* egare, gaga, mele

confusing: *a.* ki bay konfizyon

confusion: *n.* konfizyon; telele, dezòd

congenital: *a.* konjenital

congest: *v.* bloke

conglomerate: aglomerasyon, konglomera

congragate: *v.* asanble; rasanble

congratulate: *v.* fè konpliman

congratulation: *n.* konpliman

congregation: *n.* kongregasyon

Congress: *n.* Kongrè

Congress of Vienna: Kongrè Vyèn

congressional district: distrik manm kongrè ameriken

congruence: *n.* ki annakò

conifers: *n.* konifè, plant ki fè bwapen

conjecture: *n.* konjekti

conjoin: *n.* konjwen

conjugate: *v.* konjige vèb

conjunctivitis: *n.* malozye, konkonktivit; azoumounou

connect: *v.* konekte

connecting-rod: *n.* byèl

connection: *n.* koneksyon

conquer: *v.* konkeri

conquest: *n.* konkèt

conquistadores: *n.* konkeran

conquistadores: *n.* konkistadò, konkeran

conscience: *n.* konsyans

conscientious objector: ki pran pozisyon kont yon bagay (sitou lagè) dapre konsyans li

conscious: *a.* ki gen konesans; konsyan; ki eveye

consciousness: *n.* konsyans

consecutive: *a.* konsekitif (youn apre lòt)

consensus: *n.* konsansis

consent: 1. *n.* akò, dizon, konsantman; 2. *v.* konsanti, apwouve, dakò

consequence: *n.* konsekans, rezilta

conservation: *n.* konsèvasyon

conservative: *n.* konsèvatè

conserve: *v.* konsève

consider: *v.* konsidere; pran an konsiderasyon

considerable: *a.* konsiderab

consideration: *n.* konsiderasyon

considering: konsideran, etandone

consist: *v.* konsiste

consistency: *n.* konsistans

console: *v.* konsole

consolidate: *v.* konsolide

consolidated case: mete de ka ki separe ansanm

consolidation: *n.* konsolidasyon, reyalizasyon

consomme: *n.* konsonmen; bouyon

consortium: *n.* konsòsyòm

conspicuous consumption: konsomasyon granpanpan

conspiracy: *n.* konplo, konplotay, konspirasyon

conspire: *v.* konplote, konspire

constables: *n.* komisè

constant: 1. *a.* konstan (ki pa chanje); 2. *n.* konstant .

constantly: *adv.* souvan

constellation: *n.* konstelasyon, gwoup zetwal

constipated: *a.* konstipe

constipation: *n.* konstipasyon

constituents: *n.* konstitiyan, elektè

constitute: *v.* konstitye

constitution: *n.* konstitisyon

constitutional: *a.* konstitisyonèl

constitutional amendment: amannman konstitisyonèl

constitutional convention: konvansyon konstitisyonèl

constitutional government: gouvènman konstitisyonèl

constitutional law: lwa konstitisyonèl

constitutional monarchy: monachi konstitisyonèl

Constitutional Convention: Konvansyon Konstitisyonèl (1787)

Constitutional Union Party: Pati Ini pou Konstitisyon

construct: *v.* konstwi; bati; monte

construction: *n.* konstriksyon, batisman
construction materials: materyo konstriksyon
construction site: chantye
consul: *n.* konsil
consulate: *n.* konsila
consult: *v.* konsilte, mande konsèy
consultant: *n.* konsiltan
consultation: *n.* konsiltasyon
consultation room, office: *n.* kabinè; sal konsiltasyon
consume: *v.* konsome, sèvi ak; fè; manje
consumer: *n.* kliyan, konsomatè
consumer goods: byen konsomasyon
consumer price index (CPI): endis jeneral pri
consumer sovereignty: souverènte konsomatè
consumer-credit laws: lwa sou kredi konsomasyon
consumerism: *n.* konsimeris
consummate love: lanmou san parèy
consumption: *n.* konsomasyon
contact: *v.* kontakte
contact lens: vè kontak
contact person: moun pou kontakte, reprezantan
contagious: *a.* atrapan, kontajye
contain: *v.* kenbe
container: *n.* veso

containment: *n.* limitasyon, represyon
contaminate: *v.* kontamine
contemplate: *v.* admire, kontanple
contemporary issues: pwoblèm kontanporen
contempt: *n.* mepri; dezobeyisans
contempt of court: dezobeyi tribinal
contend: *v.* deklare, soutni
content: *a.* satisfè, kontan
content: *n.* lis; kontni
contentment: *n.* kontantman; jwa
contest: 1. *n.* konkou, konpetisyon; diskite pwoteste
context: *n.* kontèks
contiguous: *a.* kotakot, kontini
continent: *n.* kontinan
continental climate: klima kontinantal
continental drift: deplasman kontinan
continental glaciers: blòk glas kontinantal
Continental Army: Ame kontinantal
Continental Congress: Kongrè Kontinantal
continually: *adv.* tout tan, san rete
continue: *v.* kontinye

continuum: *n.* kontinyasyon, kontinuite
contort: *v.* kontòsyone
contour: *n.* kontou, toutotou, alantou
contraband: *n.* kontrebann
contraceptive: *n.* kontraseptif; medikaman pou moun pa ansent
contract: *n.* kontra
Contract with America: Kontra avèk Etazini (mouvman pati repibliken)
contraction: *n.* kontraksyon
contradict: *v.* kontredi
contradiction: *n.* kontradiksyon
contradictory: *a.* kontradiktwa
contrary: 1. *n.* kontrè, opoze. 2. konj. okontrè, lekontrè contrary (on the contrary): konj. toutokontrè, okontrè, kontrèman
Contras: *n.* Kontras (gwoup militè/politik nan peyi Nikaragwa)
contrast: *n.* diferans, kontras
contravene: *v.* kontredi, kontrekare
contredict: *v.* kontredi, demanti
contribute: *v.* kontribye
contribution: *n.* kontribisyon
control: *n.* kontwòl
control group: gwoup echantiyon (nan yon eksperyans)
controversial: *a.* kontwovèsal
controversy: *n.* kontwovès

convection: *n.* konveksyon (deplasman chalè)
convene: *v.* konvoke, reyini
convenience: *n.* sou la men, dispobiblite
convenience store: magazen katye
convenient: *a.* pratik; disponib
convention: *n.* konvansyon
convergence: *n.* konvèjans (mouvman rankont 2 eleman diferan ki sòti 2 kote diferan)
conversation: *n.* konvèsasyon,
convert: *v.* konvèti
converter: *n.* transfòmatè
convex: *a.* konvèks
convex lens: lantiy konvèjan
convey: *v.* tansmèt
convict: 1. *n.* koupab; kondane. 2. *v.* deklare koupab; kondane
conviction: *n.* kondanasyon
convince: *v.* konvenk
convincing: *a.* konvenkan
convulsion: *n.* kriz, kriz tonbe, kriz malkadi, konvilsyon
cook: 1. *n.* kizinyè; 2. *v.* kwit
cooked cereal: labouyi
cookie: *n.* bonbon
cooking: *n.* kuison, fè manje
cooking butter: bè chalonè
cool: 1. *a.* fre, frèt; 2. *v.* refwadi
cool herb drink: rafrechi
cool off: kalme, refwadi
cooperative: *n.* koperativ

coordinate: *n.* kouwòdone
coordinate axis: aks kouwòdone
coordinate plane: plan kouwòdone
coordination: *n.* òdinasyon
cop: *n.* jandam; lapolis
cope: *v.* debouye, debat
cope with (to): konbat ak; debwouye ak; debat ak; lite ak
copiously, in large quantity: *adv.* agogo
copper (Cu): *n.* kuiv
Copper belt: rejyon min kuiv
copy: *n.* kopi. 2. *v.* gade sou; imite; kopye
copyright: *n.* dwadotè
coracoid process: apofiz korakoyid (anatomi)
coral: *n.* koray
coral reef: resif koray, koray
cord: *n.* kòd
cordillera: *n.* kòdiyè
core: *n.* sant latè
core course: kou prensipal
core curriculum: matyè fondamantal, kourikouloum fondamantal
cork: *n.* lyèj; bouchon; bouchon lyèj
corn: *n.* kò (kò nan pye); mayi
corn starch, cornflower: *n.* farin mayi
Corn Belt: rejyon pwodiksyon mayi

corncob: *n.* bougon mayi (bwa mayi)
cornea: *n.* blan je; glas zye; kòne
corner: 1. *n.* kwen; kafou. 2. *v.* kwense, bare; sentre
cornmeal: *n.* mayi moulen; farin mayi
corollary: *n.* kowolè
corona: *n.* kouwòn, oreyòl
coroner: *n.* doktè ki egzamine kadav
coroner(s inquest: entèwogatwa doktè ki egzaminen kadav
corporal: *n.* kaporal
corporal punishment: kale, bat
corporate charter: ak konstitif sosyete
corporate domicile: katye jeneral yon kòporasyon
corporation: *n.* kòporasyon, sosyete
corpse: *n.* mò, kadav; kò
correct: *a.* kòrèk. 2. *v.* korije
correction: *n.* koreksyon
correctly: *adv.* korèkteman
correlation: *n.* korelasyon
correlational study: etid sou relasyon ki egziste ant 2 eleman
correspond: *v.* koresponn, ekri
correspondence: *n.* korespondans
corrode: *v.* wouye, wonje
corrosion: *n.* wouy, kowozyon

corrupt: *a.* pouri; kowonp; kowonpi

cortisone: *n.* kòtizòn

cosine: *n.* kosinis

cosmopolitan: *a.* kosmopoliten

Cossacks: Kozak

cost: 1. *n.* pri. 2. *v.* koute

cost-benefit analysis: analiz kou-benefis

cost-of-living adjustement (COLA): ajisteman koudlavi

costs of production: kou pwodiksyon

cot: *n.* kad pou dòmi

cottage: *n.* ti kay kanpay; estil kay

cotton: *n.* koton

cotton belt region: rejyon pwodiksyon koton

cotton diplomacy: diplomasi koton

cotton gin: machin pou netwaye koton

cotyledon: *n.* kotiledon, pati nan grenn plant

couch: *n.* kanape

cough: 1. *n.* tous; grip; koklich; 2. *v.* touse

cough blood: touse san

cough drops: sirèt pou tous

cough medicine: siwo tous; remèd pou tous

cough phlegm: tous ki mache ak flèm

cough syrup: siwo grip

could (can): ta kapab

coulomb: *n.* koulon

council: *n.* konsèy

council members at large: manm konsèy

Council of the Indies: Konsèy Dèzenn

counsel: *n.* avoka

counseling: *n.* (bay oswa pran) konsèy, konsilte, konseye

counselor: *n.* konseye

count: 1. *n.* dekont; regleman, akizasyon ; 2. *v.* konte

counter: *n.* kontwa

counterculture: *n.* kilti kontrè, rebelyon kiltirèl

countercurrent: *a.* kontkouran

counterfeit: *a.* fo, falsifye. 2. *n.* falsifikasyon; fo dokiman

counterfeiting: *n.* fo lajan

counting number: chif antye

country: *n.* peyi

country club: klib katye

countryside: *n.* andeyò

county: *n.* konte (teritwa administratif);

county clerk: sekretè biwo konte

county jail: prizon nan konte

county ordinance: lwa yon zòn

county seat: syèj konte

county sheriff: chèf seksyon

coup: *n.* koudeta

coup d'état: koudeta

couple: 1. *n.* koup; de; pè. 2. *v.* marye

courage: *n.* kran, kouraj, nannan

courageous: *a.* ki gen kouraj; ki pa pè

couriers: *n.* postye gouvènman

course: *n.* 1. kou; 2. kous [of course] men wi

course of study: plan pwogram etid

court: *n.* tribinal, lakou; teren [juvenile court] tribinal pou timoun

court clerk: sekretè tribinal

court interpreter: entèprèt tribinal; tradiktè

court martial: kou masyal (tribinal pou jije militè)

court of special appeals: koud dapèl espesyal

court order: desizyon tribinal

court reporter: sekretè tribinal

court-martial: jijman tribinal militè

courteous: *a.* galan; byennelve

courthouse: tribinal, palè lajistis

Courtroom: *n.* sal tribinal

courts of appeals: tibinal dapèl

couscous: *n.* kouchkouch

cousin: *n.* kouzen, kouzin

couth: *n.* lizaj, mannyè

covalent bond: lyezon kovalan (ki gen menm fòs)

covenant: *n.* akò, konvansyon, angajman, pak

cover: 1. *n.* kouvèti, pwoteksyon; 2. *v.* kouvri

coverage: *n.* garanti, pwoteksyon (nan asirans); repòtaj

coverage teacher: pwofesè sipleyan, pwofesè ranplasan

covering: *n.* kal, ekay, ekòs, po, kouvèti

covert behavior: konpòtman ansoudin, konpòtman sounwa

covert operations: operasyon sekrè

cow: *n.* vach, manman bèf

coward: *a.* lach; poul mouye; kazwèl; kapon; fenyan

cowboy: *n.* kòbòy

coyotes: *n.* kòyòt

CPR: resisitasyon kè ak poumoun

crab: *n.* krab

crab, louse: *n.* mòpyon

crabby: *a.* dezagreyab

crack: 1. *n.* krak, fant; jwen; twou; 2. *n.* dwòg; 3. *v.* fele, fann, pete; 3, dwòg

cradle: *n.* bèso

craft union: sendika atizan

crafty: *a.* gen ladrès, rize, abil

cram: *v.* foure, bachote; etidye pa kè

cramp: *n.* kranp, lakranp, doulè nan miskilati

cramping: *n.* doulè
cranial nerve: nè nan kràn
cranium: *n.* kalbas tèt, kràn tèt
crank: *n.* manivèl
crank-case: *n.* kwachaf
crankshaft: *n.* vilbreken; chaf
cranky: *a.* chimerik
crap: *n.* salopri
crash: *n.* fraka; kolizyon; aksidan. 2. *v.* kraze
crater: *n.* kratè, gwo twou nan tè, bouch vòlkan
crave: *v.* anvi
crawl: *v.* rale; ranpe
crayfish: *n.* kribich
crayons: *n.* kreyon koulè
crazy: *a.* fou; loke; toke; tòktòk; vire; fòl
creak: *v.* krake, grense, kriye
cream: *n.* krèm pou po; pomad, krèm; losyon
crease: *n.* pli
create: *v.* kreye; fè
creativity: *n.* kreyativite
creature: *n.* kreyati, kretyen
creche: *n.* krèch
creche (nativity scene): *n.* krèch
credible: *a.* kredib
credit: 1. *n.* kredi; 2. *v.* kredite
credit: *n.* kredi
credit bureau: ajans ransèyman komèsyal, biwo kredi
credit card: kat kredi

credit check: verifikasyon kredi
credit rating: enfòmasyon sou kredi
credit union: koperativ kredi
creditor: *a.* kreditè (ki prete moun lajan)
creed: *n.* kredo; kwayans
creek: *n.* ti rivyè
creep: *v.* ranpe, glise
creeping plant: lyann
Creole: *a.* kreyòl. 2. *n.* Kreyòl
crew: *n.* ekip
crewcut: *adv.* alabwòs
crib: *n.* bèso
cricket (insect): *n.* krikèt
crime: *n.* krim; zak kont lalwa
criminal: *n.* kriminèl, ansasen
criminal cases: pwosè kriminèl
criminal justice system: sistèm jistis kriminèl
criminal negligence: neglijans kriminèl, neglijans ki mennen dega
criminal offense: krim, deli
criminal prosecution: pouswiv moun ki komèt yon krim
criminal record: dosye kriminèl
cripple (crippled): 1. *a.* kokobe; andikape, donmaje; enfim. 2. *v.* estwopye
crisis: *n.* kriz
crisp: *a.* sèk
criteria: *n.* karakteristik, kritè, baz

critical thinking: rezònman, lojik, bonsans, critik
criticize: *v.* kritike
croak (frog sound): *n.* kwòt-kwòt
crocodile: *n.* kwokodil
crony lottery number: malatyong
crook: *n.* vòlè
crooked: *a.* miwo miba; kwochi
crookedly: *adv.* kwochi; malman
crop: *n.* rekòt, plant, kilti
crop (of bird): *n.* fal
crop rotation: wotasyon plant
cross: 1. *n.* lakwa; kwa. 2. *v.* travèse, kwaze
cross out: elimine, bife, efase
cross-examine: kont-ekzaminasyon
cross-eyed: je vewon
crossing guard: sekirite pou ede timoun travèse lari
crosspiece: *n.* travès
crossroads: kafou
crotch: *n.* fouk
crouch: *v.* akoupi, bese
crow: *n.* kaw; kònèy
crowd: 1. n foul 2. *v.* ankonbre
crowding: *n.* ankonbreman
crown: *n.* kouwòn
crucifix: 1. *n.* krisifi; kwa; 2. *v.* krisifye
crude: *a.* mastòk; brit; gwosomodo

cruel: *a.* kriyèl, mechan
cruelty: *n.* mechanste, malveyans
cruise: 1. *n.* kwazyè. 2. *v.* flannen nan machin; vwayaje nan bato
cruise control: kontwòl vitès
crumb: *n.* kwout, miyèt
crupper: *n.* koupye
crusades: *n.* kwazad
crush: *v.* kraze, moulen, pile nan pilon
crust: *n.* kwout, ekòs latè; graton
crustaceans: *n.* kristase (krevèt)
crutch: *n.* beki
cry: 1. *n.* rèl. 2. *v.* kriye, rele
crystal: *n.* kristal
crystalization: *n.* kristalizasyon
cub scout: louvto
Cuba: Kiba
Cuban missile crisis: kriz misil kiben ant Ameriken, Larisi ak Kiba (1962)
cube: *n.* kib
cubic: *a.* kibik, fòm kib
cubic equation: ekwasyon kibik
cubic number: nonm kibik (pisans twa)
cuboid: *n.* fòm kib, kiboyid
cuckold: *v.* bay zoklo, pran zoklo
cucumber: *n.* konkonm

cuddle: *v.* kajole, pase men, karese
cue: amòs, siyal, kòmansman
cuff: *n.* pwayè chemiz
culprit: *n.* koupab
cult: *n.* kilt; aktivite relijyon
cultivate: *v.* kiltive
cultural values: valè kiltirèl
Cultural Revolution: Revolisyon Kiltirèl
culture: *n.* kilti; lakilti
culture region: rejyon kiltirèl
culture-fair test: egzamen san avantaj kiltirèl
Cumberland Road: Wout Cumberland
cumulus cloud: nyaj kimilis
cunning: *a.* fentè; rize; mètdam; entelijan; malen
cup: *n.* tas, gode, koup
cupboard: *n.* gadmanje
cupcake: *n.* ponmkèt
cuppingglass: *n.* vantouz
curable: *a.* ki ka geri
curb: *n.* koub, kafou
curd: *n.* lèt kaye
curdle: *v.* kaye
cure: 1. *n.* remèd, tretman; gerizon; swen; 2. *v.* swaye; trete, bay swen, geri
curettage: *n.* kitaj
curfew: *n.* kouvrefe
curious: *a.* kirye (kiryèz); fouyapòt

curl: 1. *n.* pli. 2. *v.* akokiye, rakokiye
curler: *n.* woulo
curlers electric: woulo elektrik
curling iron: fè pou boukle cheve
curly: *a.* ki boukle
currant: *n.* gwosèy
currency: *n.* lajan (ki an sikilasyon)
current: *n.* kouran; kouran elektrik
currently: *adv.* kounye a
curriculum: *n.* plan pwogram, kourikoulòm
curriculum vitae: rezime, kourikoulòmvite, CV
curse: 1. *n.* madichon; malediksyon; 2. *v.* joure, modi
curtain: *n.* rido
curve: *n.* koub, liy koub
cushion: *n.* kousen
custard apple: kachiman
custodial: *n.* travay netwayaj
custodian: *n.* jeran, gadyen
custody: *n.* responsab, anchaje, nan prizon (in custody = sou kontwòl)
custom: *n.* koutim, tradisyon, mès, abitid
customer: *n.* kliyan
customs: *n.* ladwann
cut: *v.* , koupe, blese
cut off: *v.* twonse; koupe; rache
cute: *a.* bèl, janti, agreyab

cutlet: *n.* eskalòp, ti moso vyannm, san zo, ki soti bò kòt osinon nan pye bèt
cutter: *n.* koupè
cutting (from a plant): *n.* bouti
cybernomics: *n.* sibènomik
cycle: *n.* bisiklèt, sik
cyclist: *n.* siklis
cyclone: *n.* siklòn
cylinder: *n.* silenn
cylindrical magnet: leman fòm silend
cymbal: *n.* senbal
cyst: *n.* kis, boul; abse
cystoscopy: *n.* egzamen pou gade andedan urèt (kanal pipi)
cytoplasm: *n.* sitoplas
czar: *n.* za (tit)

D

D-Day: Jou-J (6 Jen, 1944)
dab: *n.* ti kras
dabble: *v.* babote, amize
dad: *n.* papa
daddy: *n.* papi
daft: *a.* idyo, bèt
dagger: *n.* ponya
dahlia: *n.* dalya (flè)
daily: *adv.* chak jou
dairy products: manje ki gen lèt
Dairy Belt: rejyon pwodiksyon lèt
daisy: *n.* flè magrit
dally: *v.* lanbinen
dam: *n.* baraj dlo
damage: 1. *n.* domajman, domaj; 2. *v.* domaje
damaging: *a.* nuizib, anmèdan
damn: *v.* modi
damp: *a.* imid, mouye, mwat
dance: 1. *n.* dans; *v.* danse
dance floor: pis dans
dance hall: sal-de-dans
dandruff: *n.* kap nan cheve
danger: *n.* danje
dangerous: *a.* danjere
dangle: *v.* balanse, pann
daphnia: *n.* dafne (flè)
dare: *v.* defye, bay gabèl
daring: 1. *a.* radi. odasye, temerè; 2. *n.* odas, radiyès

dark: *n.* fonse, fènwa
dark ages: mwayennaj
dark horse: kandida sipriz
darken: *v.* vwale, fènwa
darling: *n.* cheri
darn!: *int.* tonnè
dart: 1. *n.* flèch, javlo; 2. *v.* plonje
dash: 1. *n.* priz ti kal; 2. *v.* detale
dashboard: *n.* tablo devan chofè machin
data: *n.* done, eleman, enfòmasyon
data entry: enskripsyon enfòmasyon, antre nan konpitè
data management system: sèvis administrasyon enfòmasyon
data processing: sistematizasyon, tretman otomatik
database: *n.* bank enfòmasyon
date: *n.* dat
daughter: *n.* pitit fi, tifi
daughter-in-law: *n.* bèlfi
Daughters of Liberty: Pitit Fi Libète
daunt: *v.* dekouraje, entimide
daunting: *a.* dekourajan
dawdle: *v.* lanbinen, ranse
dawn: *n.* devanjou, avanjou
day: *n.* jou, jounen
day care: *n.* gadri
daybreak: *n.* douvanjou

daylight: *n.* gwo lajounen
daytime: *n.* lajounen
dazzle: *v.* eblouyi, avegle
de facto: defèt, defakto, ki pa legal
DEA (Drug Enforcement Administration): Administrasyon Antidwòg
dead: *a.* mouri, mò
dead time: tan ki pa gen aktivite
dead-end: *n.* enpas
deadline: *n.* dènye delè
deadly missile: misil ki ka detwi; ki ka koze lanmò; misil mòtèl
deadly weapon: ki ka koze lanmò; zam mòtèl
deaf: *a.* soud
deafening: *a.* ki fè bwi, ki desounen
deal: 1. *n.* okazyon; 2. *v.* distribye, bay
dealer: *n.* distribitè, komèsan, negosyan, machann
dear: *a.* chè, cheri
dearth: *n.* grangou, famin, mankman
death: lanmò
death certificate: sètifika lanmò; ak lanmò
death rate: to mòtalite, pousantaj moun ki mouri
debase: *v.* abese, avili
debate: *v.* deba, debat, diskite

debauch: 1. *n.* debòch; 2. *v.* kowonp; deboche
debit card: kat bankè
debris: *n.* fatra, debri
debt: *n.* dèt
debt financing: finansman dèt
debtors: *n.* debitè
deca: deka, dis fwa
decagon: *n.* dekagòn, dis kote, dis ang
decal: *n.* dekalke, viyèt, etikèt
decapod: dispye, senk pè pye
decay: *v.* pouri, dekonpoze
deceased: *a.* moun ki mouri, desede, defen
deceit: *n.* twonpri
deceitful: *a.* twonpè; fo
deceive: *v.* desevwa, bay koutba, abize
decelerate: *v.* ralanti
December: desanm
decent: *a.* onèt, reskonsab, konvnab, desan
decentralize: *v.* desantralize
deception: *n.* desepsyon
deci (d) 0.1: desi (prefiks)
decibel: *n.* desibèl
decide: *v.* deside
decidous tree: plant ki pèdi fèy chak ane
deciliter (dl) 0.1 liter: *n.* desilit
decimal: *n.* desimal (sistèm baz dis)
decimal number: chif desimal
decimal point: pwen desimal

decimeter: *n.* desimèt
decision: *n.* desizyon
deck: *n.* platfòm
declaration: *n.* deklarasyon
Declaration of Independence: Deklarasyon Endepandans (1776) pou ameriken epi (1804) pou Ayiti
Declaration of Sentiments: Deklarasyon Santiman (1848)
declare: *v.* deklare
decline: 1. *n.* dekadans, bès 2. *v.* deziste, refize
decomposer: *n.* dekonpozè [ki manje plant osinon bèt mouri]
decorate: *v.* dekore
decoy: *n.* amòs, pyèj, pèlen, atirans
decrease: *v.* diminye
decreasing: *a.* andesandan, dekwasan
decree: *n.* dekrè
dedicate: *v.* dedye
deduct: *v.* soustrè, diminye, retranche, dedui
deductible: *n.* dediktib sou asirans, taks
deduction: *n.* diminisyon, dediksyon
deductive thought: panse dediktiv
deed: *n.* aksyon; kontra; ak notarye
deem: *v.* jije, estime, konsidere
deep: *a.* fon

deep breath: respire pwofon
deep sleep: pwofon somèy
deer: *n.* sèf
default: *n.* defo
defeat: *v.* bat, venk
defecate: *v.* fè poupou
defect: *n.* defo fabrik
defective: *a.* ki gen defo, ki pa mache byen
defective equipment: machin ki gen defo, ki pa fonksyone byen
defend: *v.* defann, jistifye
defendant: *n.* (legal) akize, defandan
defense: *n.* defans
defense attorney: avoka ladefans
defense witness: temwen ladefans
defer: *v.* defere, ranvwaye
deferment: *n.* ajounman, ranvwa, reta
deficit: *n.* defisi
define: *v.* defini
definite: *a.* definitif
definitely: *adv.* sètènman, san dout
definition: *n.* definisyon
deflate: *v.* degonfle
deflation: *n.* deflasyon
deforestation: *n.* debwazman
deform: *v.* defòme
defroster: *n.* dejivrè
deft: *a.* ajil, adwa, ki gen ladrès
defy: *v.* defye, brave

degrading: *a.* imilyan, avilisan, degradan
degree: *n.* degre; grad, diplòm
delay: 1. *n.* reta, dèle; 2. *v.* retade, ralanti
delayed marriage: marye nan ta
delayed speech: timoun ki aprann pale nan ta
delegate: 1. *n.* delege, reprezantan; 2. *v.* delege, otorize
delegated powers: pouvwa delege
delegates: *n.* delege
delete: *v.* efase, bare, bife
deliberate: 1. *a.* entansyonèl, ak entansyon 2. *v.* reflechi, delibere, debat
deliberately: *adv.* espre
delicate: *a.* delika
delicious: *a.* bon gou
delight: 1. *n.* plezi, lajwa, kontantman; 2. *v.* pran plezi, rejwi
delighted: *a.* anchante, kontan, jwaye
delinquent: 1. *n.* delenkan; 2. *a.* delenkan, vakabon, koupab, fotif
delirious: *a.* delala, fou
deliver: *v.* delivre, remèt, distribiye; (sermon) pwononse; (med) akouche
delivery: *n.* akouchman, delivre, livrezon (expected date

of delivery) = dat yo kalkile ou ap akouche. (Spontaneous delivery) = akouchman nòmal

delta: *n.* dèlta

delusion: *n.* deliryòm, tout kalite foli

delusional disorder: foli grandè

delve: *v.* fouye

demand: 1. n demand, rekèt; 2. *v.* mande, fè rekèt

demand curve: koub demand

demanding: *a.* egzijan, difisil

demeaning: *a.* avilisan

dementia: *n.* foli, demans

demerit: *n.* blam, obsèvasyon, sanksyon

demilitarized zone: zòn demilitarize

demobilization: *n.* demobilizasyon

democracy: *n.* demokrasi

democratic: *a.* demokratik, demokrat

democratic party: pati demokrat

democratic socialism: sosyalis demokratik

Democratic party: Pati demokrat

demographic patterns: tandans demografik

demolish: *v.* demoli

demonstrate: *v.* demontre, montre

demonstration: *n.* manifestasyon

dendrites: *n.* dandrit

denial: *n.* rejè, refi

denominator: *n.* denominatè

denounce: *v.* denonse

denovo: *adv.* (laten) rekòmanse a zewo

dense: *a.* dans, epè, lou, konpak

density: *n.* dansite

density current: dansite kouran

dent: *n.* bòs, kòlboso

dental appliance: zouti pou dan, ekipman dantis

dental care: swen dan

dental cavity: twou nan dan, enfeksyon nan dan, dan gate

dental diseases: maladi nan dan

dental problems: problèm dan

dentist: *n.* dantis

denture: *n.* fo dan, ratelye

deny: *v.* nye, demanti

depart: *n.* pati, depa

department: *n.* depatman

department store: magazen jeneral

Department of Homeland Security: Depatman pou sekirite Nasyonal

depend: *v.* depann

dependable: *a.* depandab, ou ka fè konfyans

dependency: *n.* depandans

dependent: *n.* depandan

depending on: konte sou

depict: *v.* dekri, demontre
deponent: *n.* moun ki fè yon deklarasyon
deport: *v.* depòte
depose: *v.* dekwoche, keksyonnen, pran deklarasyon yon moun, revoke
deposit: 1. *n.* depo; 2. *v.* depoze
deposition: *n.* akimilasyon, depo, entèwogatwa, depozisyon
depot: *n.* depo
deprave: *v.* kowonp, deprave
depreciation: *n.* depresyasyon
depress: *v.* peze
depressant: *n.* kalman; pilil; remèd pou kalme
depressed: *a.* deprime
depression: *n.* depresyon, desant, chagren, ladeprim
deprivation: *n.* mank, karans, malsite
deprive: *v.* retire
depth: *n.* pwofondè
depth cues: pèsepsyon dimansyon espas ak distans
depth perception: kapasite estimasyon espas ak distans
deregulation: *n.* deregilasyon
dermatitis: *n.* enfeksyon nan po
dermatology: *n.* dèmatoloji
descend: *v.* desann
describe: *v.* dekri, prezante, esplike
description: *n.* deskripsyon, esplikasyon

desegregation: *n.* desegregasyon
desert: 1. *n.* dezè; 2. *v.* abandone, dezète
desertification: *n.* dezètifikasyon
deserve: *v.* merite
design: 1. *n.* konsepsyon, desen, kreyasyon, pwojè, ide plan; *v.* desine, konsevwa
designate: *v.* deziyen, chwazi, nonmen
desinfectant: *n.* dezenfektan
desire: 1. *n.* dezi, volonte, anvi; 2. *v.* dezire, vle, anvi
desk: *n.* biwo
despair: 1. *v.* dezespere; 2. *n.* dezespwa
desperate: *v.* dezespere
despise: *v.* rayi, meprize
despite: *prep.* malgre
despot: *n.* despòt, tiran, diktatè
despotism: *n.* despotis
dessert: *n.* desè
destination: *n.* destinasyon
destiny: *n.* destine, desten
destroy: *v.* detwi, kraze
destruction: *n.* destriksyon
destructive: *a.* destritif
detach: *v.* detache
detail: 1. *n.* detay; 2. *v.* detaye
detain: *v.* kenbe, arete
detect: *v.* detekte
detente: *n.* detant
detention: *n.* retni

deter: *v.* anpeche, detounen
detergent: *n.* detèjan, fab, savon
deteriorate: *v.* deteryore, kraze
determination: *n.*
detèminasyon, rezolisyon
determine: *v.* detèmine
determinism: *n.* detèminis
deterrence: *n.* deterans
detest: *v.* deteste, rayi
detour: *n.* detou
detoxification: *n.*
dezentoksikasyon
devaluation: *n.* devalyasyon
devastate: *v.* devaste
develop: *v.* devlope
developed nations: peyi
devlope
developing country: peyi
anvwa devlopman
developing nations: peyi anvwa
devlopman
development: *n.* developman,
fòmasyon, dewoulman
developmental: *a.*
devlòpmantal
developmental level: eta fizik,
eta emosyonèl yon moun
deviation: *n.* devyasyon,
chanjman direksyon
device: *n.* aparèy, enstriman
devil: *n.* demon, dyab
devote: *v.* konsakre, rezève
devour: *v.* devore, manje
devout: *a.* fèvan, devwe
dew: *n.* lawouze

dew point: tanperati
kondansasyon
diabetes: *n.* dyabèt
diabetic: *a.* dyabetik
diagnosis: *n.* dyagnostik
diagonal: 1. *a.* dyagonal; 2. *n.*
dyagonal
diagram: *n.* dyagram, desen
diagreeable: *a.* dezagreyab
dial: 1. *n.* kadran; 2. *v.* konpoze
(nimewo telefòn)
dialect: *n.* dyalèk
dialysis: *n.* dyaliz (teknik pou
netwaye san moun)
diameter: *n.* dyamèt
diamond: *n.* dyaman
diaper: *n.* kouchèt, panmpèz
diaper rash: chofi
diaphysis: *n.* dyafiz
diarrhea: *n.* dyare
diary: *n.* jounal pèsonèl
diaspora: *n.* dyaspora
dice: *n.* zo
dicotyledon: *n.* dikotiledon
dictate: *v.* dikte, enpoze
dictation: *n.* dikte
dictator: *n.* diktatè
dictatorship: *n.* diktati
dictionary: *n.* diksyonè
die: *v.* mouri
diesel: *n.* dizèl
diesel fuel: gazòy
diet: *n.* rejim alimantè, dyèt
diet pills: grenn pou kontwole
apeti

dietitian: *n.* dyetetisyen
differ: *v.* pa dakò
difference: *n.* diferans
different: *a.* diferan
differentiate: *v.* distenge, fè diferans; (math) diferansye, kalkile diferansyèl
difficult: *a.* difisil
difficulty: *n.* difikilte
diffraction: *n.* difraksyon (direksyon diferan)
diffusion: *n.* difizyon
dig: *v.* fouye
digest: 1. *n.* rezime, ekstrè; 2. *v.* dijere
digestion: *n.* dijesyon
digestion trouble: pwoblèm dijesyon
digestive system: sistèm dijestif
digit: *n.* chif
digit-span test: tès memwa sou nimewo
dignitary: *n.* diyitè, prela
dikes: *n.* dig
dilemma: *n.* dilèm, konplikasyon, difikilte
diligent: *a.* debouya, zele
dilute: *v.* dilye, melanje, deleye
dilute solution: solisyon deleye (pa konsantre)
dim: *a.* pal, fèb
dime: *n.* dis kòb
diminish: *n.* redui, diminye
dimple: *n.* twou bote
dining room: salamanje

dinky: *a.* tou piti
dinner: *n.*dine
dinosaur: *n.* dinozò
dip: 1. *n.* beny, beyad; 2. *v.* plonje, tranpe
diphteria vaccine: vaksen kont difteri
diploma: *n.* diplòm
diplomacy: *n.* diplomasi
diplomatic corps: kò diplomatik
diplomatic notes: nòt diplomatik
diplomatic recognition: rekonesans diplomatik
diptheria: *n.* difteri
direct: 1. *a.* dirèk; 2. *v.* dirije
direct contempt: manke tribinal dega; pa respekte desizyon tribinal
direct current (DC): kouran kontini
direct democracy: demokrasi dirèk
direct foreign investment (DFI): envestisman etranje dirèk
direct primary: eleksyon primè dirèk
direct proportion: pwoposyon dirèk
direct-mail advertising: piblisite dirèk nan kourye
direction: *n.* direksyon

directive: *n.* lòd, kondisyon, règleman

directly: *adv.* dirèkteman

director: *n.* direktè

dirt: *n.* kras, pousyè, salte

dirt cheap: bon mache, piyay

dirt road: wout ki an tè

dirty: 1. *a.* sal, malpwòp

disability: *n.* enfimite, domaj, andikap, enkapasite

disable: *v.* deranje, rann enfim, domaje, andomaje

disabled: *a.* andikape; kokobe; enfim

disabled citizens: sitwayen andikape

Disabled in Action (DIA): Andikape an Aksyon

disadvantage: *n.* dezavantaj, enkonvenyan

disagreable: *a.* dezagreyab

disagree: *v.* pa dakò, refize

disagreement: *n.* dezakò, diferans

disappear: *v.* disparèt

disappoint: *v.* desevwa

disappointment: *n.* desepsyon, kontraryete

disapprove: *v.* dezaprouve

disarm: *v.* dezame

disarmament: *n.* dezameman

disarray: *n.* tètchaje, dezòd, konfizyon

disaster: *n.* dezas, katastwòf

disburse: *v.* debouse

disc: dis, zo rèl do

discard: *v.* jete, debarase

discern: *v.* dekouvri

discharge: 1. *n.* dechaj; detonasyon, ekplozyon; 2. *v.* dechaje, egzeyate, libere, egzonere

disciple: *n.* disip

disciplinary: *a.* disiplinè, ki gen rapò ak disiplin

discipline: *n.* disiplin

disclose: *v.* divilge, devwale, pibliye

discomfort: *n.* malèz, enkonfò

disconnect: *v.* dekonekte, separe

discontent: *a.* mekontantman

discontinue: *v.* sispann, entèwonp, abandone, diskontinye

discord: *n.* dezakò, mezantant

discount: *n.* rabè

discount rate: to eskont

discounting: *n.* dediksyon

discourage: *v.* dekouraje

discover: *v.* dekouvri

discovery: *n.* dekouvèt

discredit: 1. *n.* diskredi 2. *v.* diskredite, dekonsidere

discrete: *a.* diskrè

discretion: *n.* diskresyon

discretionary income: revni diskresyonè

discriminate: *v.* fè paspouki, pratike diskriminasyon

discrimination: *n.* diskriminasyon
discuss: *v.* diskite
discussion: *n.* diskisyon, chitatande, konvèsasyon
disease: *n.* maladi
disease-prone personality: pèsonalite maladif
disfigure: *v.* defigire, depare
disgestion: *n.* dijesyon
disgrace: *n.* dezonè, wont
disguise: 1. *n.* degizmann; 2. *v.* degize
disgust: 1. *n.* degou, repiyans; 2. *v.* degoute, repiyen
disgusting: *a.* degoutan, ekeran
dish: *n.* asyèt, plat
dishonest: *a.* malonèt
dishonesty: *n.* malonètete
dishwasher: *n.* machin pou lave asyèt
disinfect: *v.* dezenfekte
disjoint: *v.* dekole, dejwente
disk: *n.* disk, diskèt; plak, zo rèl do
dislocate: *v.* foule, disloke
dislocation: *n.* dejwentman, dislokasyon
dismiss: *v.* anile; fèmen dosye; fèmen pwosè; lage; ranvwaye
dismissal: *n.* ranvwa, voye lakay
disolve: *v.* fonn, delye

disorder: *n.* dezòd; pwoblèm, deranjman, maladi, andikap, domaj
disorderly conduct: move konduit (an piblik)
disorganise: *v.* dezòganize, deranje
disown: *v.* dezavwe, renye
dispensary: *n.* dispansè
disperse: *v.* gaye, voye ale, dispèse
displaced: *a.* deplase
displaced persons: moun yo deplase (akoz katastwòf osinon epidemi)
displacement: *n.* deplasman
display: *v.* etale, ekspoze, montre
disposable income: revni disponib
disposable personal income (DI): revni disponib pèsonèl
disposal: *n.* destriksyon, anlèvman, fatra
dispose: *v.* dispoze, ranje, jete
disproportionate: ki pa pwopòsyonèl
disprove: *v.* derefize, bay prèv pou demonte yon agiman, pa apwouve
dispute: 1. *n.* diskisyon; 2. *v.* diskite; pwoteste; konteste
disqualified: *a.* pa kalifye, pa ranpli kondisyon, diskalifye
disqualify: *v.* diskalifye

disregard: *v.* pa okipe, meprize

disrespect: 1. *n.* mank dega; 2. *v.* derespekte

disrespectful: *a.* ki pa gen respè

disrupt: *v.* deranje, entèwonp

disruptive: *a.* tapajè, dezòd, dezòdone

disruptive behavior: konpòtman endisipline (tapajè, dezòd)

dissatisfy: *v.* ensatisfè, pa satisfè

dissent: 1. *n.* dezakò, 2. *v.* pa dakò, an dezakò

dissenter: *n.* opozan

dissenting opinion: dezakò

dissident: *a.* disidan

dissipate: *v.* gaye, gaspiye, dispèse

dissociation: *n.* disosyasyon

dissolve: *v.* fonn, deleye

distal: *n.* distal

distance: *n.* distans

distance education: edikasyon adistans

distant: *a.* lwen, distan

distillation: *n.* distilasyon (metòd separasyon)

distilled water: dlo distile

distillery: *n.* distilri

distinct: *a.* disten, klè

distinctly: *adv.* klèman

distinguish: *v.* distenge, disène

distort: *v.* defòme, chanje

distortion: *n.* distòsyon

distract: *v.* distrè

distraction: *n.* distraksyon

distress: *n.* doulè, chagren, afliksyon, detrès

distribute: *v.* distribye

distribution: *n.* distribisyon

distributive: *a.* distribitif

district: *n.* distrik; òganizasyon espas ak pouvwa

district attorney: avoka distri

district courts: tribinal distri

distrust: 1. *n.* mefyans; 2. *v.* mefye, defye

disturb: *v.* deranje, entewonp

disturbance: *n.* dezòd

ditch: 1. *n.* fose, rigòl, twou; 2. *v.* abandone, kite, lese tonbe

diuretic: *n.* diretik, medikaman pou pipi

dive: *v.* plonje

diver: *n.* plonjè

diverse: *a.* divès, diferan

diversification: *n.* divèsifikasyon

diversify: *v.* divèsifye

diversion: *n.* detounman, devyasyon

diversity: *n.* divèsite

divert: *v.* detounen, dewoute, devye

divide: *v.* divize

dividend: *n.* dividann

divine right: dwa diven

divisability: *n.* divizibilite

divisible: *a.* divizib

division: *n.* divizyon
division of labor: divizyon travay
divisor: *n.* divizè
divorce: *n.* divòs
dizziness: *n.* tèt vire, anvi endispoze, toudisman
dizzy: *a.* gen tèt vire; gen vètij
do: *v.* fè, fabrike
dock: 1. *n.* waf. 2. *v.* akoste, kochte; retire sou, diminye
docket: *n.* dosye, ajanda kalandriye, ajanda tribinal
docket number: (legal) nimewo dosye pou chak ka ki nan tribinal
doctor: *n.* doktè
doctrine: *n.* doktrin
document: *n.* dokiman
documentary evidence: dokiman ki prezante kòm prèv
documented: *a.* ki bay papye idantifikasyon, ki gen prèv alekri
dodge: *v.* eskive
dog: *n.* chen
dogmatism: *n.* dògmatis
doldrums: *n.* dezòd
doll: *n.* poupe
dollar: *n.* dola
dollar diplomacy: diplomasi dola
dolphin: *n.* dofen, maswen
domain: *n.* domèn
dome: *n.* dom, kouvèti fòm won

domestic: 1. *a.* lokal, nan kay, nasyonal; 2. *n.* restavèk, domestik
domestic violence: vyolans nan kay
domestication: *n.* domestikasyon
domestication process: etap pou donte
domicile: *n.* rezidans, lakay, adrès kay
dominant: *n.* dominan
dominant gene: jèn dominan
dominate: *v.* domine, monopolize
Dominican: 1. *n.* Dominiken; 2. *a.* dominiken
Dominican Republic: Dominikani, Repiblik Dominikèn
dominion: *n.* dominyon
domino: *n.* domino
domino theory: teyori domino (kou youn koumanse, tout lòt swiv)
donate: *v.* bay, fè don
done: *a.* fini
donkey: *n.* bourik
doom: *n.* fayit, difikilte
door: *n.* pòt
door prizes: kado, prim
doorknob: *n.* manch pòt
doorstep: *n.* papòt, lento, mach eskalye nan papòt
doorway: *n.* papòt

dopey: *a.* dwoge, gaga
dormitory: *n.* dòtwa
dorsal fins: najwa ki sou do
dosage: *n.* dòz, kantite
dot: *n.* pwen, tach
double: 1. *a.* doub; 2. *v.* double
double dealing: fwod
double jeopardy: (legal) akize de fwa pou yon menm zak; de jijman pou yon sèl krim
double park: pake an doub, pake kòt-a-kòt ak yon lòt machin
double space: doub entèliy
double standard: paspouki
double vision: wè doub
doubt: 1. *n.* dout; 2. *v.* doute
doubtful: *a.* ensèten, pa sèten, diskitab
douche: *n.* douch, lavaj
dough: *n.* pat farin
dove: *n.* pijon, toutrèl
down: 1. *adv.* anba; 2. *a.* deprime, tris; 3. *v.* desann
down payment: avalwa, avans
down there: anba a
downer: *n.* kalman
downfall: *n.* tonbe, revoke
downhill: *a.* ap desan, ki ap bese
download: *v.* rale dosye elektwonik vini
downpour: *n.* gwo lapli, lavalas lapli
downright: *adv.* toutbon

downstairs: *adv.* anba eskalye, anba
downtown: *n.* lavil, sant vil, anba lavil
doze: *v.* kabicha
dozen: *n.* douzèn, 12
draft: 1. *n.* konskripsyon; kourandè; *v.* anwole
draft evaders: moun ki refize fè sèvis militè
drafting: *n.* desen teknik
drag: 1. *n.* rezistans(fizik); 2. *v.* trennen, rale, pran anpil tan
dragonfly: *n.* demwazèl (ensèk)
drain: 1. *n.* egou; 2. *v.* vide
drainage basin: basen drennaj
drastic: *a.* drastik, toutbon, san padon
draw: 1. *n.* match nil, egal-ego. 2. *v.* rale; desine; fè desen
draw near: pwòche
drawback: *n.* dezavantaj; pwoblèm, rekil
drawer: *n.* tiwa
drawing: *n.* desen
drawing blood: pran san
dread: *v.* pè, laperèz
dreadful: *a.* terib
dream: 1. *n.* rèv. 2. *v.* rève
dreary: *a.* tris
dress: 1. n wòb, pansman; 2. *v.* abiye, panse (yon blesi)
dress code: règleman vestimantè, règ abiman
dressing: pansman, twal gaz

drift: *v.* fè zigzag, flote, glise
drill: 1. *n.* dril, vilbreken; 2. *v.* fouye, fè egzèsis
drill and practice: egzèsis, antrennman
drilling rig: aparèy pou fouye
drink: 1. *n.* bwason; 2. *v.* bwè; bwè tafya
drinking an driving: kondui machin alòske ou sou
drip: 1. *v.* degoute; 2. *n.* gout
dripping nose: anrimen, nen ki ap fè larim
drive: *v.* kondi (oto)
driver: *n.* chofè, kondiktè
driver□s licence: lisans, pèmi pou kondui oto
driveway: *n.* antre devan (yon) kay
driving too close: suiv lòt machin twò pre,
drizzle: 1. *v.* farinen; 2. farinay lapli
drool: *n.* bave, bouch fè dlo
drooling: *n.* bave, bav
drop: 1. *n.* gout; 2. *v.* lage
drop off/pick up (students): espas pou vin depoze/vin chèche elèv
drop out: *v.* kite lekòl, pa fini lekòl, abandone lekòl
droplet: *n.* gout
dropout prevention: pwogram pou ankouraje elèv pa kite lekòl
dropper: *n.* konngout

drought: *n.* sechrès
drown: *n.* nwaye
drowsy: *a.* ki bay anvi dòmi, ki soule
drug: *n.* medikaman; dwòg
drug abuse: pran dwòg
drug addiction: moun ki paka viv san dwòg
drug cartel: katèl dwòg, òganizasyon pou vann dwòg
drug interaction: reyaksyon konbinezon; medikaman
drug trafficking: trafik dwòg
drug treatment: tretman pou moun k ap pran dwòg
drugstore: *n.* famasi
drum: *n.* dwoum; tanbou
drummer: *n.* mizisyen ki bat tanbou
drumstick: *n.* pyepoul, baton pou jwe batri
drunk: *a.* sou; soulè
drunkard: *n.* alkolik, moun ki renmen bwè alkòl
dry: 1. a sèch, sèk; 2. *v.* seche
dry farming: agrikilti sèk, san dlo
dry skin: po sèch
dryer: *n.* sechwa, machin pou seche, aparèy pou seche
dual : *a.* de nivo
dual enrollment: enskripsyon nan klas ki valab pou de (2) nivo diferan
duck: *n.* kanna

ductile: *a.* maleyab (ki pa di)
dud: *n.* tenten
due: *n.* kotizasyon, frè
due notice: (legal) avi daprè lalwa
due process: pwosedi jis
due process of law: pwosedi legal
DUI: kondui oto pandan ou pran dwòg oubyen pandan ou sou
dull: *a.* ki pa file, ki pa eksitan
duly sworn: sou sèman dapre lalwa
dumb: *a.* enbesil, gaga
dumbfounded: *a.* bèkèkè
dump: 1. *n.* pil fatra; 2. *v.* jete, depoze
dumpling: *n.* doumbwèy
dune: *n.* bit sab, pil sab, espas ki gen anpil sab
dung: *n.* fimye bèf
dunk: *v.* tranpe
duplex: *n.* diplèks
duplicate: *v.* fè yon doub; fè kopi
durability: *n.* dirabilite
durable: *a.* solid, rezistan
durable good: byen dirab
duress: *n.* presyon, tansyon, difikilte
during: *prep.* pandan
dusk: *n.* labrin
dust: 1. *n.* pousyè. 2. *v.* netwaye, depouste.

dust bowl: gwo boul pousyè nan rejyon ki nan sechrès
dust storm: tanpèt pousyè
Dust Bowl: Bòl Pousyè
dusty: *a.* ki gen pousyè
duty: *n.* dwa, devwa, obligasyon, taks (taks ayewopò, dwa ladwann)
dwarf: *n.* tinen, nen, moun ki kout anpil
dwelling: *n.* kay
DWLS: kondui ak lisans ki revoke
dye: 1. *n.* tenti, koloran; 2. *v.* kolore
dynamic: *a.* dinamik
dynamo: *n.* dinamo, jeneratè
dynasty: *n.* dinasti
dysentery: *n.* kolerin, dyare, dizantri
dysfunctional: *a.* pa nòmal, initil
dyslexia: *n.* disleksia
dysmenorrhea (menstrual cramps): *n.* vant fè mal (lè fi gen règ li)
dyspareunia: *n.* disparenni (doulè nan pati seksyèl yon moun anvan, pandan oswa apre moun sa a fin fè sèks.)
dyspnea: *n.* souf kout
dysuria: *n.* pipi boule

E

e-commerce: komès elektwonik
e-mail (electronic mail): *n.*
kourye elektwonik,
korespondans elektwonik
each: *n.* chak
each other: youn lòt
eager: *n.* enterese, anvi
eagle: *n.* lèg, malfini
ear: *n.* zorèy
ear canal: kanal zòrèy
ear discharge: pi nan zòrèy
ear drum: tenpan, tande zòrèy
ear infection: enfeksyon nan
zòrèy
ear lobe: fèy zorèy
ear of corn: zepi mayi
ear wax: sekresyon zòrèy
earache: *n.* malzòrèy, doulè nan
zòrèy
eardrum: *n.* tenpan
early: bonè, annavans, davans
early morning, early: *adv.*
bonè
early release: (lekòl) lage bonè
early rising: *n.* matinal
earn: *v.* genyen, posede, fè lajan
earnest: *n.* bònfwa
earnings: *n.* resèt; salè,
apwentman
earring: *n.* zanno
earth: *n.* latè, tè
earth science: jeyoloji, syans
latè

Earth day: jou pou selebre latè
earthenware: *n.* potri
earthenware jar: kannari; ja;
krich
earthquake: *n.* tranblemanntè
earthworm: *n.* vètè
earwitness: *n.* temwen ki tande
ease: *n.* trankilite, ezans,
fasilite, opòtinite
easily: *adv.* fasilman
easily soiled: salisan
east: *n.* lès
East Asia: Azi-de-Lès
Easter: *n.* Pak, fèt Pak,
Dimanch Pak
Eastern Europe: Ewòp-de-Lès
Eastern Hemisphere: Emisfè
Oryantal, zòn Lès, Loryan
easy: *adv.* fasil
easy money policy: politik lajan
fasil
easygoing: *a.* fasil
eat, ate, eaten: *v.* manje
eater: *n.* manjè
echinoderm: *n.* ekinodèm [bèt
ak kò pikan]
echo: *n.* eko
echolalia: *n.* ekolalya
eclampsia: *n.* eklanpsi, maladi
fanm ansent ki fè tansyon l
monte
eclectic: *n.* eklektik (sèvi ak
plizyè bagay ki sòti nan plizyè
sous)
eclipse: *n.* eklips

ecological: *n.* ekolojik
ecologist: *n.* ekolojis
ecology: *n.* ekoloji
economic assistance: asistans ekonomik
economic development: devlopman ekonomik
economic efficiency: rannman ekonomik
economic equity: ekite ekonomik, jistis ekonomik
economic growth: kwasans ekonomic
economic indicators: endikatè ekonomik
economic model: modèl ekonomik
economic system: sistèm ekonomik
economical: *n.* ekonomik
economics: *n.* ekonomi; syans ekonomik
economies of scale: ekonomi echèl
economize: *v.* ekonomize, fè ekonomi, epaye
economy: *n.* ekonomi
ecosystem: *n.* ekosistèm [tou sa ki vivan nan yon kote]
ecotourism: *n.* touris ekolojik
eczema: *n.* egzema
edge: *n.* kwen, bout, kan, bò, bòdi, rebò; arèt
edit: *v.* edite, korije

editing: *n.* koreksyon (tèks), montaj
editor: *n.* editè
educate: *v.* edike
education: *n.* edikasyon
educational: *n.* edikatif
educational psychology: sikoloji aprantisaj
educational simulation: pwogram pratik pou moun
eel: *n.* zangi; pwason-koulèv
efface: *v.* efase
effect: 1. *n.* efè, konesans; *v.* antre anvigè
effective date: dat yon bagay ap anvigè
effort: *n.* efò, jefò, fòs
effrontery, impudence: *n.* radiyès efisyan, ki bay bon rannman
egg: *n.* ze
eggplant: *n.* berejenn
Egypt: *n.* Ejip, Lejip
eight: *n.* uit
eighteen: *n.* dizuit
eighteen amendment: uityèm amannman (1919)
eighth: *n.* uityèm
eightieth: *n.* katreventyèm
eighty: *n.* katreven
either: 1. *n.* youn oswa lòt, nenpòt; adv. nonplis; 3. pron. youn oswa lòt; conj. oswa
either..or: swa..swa
ejaculate: *v.* ejakile

eject: *v.* retire, pouse soti
El Dorado: Èldorado
El Niño: Èlninyo
elaborate: *v.* elabore
elastic: *n.* elastik
elastic demand: demand elastik
elastic force: fòs elastik
elastic limit: limit elastik
elasticity: *n.* elastisite
elbow: *n.* koud
elder: *n.* granmoun aje, pi gran
elderly, old: *n.* granmoun aje
elderly woman: lamè; granmè
elect: *v.* chwazi, eli
election: *n.* eleksyon
elective: *n.* klas (kou) ochwa
elector: *n.* elektè
elector: *n.* elektè
electoral: *n.* elektoral
electoral college: kolèj electoral
electoral votes: vòt elektoral
electric current: kouran
elektrik
electric force: fòs elektrik
electric meter: kontè elektrik
electric motor: motè elektrik
electric wire: fil elektrik
electrical charge: chaj elektrik
electrical circuit: sikui elektrik
electrical field: chan elektrik
electrician: *n.* elektrisyen
electricity: *n.* elektrisite
electrification: *n.*
elektrifikasyon

electro-chemistry: *n.* elektwo-
chimi
electrocardiogram: *n.* elektwo-
kadyogram
electroconvulsive therapy
(ECT): trètman ak chòk elektrik
nan sèvo moun ki fè depresyon
grav
electrocute: *v.* pran nan kouran
electrocution: *n.* elektwokisyon
electrode: *n.* elektwòd
electroencephalograph (EEG):
n. elektwo-ansefalograf
electrolysis: *n.* elektwoliz
electrolyte: *n.* elektwolit
electromagnet: *n.* elektwo-
eman
electromagnetic: *n.* elektwo-
mayetik
electromagnetic energy: enèji
elektwonayetik (enèji ki kapab
kouri sou yon distans 300 mil
kilomèt pa sekond)
electromagnetic induction:
endiksyon elektwo-mayetik
electromagnetic spectrum:
espektwòm elektwomayetik
(tout gam ond elektwomayetik
depi ond radyo pou rive sou
reyon gama)
electromagnetic wave: onn
elektwomayetik
electromagnetism: *n.*
elektwomayetis

electromotive force: fòs elektwomotiv

electron: *n.* elektwon (patikil chaje ak elektrisite negatif k ap vire alantou nwayo yon atòm)

electron layer: kouch elektwon

electron valence: valans elektwon

electronic: *n.* elektwonik

electronic funds transfer (EFT): sistèm transfè elektwonik fon

electronic surveillance: siveyans elektwonik

electroscope: *n.* elektwoskòp

electrostatic induction: endiksyon elektwostatik

elegance: *n.* gangans; finès; bwòdè, elegans

elegant: *n.* banda, fre

element: *n.* eleman

elementary: *n.* preliminè, elemantè

elementary school: lekòl primè, elemantè

elephant: *n.* elefan

elephant leg trousers: pantalon palaso; pat elefan

eleven: *n.* onz

eleventh: *n.* onzyèm

eligibility: *n.* kalifikasyon, merit, elijiblite

eligible: *n.* kalifye, ki gen dwa, ki ranpli kondisyon

eliminate: *v.* elimine

elite: *n.* lelit; boujwazi

elliptical orbits: òbit eliptik (òbit anfòm yon elips)

else, or rather: *conj.* oswa; osinon

elsewhere: *adv.* lòt kote, yon lòt kote

emaciated: *a.* mèg, mèg anpil

emancipation: *n.* emansipasyon, liberasyon

Emancipation Proclamation: Pwoklamasyon Emansipasyon (1872)

embarasment: *n.* anbara, jennen

embarassing: *n.* jenan, anbarasan

embargo: *n.* anbago

Embargo Act: Lwa sou anbago

embark: *v.* anbake

embarrass: *v.* anbarase, jennen, imilye, mele

embassy: *n.* anbasad

embellish: *v.* anbeli, vin bèl

embezzlement: *n.* vòlè bagay yo kite sou kont ou, detounen lajan

embolden: *v.* bay kouraj, pran kouraj

embrace: *v.* anbrase, anlase, kwoke

embroider: *v.* bwode

embryo: *n.* anbriyon

emergency: *n.* ijans

emergency kit: bwat ijans (bwat ki gen tout sa ki nesesè oka ijans)

emergency make-up days: jou klas ijans pou ratrapaj

emergency room: sal ijans lopital

Emergency Quota Act: Lwa sou kwota lè gen ijans

emerging technology: teknoloji ki fèk ap parèt

emigrant: *n.* emigran

emigrate: *v.* emigre

emigration: *n.* emigrasyon

eminent domain: domèn leta

emit: *v.* emèt, fè sikile

emotion: *n.* emosyon

emotional: *n.* emosyonèl

emotional appraisal: evalyasyon emosyonèl

emotional attachment: atachman emosyonèl

emotional feelings: santiman

emotional upsets: movesan

emotionally disturbed: (timoun ki gen) pwoblèm emosyonèl

empathy: *n.* konsiderasyon, konpreyansyon

emperor: *n.* anprè, lanprè

emphasize: *v.* mete aksan (sou), ensiste (sou)

emphisema: *n.* enfizèm, anflamasyon nan poumon

empire: *n.* anpi, lanpi

employ: 1. *n.* djòb; 2. *v.* bay travay, anplwaye

employee: *n.* anplwaye, moun k ap travay

employer: *n.* anplwayè, moun ki bay travay, patwon

employment: *n.* travay, dyòb

empower: *v.* otorize, bay jarèt

empty: 1. *n.* vid; 2. *v.* bay tè a blanch, vide, retire, debarase

empty set: ansanm vid (matematik)

EMT (emergency Medical Technician): Teknisyen medikal pou ka ijan, teknisyen anbilans

encephalitis: *n.* maladi enflamasyon sèvo, ansefalit

encircle: *v.* sèke, ansèkle, klotire

enclave: *n.* anklav

enclose: *v.* fèmen, bouche

encoding: byen konprann yon enfòmasyon; dechifre yon enfòmasyon

encomienda system: sistèm enkòmyenda

encore: *n.* bis, yon lòt fwa

encounter: *n.* rankont, rankontre

encourage: *v.* ankouraje

encouragement: *n.* ankourajman

encouraging: *n.* ankourajan

encroach: *v.* anvayi; pran; retire

encumbrance: *n.* anbètman; anmèdman, ankonbreman

end: *n.* lafen; bout; fen; finisman

endanger: *v.* mete andanje

endangered species: espès [ki] andanje

Endangered Species Acts: Lwa pou pwoteje espès andisparisyon

endemic species: espès andenik

endless: *n.* san fen

endocrine system: systèm andokrin [glann]

endorphins: *n.* andòfin (pwodui chimik nan gland pituitè a ki sanble avèk mòfin)

endorse: *v.* andose, ratifye, sipòte

endoscope: *n.* andoskòp, zouti pou gade anndedan kò moun

endoscopy: *n.* egzamen pou gade andedan kò moun, andoskopi

endothermic: *n.* andotèmik (reyaksyon chimik ki bezwen chalè pou li avanse)

endothermic reaction: reyaksyon andotèmik, ki bezwen chalè

endurance: *n.* andirans

endure: *v.* ankese, andire

enema: *n.* lavman

enema bag: bòk, bòk pou bay lavman

enemy: *n.* lennmi, ennmi

energetic: *n.* dinamik, anfòm, gen kouraj, ankouraje, enèjetik

energizer: *a.* eksitan

energy: *n.* enèji, fòs, kouraj

energy conservation: konsèvasyon enèji

energy crisis: kriz enèji

enforce: *v.* aplike, anfòse

enforceable: *n.* aplikab

enforcement: *n.* anfòsman; egzekisyon yon lwa osnon yon lòd tribinal

engage: *v.* angaje, avanse; fiyanse; okipe, anbarase

engagement: *n.* angajman,;fiyansay

engine: *n.* motè

engineer: *n.* enjenyè

engineering: *n.* jeni

English: *n.* Angle

English Language Proficiency Assessment: Evalyasyon Nivo konpetans nan pale Angle

engrave: *v.* grave; make

enhance: *v.* amelyore, bay valè, bay enpòtans

enhancement: *n.* amelyorasyon

enigma: *n.* enigm, konpleksite

enjoy: *v.* jwi, rejwi, benefisye, pran gou

enjoy oneself: banboche, amize

enjoyment: *n.* jwisans; banbòch, amizman

enlarge: *v.* grandi; laji

enlightenment: *n*. eklèsisman, enstriksyon, edifikasyon
Enlightenment: *n*. Syèk limyè
enormous: *n*. enòm, gwo
enough: *adv*. ase, kont
enrage: *v*. anraje; fache, move
enrich: *v*. anrichi, ogmante, fòtifye, anbeli
enrichment: anrichisman, amelyorasyon, anbelisman
enroll: *v*. anwole, rekrite, enskri
enrollment: *n*. enskripsyon, anwolman
ensure: *v*. asire, fè sèten
entail: *v*. okazyone, lakòz
entangle: *v*. melanje, mele
enter: *v*. antre
enteritis: *n*. anterit (enfeksyon nan trip)
enterprise: *n*. antrepriz
enterprising: *n*. antreprenan
entertain: *v*. anmize
entertaining person: odyansè; blagè, atis
entertainment: *n*. anmizman, plezi, espetak, detant, fèt
enthusiastic: *n*. enterese anpil, antouzyas
entice: *v*. atire, fè lasisin, fè filalang
entire, whole: *n*. ankè; ann antye
entirely: *adv*. tout antye
entrails: *n*. zantray, trip
entrance: *n*. antre

entrant: *n*. enskri nan yon konpetisyon; moun ki fèk vini nan yon peyi
entrapment: *n*. (legal) pyèj gouvènman tann pou moun komèt yon zak kont lalwa menm si li pa sou bò komèt zak la
entrepreneur: *n*. antreprenè
entrepreneurship: *n*. espri antrepriz
entry (list): lis non moun ki enskri pou yon konpetisyon
entry level wages: salè minimòm / salè ki pi piti a
enuresis: *n*. maladi pipi nan kabann
envelope: 1. *n*. anvlòp; 2. *v*. vlope
envious: *n*. anvye, anbisye, ki gen anbisyon, jalou
environment: *n*. anviwònman
Environmental Protection Agency: Ajans Pwoteksyon anviwònman
envisage: *v*. anvizaje
envoy: *n*. anvwaye, reprezantan, diplomat
envy: 1. *n*. anvi; jalouzi; anbisyon; 2. *v*. fè jalouzi; fè anbisyon
enzyme: *n*. anzim
epaulet: *n*. zepolèt
epicenter: *n*. episant
epidemic: 1. *a*. epidemik; 2. *n*. epidemi

epidermis: *n.* epidèm
epididymis: *n.* epididim
epidural: *n.* anestezi epidiral, piki anestezi nan zòn basen pou ede akouchman
epiglottis: *n.* lalwèt
epilepsy: *n.* malkadi, maladi tonbe, kriz malkadi
epileptic: *n.* ki soufri malkadi
epileptic seizures: kriz malkadi
Epiphany: *n.* Lèwa
epiphysis: *n.* epifiz (pati nan zo)
epoch: *n.* epòk
epsom salt: sèldepsonn
equal: 1. *n.* egal; 2. *v.* egale
equal access: menm dwa ak tout lòt, egalego
equal opportunity: menm opòtinite tankou tout lòt moun, egalego
equal rights amendement (E.R.A.): amannman pou tout moun gen menm dwa
Equal protection: garanti konstitisyon bay pou tout moun resevwa menm dwa devan lalwa
Equal Rights Amendment: Egalite devan Lalwa
equality: *n.* egalite
equalizer: *n.* egalizatè son
equally: *adv.* menmman parèyman, egalman
equation: *n.* ekwasyon
equator: *n.* ekwatè

equilateral: *n.* ekilateral (tout kote egal)
equilibrium: *n.* ekilib
equilibrium price: pri ekilib
equinox: *n.* ekinòks (solèy kwaze ekwatè)
equip: *v.* ekipe
equipement: *n.* materyèl, ekipman
equitable: *n.* jis, egalego
equity: *n.* egalite, rezèv, fon, jistis
equivalent: *n.* ekivalan
era: *n.* epòk, peryòd, tan
erase: *v.* efase
eraser: *n.* gòm kreyon, efaswa
erect: 1. *n.* dwat, vètikal; 2. *v.* drese, monte, konstwi, bande
ergs: *n.* ègs
Erie Canal: Kanal Erie
erode: *v.* wonje, ewode
erosion: *n.* ewozyon
errand: *n.* komisyon, monte desann
error: *n.* erè
erupt: *v.* eklate, pete
eruption: *n.* eklatman; bouton, enflamasyon sou po
escalation: *n.* ogmantasyon, entansifikasyon, eskalasyon
escapade: *n.* pachat; flann
escape: *v.* sove, chape, demakay
escort: 1. *n.* konpayon; 2. *v.* eskòte
escrow: avalwa, lajan depo

ESOL: Angle pou moun ki pale lòt lang

esophagus: *n.* ezofaj, gòjèt

especial: *n.* espesyal

especially: *adv.* sitou; espesyalman

espionage: *n.* espyonaj

Espionage Act of 1917: Lwa sou Espyonaj 1917

esquire: *n.* avoka

essence: *n.* nannan; mwèl, esans

essential: *a.* esansyèl; ki nesesè

establish: *v.* etabli

estate tax: taks apre lanmò

esteem: 1. *n.* estim, konsiderasyon; 2. *v.* estime, konsidere

estimate: 1. *n.* evalyasyon, estimasyon; 2. *v.* evalye, estime

estimation: *n.* estimasyon

estrogen: *n.* estwojèn (òmòn femèl)

estrus: *n.* anchalè, anvi kwaze (pou femèl bèt)

etc: *adv.* elatriye

eternal: *n.* etènel, ki dire vitametènam

eternally: *adv.* vitametènam, etènèlman

ethical behavior: konpòtman moral

ethnic: *n.* etnik

ethnic cleansing: pirifikasyon etnik (krim kont moun ki diferan)

ethnic conflict: konfli etnik

ethnic group: gwoup etnik

ethnic tansion: tansyon etnik

ethnicity: *n.* gwoup etnik yon moun

ethnocentrism: *n.* etnosantris (lojik ki repoze sou kilti yon gwoup)

ethologist: *n.* etològ, syantis ki etidye konpòtman bèt

etiquette: savwaviv, mannyè, lizay, etikèt

Eurasia: *n.* Erazi (Ewòp ak Azi)

Eurodollar: *n.* Ewodola (Lajan peyi Ewòp-de-Lwès yo)

Europe: *n.* Ewòp, Lewòp

European Union (EU): Inyon Ewopeyen (EU)

evade: *v.* evade, sove, mawon, chape

evaluation: *n.* evalyasyon, estimasyon, mezi

evaluator: *n.* evalyatè, moun k ap evalye

evangel: *n.* levanjil

evangelize: *v.* preche, evanjelize

evaporate: *v.* vante; evapore; seche

evaporation: *n.* evaporasyon

eve: *n.* lavèy

even: 1. adv. menm; ata. 2. *n.* egal; pè (chif pè)

even: *a.* egal, jis

even number: chif pè (2, 4, 6...)

even worse: pi grav ankò
evening: *n.* aswè, sware, swa, leswa
evenly (equally): *adv.* ren pou ren; egalego
event: *n.* evènman
ever: *adv.* janm, janmen
evergreen: *n.* toujou vèt
every: *n.* chak
every other day: chak de jou
everybody: *pron.* tout moun
everyday clothing: fantezi; rad pou tou lè jou
everyone: *pron.* tout moun
everything included: fètefouni
everywhere: *adv.* patou (toupatou)
evict: *v.* chase, mete deyò, degèpi
eviction: *n.* degèpisman
evidence: *n.* prèv; evidans
evident: *n.* evidan, aklè
evil: *n.* move, dyab
evil spell: maldjòk
evil spirit: mò, espri, move espri; ranvwa
evolution: *n.* evolisyon
exact: *n.* egzak
exactly: *adv.* ojis jis; dirèk, egzakteman
exaggerate: *v.* egzajere
exam: *n.* konsiltasyon; egzamen; tès; konpozisyon
examination: *n.* konsiltasyon; (legal) entèwogatwa

examine: *v.* kontwole, egzamine
example: *n.* egzanp
exceed: *v.* depase, eksede
excel: *v.* ekselen; byen-mennen
excellent: *n.* ekselan
except: *prep.* eksepte, sòf
exception: *n.* eksepsyon; objeksyon, lè youn nan avoka yo fè yon objeksyon
exceptional: *n.* ekstrawòdinè, siperyè
exceptional student education: pwogram pou elèv ki bezwen yon edikasyon espesyal
excess: *n.* sirabondans; eksè
exchange: 1. *n.* twòk, echanj, boukantaj; 2. *v.* chanje, boukante
exchange rate: to echanj lajan
excise tax: taks endirèk
excite: *v.* bay kè kontan, eksite
excited: *n.* cho; kontan; eksite
excitement: *n.* eksitasyon
exciting: *n.* pasyonan, eksitan
exclude: *v.* eskli, retire
Exclusive Economic Zones: Zòn Ekonomik Eksklizif
excommunication: *n.* eskominikasyon
excrement: *n.* matyè fekal
excretory system: sistèm eskresyon (ren, pipi)
excusable homicide: omisid; touye yon moun san fè espre

excuse: 1. *n.* ekskiz; 2. *v.* eskize, defann
excused (absence): *a.* otorize, (ki gen) rezon, (ki gen) motif
execute: *v.* egzekite, akonpli
executive agreement: antant ekzekitif
executive branch: branch ekzekitif, pouvwa ekzekitif
executive orders: manda ekzekitif
executive privilege: privilèj ekzekitif
exemplary: *a.* egzanplè
exempt: *n.* egzan
exemption: *n.*ekzanpsyon
exercise: *n.* egzèsis
exert: *v.* fè egzèsis, fòse
exfoliation: *n.* eksfolyasyon, fèy tonbe, dekale
exhale: *v.* ekspire, lage souf, rann souf, egzale
exhaust: *n.* mòflè
exhausted (tired): *a.* bouke; fatige
exhausting: *a.* ki fatigan
exhaustion: *n.* kòkraze; fatig ekstrèm; gwo fatig
exhibition hall: galeri ekspozisyon
exhibitionism: *n.* egzibisyonis
exhibits: *n.* (legal) dokiman; prèv; ekspozisyon
exile: *n.* egzil; *v.* egzile
exist: *v.* egziste

existential therapy: terapi egzistansyèl
exit: *n.* sòti
exorcism: *n.* egzòsis
exoskeleton: *n.* karapas
exothermic: *n.* ekzotèmik (ki bay chalè)
expand: *v.* elaji, etann, agrandi
expanded notation: fòm devlope (ekwasyon)
expansion: *n.* agrandisman, espansyon
expatriate: *n.* ekspatriye, dyaspo
expect: *v.* tann, alatant
expectancy: *n.* espwa
expectation: *n.* espwa, atant; kondisyon, randman (ki te prevwa)
expecting: *a.* ansent
expel: *v.* ranvwaye
expense: *n.* depans
expensive: *n.* chè
experience: *n.* eksperyans
experience in the field: eksperyans pratik, eksperyans sou teren
experienced: *a.* ki gen eksperyans
experiment: *n.* esperyans
experimental effect: efè eksperimantal
experimental group: gwoup eksperimantal
expert: *n.* espè, espesyalis

expert witness: temwen espesyalis; pwofesyonè yo mande pou vin temwaye nan tribinal

Expert's opinion: opinyon yon espesyalis; espè

expiration date: dat ekspirasyon, dat finisman, dat (yon renmèd) kòmanse gate

expire: *v.* ekspire, fini, pase mòd, gate

expired registration: depase dat ekspirasyon

expired tag: plak ki fini; ki ekspire; ki anile

explain: *v.* esplike

explanation: *n.* eksplikasyon

explicit: *n.* eksplisit, klè

explicit consent: konsantman fèm

explode: *v.* eksploze, eklate, pete

exploit: *n.* esplwa, avanti

exploitation: *n.* esplwatasyon

exploration: *n.* esplorasyon

explore: *v.* eksplore, chèche

explosion: *n.* eksplozyon, eklatman

explosive device: aparèy oubyen materyo eksplozif

exponent: *n.* ekspozan

exponential form: fòm esponansyèl

export: 1. *n.* espòtasyon; 2. *v.* espòte

expose: *v.* ekspoze

exposition: *n.* ekspozisyon

expository writing: redaksyon (oswa disètasyon) eksplikatif

exposure: 1. *n.* kontak; revelasyon, etalaj

express: 1. *a.* eksprè, fòmèl; 2. *v.* ekspime, emèt; 3. *adv.* eksprès, rapid

expulsion: *n.* ranvwa definitif, ekspilsyon

expunge (to): *v.* retire; efase

extend: *v.* etann, ouvri

extended: *n.* pwolonje

extension: *n.* ralonj; ekstansyon

extensive: *n.* detaye, an detay

extent: *n.* limit, etandi, sipèfisi

exterior: *n.* deyò, eksteryè

external: *n.* andeyò, sou deyò

externalities: *n.* ekstènalite

extinct: *n.* ki fin disparèt

extinction: *n.* disparisyon, deperisman

extinctor: *n.* ekstenktè

extinguish: *v.* etenn, tiye (dife)

extort: *v.* sitire, peze, fòse

extra: *n.* siplemantè, anplis, adisyonèl, ekstra

extract: 1. *n.* ekstrè, esans; 2. *v.* retire, rache, rale

extracurricular activities: aktivite deyò

extradition: *n.* ekstradisyon, retounen moun ba otorite nan peyi (nan zòn) li te komèt yon zak osinon kote li te sòti

extraordinary: *n.* ekstrawòdinè

extrapolate: *v.* kalkile; evalye; bay apeprè; ekstrapole

extrapolate range: entèval ekstrapolasyon

extrasensory perception: sizyèm sans, pèsepsyon ekstrasansonyèl

extreme: *a.* ekstrèm, sevè

extremely: *adv.* amò; anpil; ekstrèmman

extricate: *v.* rache

extrovert: *n.* ekstravèti

exuberant, excited: *a.* antyoutyout; antyoupwèt, eksite

eye: *n.* je, zye

eye drops: gout pou je

eye examination: konsiltasyon zye

eye glasses: linèt

eyebrow: *n.* sousi

eyeglasses: *n.* linèt

eyelash: *n.* plim zye, pwal je

eyelet: *n.* zeye, zeye soulye

eyelid: *n.* po je

eyewitness: *n.* temwen ki wè sa k fèt la ak de je li

F

fable: *n.* istwa, fab

fabric: *n.* twal; izin

face: 1. *n.* fas, figi, devan; 2. *v.* gade (anfas), afwonte

face to face: fas-a-fas

facial skin: po figi

facile: *a.* fasil

facilitator: *n.* pwofesè, medyatè, fasilitatè

facility: *n.* lokal, etablisman (lekòl), bilding

fact: *n.* fè; reyalite, enfòmasyon san entèpretasyon

faction: *n.* faksyon, gwoup

factor: *n.* faktè

factorial: *n.* faktoryèl

factors of production: faktè pwodiksyon

factory: *n.* faktori, fabrik, izin, manifakti

faculty: *n.* kò anplwaye; fakilte; pwofesè talan, ladrès

fad: *n.* kapris, angouman, mòd

fade: *v.* fennen, diminye, febli

faggot (wood): *n.* fachin bwa.

Fahrenheit (F): *n.* degre Farennayt

Fahrenheit Scale: *n.* Echèl Farennayt [sistèm tanperati]

fail: *v.* pa pase; pa fè mwayèn; (to do something) pa kapab fè (yon bagay); echwe, tonbe

failure: *n.* echèk

failure to report an accident: pa rapòte yon aksidan ki fèt
failure to yield: pa sede pasaj bay lòt machin pase
faint: 1. *a.* pal, fèb; 2. *v.* endispoze; pèdi konesans
fainthearted: 1. *a.* san nanm; timid, kapon
fainting: *n.* endispozisyon
fainting spells: endispoze, pèdi konesans
fair: *a.* koulè klè, ekitab, jis
fair trade: pratik komèsyal lwayal
Fair Deal: Akò Jis
faith: *n.* kwayans; lafwa
faithful: *a.* fidèl
faithless: *a.* pèfid; san konsyans, san lafwa
fake: *a.* fo, krizokal, djanni
fall: 1. *n.* so; otòn. 2. *v.* tonbe; desann
fall for: *v.* tonbe pou; tonbe damou avèk
fall in love with: *v.* renmen yon moun anpil
fallopian tube: twonp falòp
false: *a.* fo, pa vre, manti
false arrest: arete san rezon
false negative reading: fo rezilta negatif
false positive: erè ki monte sou rezilta pozitif
false pretense: bay manti pou fè koken

false ribs: fo kòt
false teeth: fo dan
falsify: *v.* falsifye
faltering: *a.* anbès
familiar: *a.* familye, ki pa enkoni
family: *n.* fanmi; paran; lafanmi
family law: lwa lafanmi
family literacy: alfabetizasyon pou lafanmi
family of elements: fanmi eleman; gwoup eleman ki gen menm karaktè chimik
family planning: planin, metòd planin; kontwole kantite timoun moun ap fè
family system: sistèm fanmi
family therapy: terapi familyal
famine: *n.* famin, grangou, peryòd grangou, dizèt
famous: *a.* enpòtan, gran, koni
fan: 1.*n.* fanatik, vantilatè; 2. *v.* vante, soufle
fancy: 1. *a.* anpenpan; 2. *v.* imajine
fang: *n.* kwòk, dan
fantastic: *a.* kokenn, trè bon, fantastik
fantasy: *n.* imajinasyon, rezònman ki baze sou anbisyon ak emosyon pèsonèl
fantasy stage: etap fantezi (peryòd lè yon moun ap imajine sa l ta renmen)
far: *adv.* lwen

far end: lwen, byen lwen
farm: *n.* bitasyon; fèm; jaden; plantasyon
farmer: *n.* kiltivatè; abitan, fèmye, peyizan
farsighted: *a.* ki wè lwen
fart: *v.* pete, fè van
farther: *adv.* pi lwen
fascinate: *v.* fasine, entrige
fascinating: *a.* ki bay kè kontan, ki eksitan
fascism: *n.* fachis, teyori fachis
fashion: *n.* lamòd; alamòd; mòd
fashionable: *a.* alamòd
fast: 1. *a.* rapid; 2. *adv.* vit, rapidman; 3. *v.* jene
fasten: *v.* tache; atache
fasting: *a.* ret san manje, ajen
fat: 1. *a.* gwo, gra; epè; 2. *n.* grès, matyè gra
fat content: kontni grès; pati ki gen grès
fatal: *a.* fatal, mòtèl
fatality: *n.* fatalite, mòtalite
fate: *n.* sò, destine
father: *n.* papa, pè
fatigue: *n.* fatig, kò kraz
fatiguing: *a.* fatigan
fatso: *n.* gwo patat
fatten up: *v.* angrese
faucet: *n.* tiyo
fault: *n.* fòt, defo, fay
faultlessly: *adv.* fen, byen, san defo
faulty: *a.* ak defo, ki gen defo

favelas: *n.* favelas
favor: 1. *n.* favè; 2. *v.* anfavè, prefere, favorize
favorable outcome: rezilta favorab
favorite: *a.* prefere
favorites son and daughter: pitit prefere
favoritism: *n.* paspouki
fawn: *v.* flate; achte figi
fawning: *a.* k ap flate, ki flatè
fax: *n.* faks, telekopi
fear: 1. pè, laperèz; 2. *v.* pè
fearless: *a.* brav
feasible: *a.* ki ka fèt, fezab
feast: 1. *n.* banbòch, babako, festen; 2. *v.* banboche
feather: *n.* plim zwazo
feature: *n.* karakteristik, mak, espesyal, aparans
February: Fevriye, mwa Fevriye
feces: *n.* poupou, lasèl
fed up: *a.* bouke, pèdi pasyans
federal deficit: defisi federal
federal funds rate: to fon federal
Federal Open Market Committee: Komite Federal Mache Lib
Federal Programs: Pwogram Federal
Federal Reserve: Rezèv Federal (1913)

Federal Reserve System: Sistèm Rezèv Federal

Federal Trade Commission (FTC): Komisyon Echanj Federal (1914)

federalism: *n*. federalis

federalist: *n*. federalis

Federalist Party: Pati Federalis

federation: *n*. federasyon

fee: *n*. dwa (ladwann), frè (depans), kotizasyon

feeble: *a*. fèb, san kouraj

feed: *n*.1. manje, nouriti; 2. *v*. nouri, bay manje

feedback: *n*. fidbak, repons, reyaksyon, enfòmasyon, opinyon lòt moun sou yon sijè

feeding system: sistèm nitrisyon

feel: *v*. santi; touche, manyen

feel free: pa ezite, santi ou lib pou fè kichòy

feel like: anvi

feeling: *n*. santiman, konsyans

feign: *v*. fente, pran pòz

feint: 1. *n*. kab (in sport); 2. *v*. kabre

fellow: *a*. nèg, bonòm, kondisip

fellowman: *n*. sanblab

felon: *n*. kriminèl

felony: *n*. krim grav, zak ki mande plis pase yon lane nan prizon

female: 1. *a*. femèl; 2. *n*. fanm, fi

female hormone: òmòn femèl (tankou pwojestewòn, etwojèn)

female reproductive system: sistèm repwodiksyon femèl

feminine: *a*. feminen

feminist movement: mouvman feminis

femur: *n*. zo kuis, zo femi

fence: *n*. baryè, lantouray, kloti

fend: *v*. degaje, debouye

fender: *n*. defans, zèl defans oto

ferment: *v*. fèmante

fermentation: *n*. fèmantasyon

fern: *n*. foujè (plant)

ferocious: *a*. mechan, fewòs

feromagnesion silicate: silikat fè ak mayezyòm

fertile: *a*. donnen, fètil

fertility: *n*. fètilite

fertilization: *n*. fètilizasyon

fertilizer: *n*. angrè

fetal damage: domaje depi nan vant

fetch: *v*. ale chèche

fetichism: *n*. fetichis

fetish: *n*. wanga; cham; talismann, fetich

fetus: *n*. fetis, tibebe nan vant anvan twa mwa gwosès

feud: *n*. yingyang; diskisyon, chen-manje-chen

feudalism: *n*. feyodalis

fever: *n*. lafyèv

few: 1. *a*. kèk; 2. *pron*. kèk

fiancé: *n*. fiyanse

fiat money: monè fidisyè (lajan papye)
fib: 1. *n.* manti; 2. *v.* bay
fiber: *n.* fib
fiberglass: *n.* fibdevè
fibroids: *n.* fibwòm
fibroma: *n.* fibwòm
fibula: *n.* pewone (zo)
fiction: *n.* imajinasyon, fiksyon
fiddle: *v.* jwe ak
fidget: *v.* pyafe; mouvmante kò
fiefdom: *n.* fyèf
field: *n.* domèn; pwofesyon; metye; branch; teren, jaden
field day: jou konpetisyon espòtif, jou espò
field office: branch
field studies: etid pratik, eksperyans nan yon domèn
fierce: *a.* fewòs, terib
fifteen: *a.* kenz
fifteenth: *a.* kenzyèm
fifth: *a.* senkyèm
fifth grade: mwayen en, senkyèm ane
fiftieth: *a.* senkantyèm
fifty: *a.* senkant
fig: *n.* fig Frans
fig tree: figye
fight: 1. goumen, batay, lit; 2. *v.* goumen, batay, lite
figure: 1. *n.* figi. aparans, fòm kò; 2. *v.* sipoze
filament: *n.* filaman
file (fingernails): *v.* limen

file: 1. *n.* dosye, dokiman; 2. *v.* prezante; (complaint) pote plent, klase dokiman
filibuster: *n.* dilatwa
filing fee: frè (pou fè papye yon) dosye
fill: *v.* ranpli; konble; plen
fill in: *v.* mete okouran, enfòme
fillet: *n.* filè vyann
filling: *n.* ranplisaj, plonbaj
film: *n.* fim, sinema
filter: *n.* filt
filter paper: papye filt
filth: *n.* malpwòpte; fatra; salte
filthy: *a.* sal, trè sal
filtration: *n.* filtrasyon
fin: *n.* najwa (pwason)
final: *a.* final
final exams: egzamen final
final grade: dènye nòt, nòt final, kanè
final injunction: entèdiksyon final
finally: *adv.* anfen, alafen, alèkile, finalman
finance: *n.* finans
finance charge: chaj finansyè
finance company: sosyete finansman
financial aid: èd ekonomik, èd finansye
financial difficulties: anbarasman; razè; pwoblèm finansye

financial management:
kontwòl bidjè, jesyon bidjè
financial responsibility: jere
lajan daprè règleman
financing: *n.* finansman
find: *v.* jwenn; twouve
find it difficult to: mal pou
find out: *v.* rann kont, aprann,
chèche konnen
finding: *n.* rezilta, konklizyon,
dekouvèt
fine: 1. *n.* amann; penalite; 2. *a.*
anfòm, fen; 3. *adv.* byen
fine arts: atizay, bèlte atistik
fine lines: liy fen, lèt fen, difisil
pou separe
fine motors skills: kapasite pou
kouwòdone mouvman (oswa
jès) ki delika
finger: *n.* dwèt
fingernail: *n.* zong; zong dwèt
fingernail polish: kitèks
fingerprint: *n.* anprent; anprent
dijital
fingertip: *n.* pwent dwèt
finicky: *a.* difisil, ki gen kapris
finish: *v.* fini
finite set: ansanm fini
fire: 1. *n.* dife, ensandi; 2. *v.*
revoke; kase; mete atè
fire rescue: oksilyè ponpye,
sekouris
firearms: *n.* zam; revolvè
firecracker: *n.* peta; klorat
fireman: *n.* ponpye

fireside: bò dife
fireworks: *n.* fe datifis
firm: 1. *a.* fèm; di; solid; 2. *n.*
antrepriz, konpayi
firmness: *n.* fèmte
first: 1. *a.* premye; 2. *adv.* an
premye; toudabò
first aid: premye swen
first degree: premye degre
first grade: preparatwa en,
premye ane
first quarter: premye katye
[lalin]
First Continental Congress:
Premye Kongrè Kontinantal
(1774)
first-rate: *a.* ki pote premye pri
fiscal policy: politik fiskal,
politik bidjetè
fiscal year: ane fiskal
fish: 1. *n.* pwason. 2. *v.* peche
fish net: privye; filè pwason
fish soup: bouyon pechè; soup
pwason
fish trap: nas
fishbone: *n.* arèt; zo pwason
fisherman: *n.* pechè
fishhook: *n.* zen
fishing: *n.* pèch; lapèch
fission: *n.* fisyon
fist: *n.* pwen
fit: 1. *a.* ki kapab; 2. *n.* kriz. 3.
v. byen chita, anfòm
fit closely (clothes): sentre, sere
fitness: *n.* fòm fizik

fitter (technician): *n.* montè; mekanisyen

five: *a.* senk, 5

five-year plan: plan kenkenal

fix: *v.* ranje, fikse

fix (predicament): *n.* tchouboum

fixation (cognition): *n.* movèz abitid (nan domèn sikoloji)

fixed: *a.* fiks, sere

fixed expenses: depans fiks

fixed rate of exchange: to chanj fiks

fjord: *n.* fyòd

flab: *n.* pannvant, gwo pans

flabbergasted: *a.* rete bèkèkè, ret sezi, san pale

flabby: *a.* flègèdèg, frèl, lage

flag: *n.* drapo

flag down: fè siy; fè siy pou rete

flagpole: *n.* ma drapo

flair: *n.* talan; entuisyon

flamboyant: 1. *a.* ki gen anpil koulè, eksantrik; 2. *n.* flanbwayan

flame: *n.* flanm

flamingo: *n.* flanman (zwazo)

flammable: *a.* ki ka pran dife fasil, flamab

flap: *v.* bat (wing flap) balanse, souke

flash: 1. *n.* zèklè, flash; 2. *v.* parèt brid-sou-kou; klere

flash bulb: flach

flash flood: inondasyon, ki rive rapidman

flashing red light: limyè wouj k ap kliyote, flache

flashlight: *n.* flash

flask: *n.* flakon, flask, boutèy

flat: *a.* plat. 2. *adv.* kareman; 3. *n.* apatman

flat footed: pye plat

flat tire: kawotchou plat, degonfle, pàn kawotchou

flatten: *v.* plati; aplani; vin plat

flatterer: *n.* flatè

flatulence: *n.* gaz; vant gonfle ak gaz

flatworm: *n.* vè solitè

flavor: *n.* gou

flaw: *n.* defo

flay: *v.* rate

flea: *n.* pis, pinèz

flea market: timache, mache ki vann machandiz dezyèm men

flee: *v.* kouri; bwaze; sove; pran lafuit; vole gagè

flesh: *n.* chè, vyann

flex: *a.* fleksib

flexibility: *n.* fleksibilite

flexible exchange rates: to chanj fleksib

flexitime: *n.* orè fleksib

flicker: *v.* bay ti eklè

flight: *n.* vòl (avyon, zwazo)

flimsy: *a.* ki pa solid

flinch: *v.* flechi, tresayi

fling: *v.* lanse; pimpe, voye jete

flip: *v.* baskile
flirt: *v.* koze; file; fè flè
float: *v.* flote; plane
floating teacher: pwofesè derezèv
flock: *n.* twoupo, twoup, bann
flood: 1. *n.* inondasyon; 2. *v.* anvayi, inonde
flooding: *n.* inondasyon
floodplain: plèn alivyal
floor: *n.* etaj, planche
floor leader: lidè palman
floor mats: tapi
floor the accelerator: peze akseleratè a nèt, ra planche
flop: 1. *n.* echèk; 2. *v.* lage kò
flora: *n.* plant (sa ki vivan men ki pa bèt epi ki pa deplase); flò
flounce: *n.* volan rad
flour: *n.* farin
flourish: *v.* fleri
flow: *v.* koule, avanse
flower: 1. *n.* flè; 2. *v.* fleri
flowering plant: plant ki fè flè
flu: *n.* grip viris, grip sezon
fluctuate: *v.* chanje; enstab
fluency: *n.* fasilite
fluent: *a.* kouran, fò nan pale
fluid: 1. *a.* likid, fliyid; 2. *n.* likid
fluid ounce (fl oz): ons likid
fluke: *n.* chans; vè parazit nan vant
flunk: *v.* koule; pa pase egzamen; echwe

fluorescent: *a.* fliyoresan
flush: 1. *v.* chase, vide, koule; 2. *a.* aliyen
flute: *n.* flit (pou jwe mizik)
fly: 1. *n.* mouch; bragèt pantalon; 2. *v.* vole
flyer: *n.* feyè piblisite
foam: 1. *n.* kim eponj; 2. *v.* kimen
focal length: distans fokal
focal point: pwen fokal (optik), fwaye
focus: *n.* sant, mitan, nannan, nwayo, kè, fwaye
focus: *v.* konsantre, mete anpil aksan, santre, fikse, vize
foe: *n.* lenmi
fog: 1. *n.* bouya. 2. *v.* bay vapè
fog lights: limyè anti bwouya
foggy: *adv.* chaje ak bouya
fold: 1. *n.* pli; 2. *v.* pliye; plwaye; vlope
folder: *n.* katab
foley catheter: tib fleksib ki sèvi pou kondi pipi soti depi nan vesi (blad pipi) ale deyò
folk medecine: medsin fèy
folklore: *n.* fòlklò
folks: *n.* paran, lafanmi
folktales: *n.* kont popilè, istwa
follow: *v.* suiv, swiv
follow-up: *n.* suivi, swit, kontinyasyon
fond: *v.* apresye

fontanelle: *n.* fontenn tèt, fontanèl
food: *n.* manje, nouriti
food chain: chèn alimantè
food group: gwoup manje
food processor: machin ki moulen manje
food services: sèvis nitrisyon, sèvis alimantasyon, kafeterya
food stamps: koupon leta pou achte manje
food tote: kantin; veso pou transpòte manje
food warmer: machin ki chofe manje
fool: 1. *a.* enbesil; jebede; gaga; egare; bòbòy; 2. *v.* twonpe
fool around: *v.* brigande, amize
foolishness: *n.* sotiz
foot: 1. *n.* pye; 2. *adv.* (on foot) apye
foot massager: aparèy ki bay pye masaj
footprint: *n.* makpye
for: 1. *prep.* pou; 2. *conj.* paske, poutèt, akòz
for example: pa egzanp
for life: *adv.* avi
forbid: *v.* defann, pa gen dwa
force: *n.* fòs. 2.*v.* fòse
forcep: *n.* fosèt, klanp
forcible rape: vyòl, kadejak
forcibly entry: rantre pa fòs
forearm: *n.* avanbra

forecast: *v.* anonse davans, prevwa
foreclosure: *n.* sezi, poze sele
foregoing: *a.* anvan sa, deja site
forehead: *n.* fwon; zo fwon
foreign: *a.* etranje, etranjè
foreign affairs: afè eksteryè
foreign affiliates: filyal etranje
foreign aid: èd etranjè, èd eksteryè
foreign exchange markets: mache chanj
foreign policy: politik etranjè, politik eksteryè
foreigner: *n.* etranje
foreman: *n.* bòs, fòmann
forensic medicine: medsin legal
forensic psychiatry: sikyatri legal
foresee: *v.* prevwa; anvizaje
forest: *n.* forè; bwa, rak bwa
forever: *adv.* ajamè
forfeit: *v.* renonse, bay legen
forfeiture: *n.* poze sele sou yon bagay
forge: *n.* fòj
forgery: *n.* fo dokiman
forget: *v.* bliye
forgetful person: bliyadò, ki bliye fasil
forgive: *v.* padone; fè pa
fork: 1. *n.* fouchèt; 2. *v.* ranmase
forked branch: kwòk
forklift: *n.* traktè pou leve chaj

form: 1. *n.* fòm, dokiman; 2. *v.* fòme

formal mediation: seyans pou rezoud konfli

formality: *n.* pwotokòl, fòmalite

former: *a.* ansyen

formerly, long ago: *adv.* lontan

formidable: *a.* estrawòdinè, fòmidab

formula: *n.* fòmil, lèt anpoud (pou tibebe ki fèk fèt); fòmil (syans)

forsake: *v.* (moun ki) lage, abandone

fort: *n.* fò

forth: *adv.* annavan. 2. (back and forth) alevini

fortieth: *a.* karantyèm

fortify: *v.* fòtifye

fortunate: *a.* gen chans, byen tonbe

fortunately: *adv.* erèzman

fortune: *n.* avwa, fòtin, richès

forty: *a.* karant

forward: 1. *a.* devan, anvan; 2. *v.* avanse

fossil: *n.* fosil, zosman ansyen

fossil fuels: konbistib fosil

fossil water: dlo fosil

foster: *v.* adopte, fè levasyon, elve

foster homes: fwaye adopsyon, pansyon timoun

foul: 1. *a.* ki gen kras; polye; 2. *v.* polye, enfekte

foul odor: movèz odè

foundation: *n.* fondasyon; fondman legal

fountain: *n.* fontenn

fountain pen: plim a rezèvwa

four: *a.* kat, 4

four legged: *a.* kwadripèd, ki gen kat pye

four way stop: siy sikilasyon nan chak kwen ki endike pou tout machin kanpe anvan yo travèse lari

Four Freedoms: Kat Libète (relijyon, lapawòl, laprès, òganizasyon)

fourteen: *a.* katòz, 14

Fourteen Points: Plan katòz pwen (1918)

fourteenth: *a.* katòzyèm

Fourteenth Amendment: Katòzyèm Amannman (1866)

fourth: *n.* 1. ka (fraksyon). 2. katriyèm (pozisyon)

fowl: *n.* bèt volay

fox: *n.* rena

fraction: *n.* fraksyon

fractional reserve banking: operasyon bankè rezèv pasyèl

fracture: *n.* frakti, zo kase. 2. *v.* fraktire

fragile: *a.* frajil

fragments (tiny pieces): *n.* miyèt; moso

fragrance: *n.* sant, pafen; bonnodè

frail: *a.* fèb; frèl; mens; frajil

frame: 1. *n.* ankadreman; 2. *v.* ankadre

frame of reference: pèspektiv mantal

framework: *n.* amati, chapant

framing (for concrete work): *n.* kofray; echafo; ankadreman

France: *n.* Lafrans; Frans

franchise: *n.* franchiz, dwa pou moun vote; pèmisyon pou pa peye taks

frank: *a.* fran; sensè; kare

frankly: *prep.* anverite; franchman

frantic: *a.* okipe anpil, prèt pou fou

fraternal twins: marasa ki pa sanble

fraud: *n.* fwod; move zafè

frazzle: *v.* kraze, erente

freckle: *n.* takte

free: 1. *a.* gratis, lib; 2. *v.* libere, lage (nan prizon)

free coinage: pyès lib

free competition: konkirans lib

free enterprise: lib antrpriz

free enterprise system: sistem lib antrepriz

free market: mache lib

free on bail: libète sou garanti

free port: pò lib

free trade: echanj lib ant peyi

freedom: *n.* libète

freedom of expression: libète lapawòl

freedom of religion: libète relijyon

freedom of the press: libète laprès

freedom to assemble: libète pou fè rasanbleman

Freedom Rides: Mouvman Libète (1961)

freely: *adv.* alèz, an tout libète

freemason: *n.* fran-mason

freemasonry: *n.* fran-masonnri

Freeport Doctrine: Doktin Libète (1858)

freeze: 1. *a.* glase, konjele; 2. *v.* jele

freezer: *n.* frizè, konjelatè

freezing point: pwen konjelasyon

freight: *n.* machandiz

French: *n.* Franse

French Revolution: Revolisyon Fransè

frenzy: *n.* eksitasyon, chofe

frequency: *n.* frekans

frequency distribution: distribisyon frekans

frequent: 1. *a.* ki rive souvan; 2. *v.* frekante

fresh: *a.* fre

fresh air: frechè; van; bonjan van

fresh water: dlo dous

fret: *v.* bat kò
friction: *n.* friksyon, fwotman
Friday: *n.* Vandredi
fridge: *n.* frijidè
fried foods: manje fri, fritay
fried seasoned pork: griyo, vyann kochon fri
friend: *n.* zanmi; frekantasyon
friendship: *n.* zanmitay; lamitye
frigate: *n.* fregat
fright: *n.* pè, laperèz
frighten: *v.* fawouche
fringe: *n.* franj
fringe benefit: koutay
fritter: *n.* benyen, marinad, akra, manje fri
frog: *n.* krapo, grenouy
from (beginning): *prep.* apati de
front: 1. *a.* devan; anvan; 2. *n.* fwon
frontal bone: zo fwon
frontal lobes: lòb fwontal (nan sèvo)
frontal lobotomy: lobotomi fwontal (operasyon pou wete moso nan pati sou devan sèvèl yon moun)
frontier: *n.* fwontyè
frost: *n.* glas, jiv
frown: *v.* gwonde, mare min
frozen: *a.* konjele
frugal: *a.* ki manje fwi
fruit: *n.* fwi

frustration: *n.* desepsyon, dekourajman, fristrasyon
fry: *v.* fri
frying pan electric: chodyè elektrik pou fri manje
fuel: *n.* gaz, bwa [pou boule]
fuel injection: enjeksyon gazolin
fugitive: *a.* fijitif, mawon, ki nan kache
Fugitive Slave Law: Lwa sou Mawonaj Esklav
fulcrum: *n.* pwen dapui [levye]
fulfill: *v.* reyalize
full: 1. *a.* plen; 2. *adv.* anboulin; byen pwòp
full employment: plen anplwa
full moon: lalin plenn, plenn lin
fullback: *adv.* aryè (pozisyon nan foutbòl)
fully: *adv.* konplètman, nèt
fume: *n.* gaz, lafimen, vapè, odè
fumigate: *v.* flite, fimige, mete ensektisid
fun: 1. *a.* amizan; 2. *n.* amizman, plezi
function: 1. *n.* fonksyon, wòl, misyon; 2. *v.* mache, fonksyone
functional solution: solisyon pratik
functionalism: *n.* fonksyonalis
fund: 1. fon, lajan; 2. *v.* finanse, bay fon, bay lajan
fundamental: *a.* fondamental

fundamentalism: *n.* fondamantalis

funeral: *n.* lantèman, fineray

funeral expenses: depans pou antèman

fungus: *n.* fonji, mwazi; mikwòb, chanpiyon

funnel: *n.* antonnwa

funny: *a.* rizib; komik

funny stories: odyans; blag

fur: *n.* pwal bèt, po bèt, fouri

furious: *a.* dechennen; fache, firye

furnish: *v.* meble

furniture: *n.* mèb

further: *adv.* pilwen

furthermore: *adv.* anplis, epitou

fuse: *n.* fizib

fusion: *n.* fizyon

fuss: 1. *n.* gwo bri san aksyon. 2. *v.* joure, plenyen

fussy: *a.* rechiya; difisil

futile: *a.* nil, jefò initil

futon: *n.* fouton (kabann)

future: *n.* avni; (in the future = alavni; pwochènman)

FYI (For Your Information): pou enfòmasyon ou

G

g (gram): *n.* gram

Gadsden Purchase: Acha Gadsden (1853)

gag: *v.* toufe

gaiety: *n.* gete; kè kontan, jwa, lajwa

gain: 1. *n.* gen, diplis, benefis; 2. *v.* genyen, jwenn, pote viktwa

gait: *n.* mach

gal (gallon): *n.* galon

galaxy: *n.* galaksi

gale: *n.* gwo van

gallbladder: *n.* blad bil, sak bil, vezikil bilyè; sak fyèl

gallop: *v.* galope

galvanometer: *n.* galvanomèt

gamble: 1. *n.* jwèt aza; 2. *v.* jwe aza, riske

gambler: *n.* azaryen; jwè aza

gambling: *n.* aza

game: *n.* jwèt; pati; (animal) jibye; zwazo; bèt volay

gamma rays: reyon Gama (radyo-aktivite)

gang: *n.* klik; gwoup; gang

ganglion: *n.* glann, gangliyon

gangrene: *n.* gangrenn

gangue: *n.* gang

gap: *n.* espas, fant

garage: *n.* garaj; remiz

garage door opener: aparèy elektrik pou louvri pòt garaj

garbage: *n.* fatra

garbage disposal: aparèy ki moulen rès manje oswa fatra
garden: *n.* jaden, patè
gardner: *n.* jadinye
gargle: *v.* gagari
garlic: *n.* lay
garment: *n.* abiman, rad
gas: *n.* gaz
gas station: *n.* ponp gazolin; estasyon gazolin
gaseous: *a.* gaz; fòm gaz
gasoline: *n.* gazolin
gasp: *v.* sifoke, toufe
gassy: *a.* gen anpil gaz
gastric lavage: ponpe lestomak
gate: *n.* pòtay, baryè
gatehouse: *n.* baryè
gather: *v.* sanble, ranmase
gathering: *n.* rasanbleman
GATT: Akò Jeneral sou Tarif ak Komès
gauchos: gawoucho
gaudy: *a.* abiye dyan-dyan
gauge: *n.* zouti pou mezire
gavel: *n.* masi
gay: 1. *a.* ge; kontan. 2. *n.* masisi
gaze: 1. *n.* rega; 2. *v.* gade dwat nan je; fikse, kontanple
gear: *n.* angrenaj, levye pou chanje vitès
gearshift: *n.* levye, chanjman vitès
gem: *n.* pyè presye (tankou dyaman emewod)

gender: *n.* idantite seksyèl (maskilen, feminen)
gender bias: prejije sou baz idantite seksyèl
gender identity: idantite seksyèl
gene: *n.* jèn
general: *a.* jeneral
General Agreement on Tariffs and Trade (GATT): Akò Jeneral sou Tarif ak Komès
General Amnesty Act of 1872: Lwa Amnesti General 1872
General Assembly: Asanble jeneral
generalization: *n.* jeneralizasyon
generally: *adv.* anjeneral, jeneralman
generate: *v.* jenere, pwodui
generation: *n.* jenerasyon
generation gap: eka ant de jenerasyon
generator: *n.* jeneratè
generic brand: mak jenerik
generosity: *n.* jenewozite, jantiyès
generous: *a.* renmen bay, kè nan men, (ki) pa chich, (ki) pa kras
genes: *n.* jèn, pati nan kwomozom, anndan nwayo selil ki gen enfòmasyon jenetik
genetic abnormality: defòmasyon jenetik

geneticist: *n.* jenetisyen
genetics: *n.* jenetik
Geneva Accords: Akò Jenèv
(1954)
genitalia: *n.* sèks, ògàn sèks
genitals: *n.* pati sèks
genocide: *n.* jenosid
gentle: *a.* janti, soup, afab
gently: *adv.* dousman
genuine: *a.* otantik
geocentric: *a.* jewosantrik
geographic factors: faktè
jewografik
geography: *n.* jewografi
geologic map: kat jeyolojik
geologic timetable: kwonoloji
jewolojik
geologist: *n.* jeyològ
geology: *n.* jeyoloji
geometry: *n.* jeyometri
geothermal: *a.* jeyotèmal [ki
soti nan fon tè]
geothermal energy: enèji
jewotèmik
germ: *n.* jèm, mikwòb
german shepard: bèje alman
(chyen)
German: 1. *a.* alman; 2. *n.*
Alman
germinate: *v.* jèmen; pouse
germination: *n.* jèminasyon
gerontologist: *n.* jewontològ
gestation: *n.* peryòd tibebe a fè
nan vant manman l, plenn,
ansent

gesture: *n.* jès
get: *v.* jwenn, resevwa, gen,
pran
get a breath of fresh air: pran
van; respire yon ti moman
get along: kenbe; antann;
kolabore
get angry: *v.* pran chenn; fè
move san, tache
get back: rantre
get down: bese
get even with: regle
get irritated: *v.* fache, irite
get lost (leave): *v.* bay talon;
òltègèt, ale
get married: marye
get out of the way: rale kò
get ready: prepare, pare;
ranmase
get rid of: fè disparèt, revoke,
balote
get up: *v.* leve
Gettysburg: *n.* Getisbèg
Gettysburg Address: Adrès
Gettyburg (1863)
Geyger Counter: Kontè Gaygè
(pou mezire radyo-aktivite)
geyser: *n.* gayzè
ghetto: *n.* geto
ghost: *n.* fantòm, zonbi
Ghost Dance: Dans Fantom
GI Bill of Rights: Dekarasyon
dwa GI (1944)

GI tube: tib lezofaj (pou met manje direkteman nan lestomak), tib gastwo entestinal

giant: *n.* jeyan

Gibbons v Ogden: *Gibbons kont Ogden* (1824)

giddy: *a.* gen vètij, kè kontan

gift: *n.* kado, don

gift tax: taks sou kado

gifted: *a.* ki gen talan

giftedness: don, entelijans

giga (G) 1,000,000,000 [10E9]: jiga, 10^9

giggle: *v.* ri; griyen dan, kontan

gigolo: *n.* tchoul

gill: *n.* najwa

gimmick: *n.* trik

gin: *n.* djin (bwason alkòl)

ginger: *n.* jenjanm

gingerbread: *n.* bonbon ki fèt ak jenjanm, farin, kanèl, estil achitekti an bwa

giraffe: *n.* jiraf

girdle: *n.* genn (gèn)

girl: *n.* madmwazèl; manzè; manmzèl; tifi

girlfriend: *n.* boubout; mennaj

give: *v.* bay, ban, ba

give a death rattle: rakle; bat lakanpany; lagonni

give a lot: plen bòl, bay anpil

give birth: *v.* akouche

give in: *v.* batba; bay legen

give one's arm to: bay lebra

give oneself to: adonnen

give out of charity: charite

give the right of way: *v.* sede pasaj; bay lòt machin pase

give up: *v.* bay legen; lage, abandone

given: *prep.* etandone

gizzard: *n.* zizye

glacier: *n.* glasye, gwo block glas

glad: *a.* kontan

glance: *n.* voye yon koutje; gade

gland: *n.* glann, boul; (adrenal glands) glann sirenal

glare: *n.* ekla limyè

glasnost: *n.* glasnòs

glass: *n.* vit, vè

glass cabinet: vitrin

glasses: *n.* vè; linet

glazier: *n.* vitrye

gleam: 1. *n.* glas, miwa, reyon (limyè), reflè; 2. *v.* miwate, briye

glide: *v.* glise

glimpse: 1. *n.* koudèy; apèsi; jòf; demonstrasyon; 2. *v.* apèsi, bay jòf

glitter: *n.* ekla

global business and entrepreneurship: komès ak envestisman global

global economy: ekonomi global

global history: istwa jeneral

global integration: entegrasyon mondyal

global market: mache global

global migration: migrasyon global

global trade: echanj global

global village: vilaj global

global warming: rechofman global

globalization: *n.* globalizasyon

globe: *n.* glòb terès

gloom: *n.* tenèb, difikilte

Glorious Revolution: Revolisyon Glorye (1688)

glory: *n.* laglwa

glove: *n.* gan

glove compartment: kote nan oto pou mete gan ak dokiman

glow: *v.* klere, briye

glucose: *n.* glikoz, sik

glue: 1. *n.* gonm; lakòl. *n.* 2. *v.* kole

glum: *a.* tris, kagou, fennen

glutton: *n.* aloufa, saf, gouman

gluttonous: *a.* saf, gouman, aloufa; visye

gluttony: *n.* afreman; safte

glyph: *n.* glif

gnat: *n.* bigay; moustik

gnaw: *v.* wonyen

go: *v.* ale, kòmanse, derape

go after: *v.* liyen, pouswiv

go around the block: fè tou blòk la; virewon

go back and forth: *v.* montedesann; viretounen; alevini

go bankrupt: *v.* fè fayit

go down: *v.* bese, desann

go for a spin: fè yon ti tou; yon ti pwomnad; yon ti flann

go in: antre

go out: sòti

go to bed: ale kouche

go to prison: pran prizon, ale nan prizon

go to the bathroom: ale nan twalèt

go up: monte

goal: *n.* anbisyon, objektif; gòl (espò), kan

goal area (soccer): kan; gòl

goalie: *n.* gadyennbi

goat: *n.* kabrit

gobble: *v.* bafle

god: *n.* dye

God: *n.* Bondye; Granmèt; Letènèl

God willing: Si Dye vle

godchild, godson, goddaughter: *n.* fiyèl

godfather: *n.* parenn

godmother: *n.* marenn; nennenn

goiter: *n.* gwat

gold (au): *n.* lò

gold standard: etalon lò. Pratik ki bay bon rezilta

golden: *a.* annò, lò soufle

goldsmith: *n.* òfèv
Gonaives: Gonayiv
gone (go): *v.* te ale, te fini, te pase
gonorrhea: *n.* gonore, ekoulman, chodpis, grann chalè
good: 1. *a.* bon; abil; fò; 2. *n.* byen, bon bagay
good: *n.* byen, machandiz; danre
good afternoon, good evening, goodnight: *interj.* bonswa
good care: swenyay
good deal: avantay bab ak moustach
good deed: *n.* zèv
good faith: de bònfwa; ak bònfwa
good grief!: mezanmi
good intentions: bònfwa
good neighbor policy: politik bon vwazinaj (ant peyi)
Good Friday: Vandredi Sen
goodby: *interj.* orevwa!
goodfornothing: voryen; sanzave; vakabon, malandren
goods and services: byen ak sèvis
goof: *v.* fè erè
goof off: *v.* titile, ranse
goofy: *a.* egare
goose: *n.* zwa
gore (clothing): *n.* lèz
gorge: *n.* gòj (gouf)
Gospel: *n.* Levanjil

gossip: *n.* zen; tripotay; teledyòl
gossipy: *n.* jouda, tripòt
gothic: *a.* gotik
gourde: *n.* goud
govern: *v.* gouvènen; dirije; · kòmande
government: *n.* gouvèman; leta
governmental: *a.* gouvènmantal
governor: *n.* gouvènè
gown: *n.* karako; wòb; wòb-de-chanm
grab: *v.* pran pa fòs; sezi; atrap
grace: *n.* lagras
grade: 1. *n.* nòt; nivo; 2. *v.* evalye, nivle
grade level: nivo klas
grading policy: sistèm jan yo bay nòt
graduate: *v.* diplome; gradye
graduate program: pwogram avanse
graduate school: ekòl gradye
graduated cylinder: silenn gradye
graduated income tax: enpo sou revni pwogresif
graduated payment mortgages (GPMs): peyman lwaye k ap ogmante regilyèman
grain: *n.* grenn
gram (g): *n.* gram
grammar: *n.* gramè
granadilla: *n.* grenadin
grand: *a.* gwo zafè, estrawòdinè, wololoy, gran

grand jury: gran jiri
grand larceny: gwo vòl
grandchild: *n.* pitit-pitit
grandeur: *n.* grandè
grandfather: *n.* granpapa
(granpè)
grandfather clauses: kloz
granpè (konsève dwa ou te
genyen anvan yo vote yon
nouvo lwa)
grandmother: *n.* grann
(granmè)
granit: *n.* granit
grant: *n.* don, lajan, sibvansyon
grant a stay: (legal) bay yon
delè; akòde yon delè
grants-in-aid: sibvansyon
grape: *n.* rezen
grapefruit: *n.* panplemous,
chadèk
graph: *n.* graf, reprezantasyon
grafik, dyagram
graph paper: papye kadriye
graphite: *n.* grafit
graphology: *n.* grafoloji
grasp: *v.* atrap, sezi, ponyen
grasping reflex: reflèks pou
grape oswa kenbe
grass: *n.* gazon, zèb
grass roots campaign: kanpay
alabaz (nan pèp la), ki
koumanse depi anba
grasshopper: *n.* krikèt,
chwalbwa
grassland: *n.* savann

grassroot: *n.* mouvman popilè
grate: *v.* graje
grater: *n.* graj
gratitude: *n.* rekonesans
gratuity: *n.* gratifikasyon;
rekonpans; bonnis
grave: 1. *a.* grav; 2. *n.* tonm, fòs
gravedigger: *n.* fòseyè
gravel: *n.* gravwa; gravye
gravity: *n.* pezantè, gravite
gravy: *n.* sòs
gray: *a.* gri
gray matter: matyègriz (pati
nan sèvo)
graze: *v.* bwoute, manje zèb
grease: 1. *n.* grès, luil; 2. *v.*
grese
greased pole: maswife
great: *a.* gran, gwo
great grandmother: gran grann
Great Awakening: Gran Revèy
Great Compromise: gwo
konpwomi (1787)
Great Depression: Gwo
depresyon
Great Migration: Gran
Migrasyon
Great Society: Gran Sosyete
greater than: pi gran pase
greatest common factor: pi
gran faktè komen
greedy: *a.* visye. akrèk, kras; ki
vle tout pou li; ava; gwo je;
vòlè, voras, gouman

green: *a.* vè, vèt; wòwòt (ki pa mi)
green beans: pwa tann
green pea: pwafrans
green pepper: piman dou (vèt)
green plant: plant vèt
green revolution: revolisyon vèt
greenback: *n.* lajan vèt ameriken
greenhouse: *n.* sè [kote ki fèt pou akimile chalè solèy]
greenhouse effect: efè tèmik (kapasite atmosfè terès la genyen pou l konsève chalè tè a ap degaje)
greens (vegetable): *n.* feyaj, fèy
greet: *v.* salye; di bonjou
grenade: *n.* grenad
grenadine: *n.* grenadin
griddle: *n.* platin, platin kasav
grievance: *n.* plent, rapò, reklamasyon
grill: *n.* griy
grilled: *a.* griye
grimace: *n.* grimas; fè grimas; fè tenten
grime: *n.* salte
grin: *v.* griyen dan, ri jòn
grind: *n.* moulen
grind one's teeth: manje dan
grinder: *n.* moulen
griot: *n.* griyo
grip: 1. *n.* priz; 2. *v.* kenbe fò

groan: *v.* jemi; kriye; plenn; rele
grocery: *n.* pwovizyon
groin: *n.* lenn
grooming: *n.* twalèt
groove: *n.* kannal
grope: *v.* tatonnen; manyen
gross domestic product (GDP): Pwodui Enteryè Bri
gross income: resèt brit
gross national product (GNP): pwodui nasyonal brit
gross negligence: neglijans serye
gross weight: pwa; pèz
grouchy: *a.* tyak
ground: 1. *n.* teren, tè, lakou, pwopriyete; 2. *v.* moulen
ground water: dlo anba tè, nap freyatik
group: 1. *n.* gwoup, pil, lo, pòsyon; 2. v. gwoupe
group cohesiveness: espri dekip, solidarite
group structure: estrikti yon gwoup, òganizasyon
grow: *v.* grandi; pouse
growl: *v.* gwonde
grown-up: *n.* granmoun, adilt
growth: *n.* devlopman
growth curve: koub kwasans
growth region: zòn kwasans
growth spurt: devlopman rapid nan kò jenn moun

grudge: *n.* rankin, mekontantman, plent
grumble: *v.* babye; bougonnen
grumpy: *a.* tyak
guarantee: *n.* garanti; asirans
guaranteed profit: garanti; benefis
guard: 1. *n.* gad, jandam; 2. *v.* gade, siveye
guardian: *n.* responsab, gadyen
guardian angel: lanj gadyen
guardian spirit (of a family): mistè
guava: *n.* gwayav
guerilla: *n.* geriya
guerilla warfare: lagè geriya
guess: *v.* devine, sipoze, imajine
guest: *n.* envite, vizitè
guide: *n.* gid
guidelines: *n.* règleman, kondisyon, eksplikasyon, modèl
guilty: *a.* koupab; antò
guilty plea: plede koupab
guinea fowl: pentad
guinea hen: pentad
guinea pig: kochondenn
guineps: *n.* kenèp
guitar: *n.* gita
gulf: *n.* gòlf
gulp: 1. *n.* gòje; 2. *v.* vale
gulp down: vale, gobe
gum: 1. *n.* jansiv, chiklèt; 2. *v.* gonmen
gun: *n.* revolvè

gunman: *n.* moun ki tire; ki gen zam nan men li
gunpowder: *n.* klorat, aminisyon
gurgle (sound): *n.* glòt
gurney: *n.* kad
gush: *v.* jikle
gust: *n.* rafal
gustation: *n.* sans goute, sans pou pran gou
guts: 1. *n.* (courage) kran; kouray; (intestine) trip, zantray
gutsy: *a.* brav, ki pa pè; ki gen kran
gutter: *n.* kanivo
guy: *n.* flannè, moun
guzzle: *v.* vale vit
gymnasium: *n.* jimnaz; sal egzèsis
gynecologist: *n.* jinekològ (doktè pou sistèm repwodiksyon fi)
gynecology: *n.* jinekoloji
gypsy: *n.* djipsi, moun ki deplase anpil

H

habit: *n.* abitid, manni
habitat: *n.* abita
habitual: *a.* regilye
habitual offender: moun ki gen plizyè dosye; moun ki fè anpil zak
habituation: *n.* abitye (ak)
haciendas: asyenda
hack: 1. *n.* koupi, antay; 2. *v.* chire, rache, taye
haggle: *n.* machande
hail: *n.* grèl, lagrèl
hair: *n.* cheve, pwal
hair band: bando
hair loss: pèdi cheve, chit
hair set: bigoudi
hairbrush: *n.* bwòstèt
haircut: fè tèt; koup cheve
hairdo: *n.* koutpeny
hairdresser: *n.* kwafè; kwafèz
hairy: *a.* ki gen plim
Haiti: *n.* Ayiti
Haitian: 1. *a.* ayisyen; 2. *n.* Ayisyen
Haitian Creole: Kreyòl Ayisyen
half: *n.* mwatye, demi (1/2)
half dollar: mwatye dola, senkant santim
half-way house: ladesant tanporè
halfdressed: *a.* mwatye abiye
halftime: *n.* mitan

hall: *n.* koridò; koulwa
hall of fame: kote pou onore moun, ki selèb
hallelujah!: *inter.* alelouya.
hallucination: *n.* alisinasyon, vizyon
hallucinogen: *n.* alisinojèn
hallway: *n.* koulwa
halo: *n.* alo
halt: *enterj.* kanpe; rete la
ham: *n.* janbon
hamburger: *n.* sandwich vyann-moulen, anbègè
hammer: *n.* mato
hand (assistance): *n.* kout men; èd
hand: 1. *n.* men; plamen; pat, rejim; 2. *v.* remèt; mete nan men
hand: *n.* pat; rejim.
hand washing: lave men
handbag: *n.* valiz; sakamen
handbook: *n.* mànyèl enfòmasyon
handcuff: 1. *n.* menòt; 2. *v.* menote
handful: *n.* ponyen
handgun: *n.* revòlvè
handicap: *n.* andikap, domaj, enfimite
handicapped: *a.* andikape, domaje, enfim
handkerchief: *n.* mouchwa (pòch)

handle: 1. *n.* lans; manch; 2. *v.* manyen, touche, okipe, brase, souke, sekwe, manipile, okipe, regle
handle with care: pran prekosyon, frajil
handle with gloves: mete gan (lè w ap fè travay sa a)
handlebars: *n.* gidon
handmade: *a.* ki fèt alamen
hands-on experience: eksperyans pratik
handsaw: *n.* goyin; si-a-men
handshake: *n.* lanmen
handsome: *a.* bèl
handwriting: *n.* ekriti (alamen)
handwriting expert: espesyalis nan rekonèt ekriti
handy: *a.* itil, ki aksebib, ki sou la men
hang: *v.* jouke; pandye, kwoke; pann
hang out: *v.* flannen
hang up: *v.* kwoke
hangar: *n.* anga, garaj; remiz
hanger: *n.* sèso
hangover: *a.* an mal makak
happen: *v.* pase, rive
happy: *a.* kontan
harass: *v.* talonnen; siveye; anmède, rann san souf; lage nan degonn
harassment: *n.* zigonnay, anmèdman, pèsekisyon, arasman

harbor: *n.* pò, waf
hard: *a.* di; rèd
hard candy: *n.* sirèt
hard drive: espas memwa konpitè
hard of hearing: tande di
hard water: dlo di (dlo ki gen konsantrasyon potasyòm, kalsyòm ak magnezyòm ki elve)
hard-working: *a.* ki travay anpil; ki travay di; travayan
harden: *a.* vin di, di
hardhat: *n.* kas
hardly: *adv.* apenn
hardness: *n.* fèmte
hardship: *n.* difikilte
hardship waiver: eksepsyon ki fèt pou sikonstans espesyal
hardy personality: pèsonalite fò, karaktè fyè, pèsonalite ki gen anpil fyète.
Harlem Renaissance: Renesans Harlem (peryòd pwodiksyon kiltirèl entans pami Ameriken Nwa ki te rete Harlem)
harm: *v.* maltrete
harmful: *a.* ki gen danje
harmful error: erè san eskiz; erè grav
harmless: *a.* san danje
harmonic law: lwa amonik (domèn fizik)
harmonica: *n.* amonika
harmonium: *n.* amonyòm

harness: 1. *n.* lekipay; sèl; 2. *v.* sele
harp: *n.* ap (enstriman mizik)
harsh: *a.* mabyal; tchak
Hartford Convention: Konvansyon Hartford (1815)
harvest: 1. *n.* rekòt; 2. *v.* rekòlte
hassle: 1. *n.* anmèdman, nuizans; 2. *v.* anmède
haste: 1. *n.* anpresman; 2. *v.* prese
hat: *n.* chapo
hatch: *v.* kale [ze poul]
hate: 1. *n.* èn, rayisman, 2. *v.* rayi
hate crimes: krim kont moun ki diferan fizikman, (tankou nwa, juif, chinwa eltr.)
haughtily: adv. angranman
haughty: *a.* aristokrat, gran panpan
haul: *v.* bwote, chaje
haunted: *a.* ante
have: *v.* genyen; gen
have just: *v.* fèk; annik; sot
have to,: gen pou, fòk, dwe
haven: *n.* azil
hawk: *n.* malfini, fokon, grigri
hay: *n.* zèb
Hay-Bunau-Varilla Treaty: Trete Hay-Bunau-Varilla (1903)
Hay-Herran Treaty: Trete Hay-Herran (1903)
Haymarket Riot: Revòlt Haymarket (1886)

hazard: *n.* danje
hazardous: *a.* ki gen danje; danjere
he, him, her: *pron.* li
head: 1. *n.* tèt. 2. chèf, prezidan, reskonsab, direktè. 3. *v.* dirije
head (of a coin): fas; tonton
head bump (swelling): konkonm; douk; boul
head on collision: aksidan fasafas
head perimeter: mezi alantou tèt
head start: pwogram pou degoche timoun
headache: *n.* tèt fè mal; maltèt
headlights: *n.* gwo limyè machin
headquarter: *n.* katye jeneral, biwo santral
headright: *n.* konsesyon
headscarf: *n.* mouchwa (tèt), foula
headstart: *n.* gabèl
heal: *v.* geri
health: *n.* sante, lasante
health care: swen sante, swen medikal
health clinic: dispansè, klinik, sant sante
health fair: seyans pou bay swen sante gratis
health unit: sant sante, klinik, dispansè

healthy: *a.* gaya, bòn sante, ansante

heap: *n.* pil

hear: *v.* tande

hearing: *n.* sans tande; (legal) prezante devan tribinal; chita tande; odyans

hearing aid: aparèy pou ede moun tande pi byen

hearing-impaired: (ki) pa tande byen, soud, (ki gen) pwoblèm tande

hearsay: *n.* pawòl nan bouch; pawòl ou tande; pawòl yo di; rimè

hearsay evidence: prèv ki chita sou sa lòt moun di; rimè

heart: *n.* kè

heart attack: kriz kadyak; kriz kè

heart condition: pwoblèm kè, maladi kè

heart disease: maladi kè

heart of palm: *n.* chou palmis

heart pounding or racing: batman kè ki fò

heart trouble: maladi kè; pwoblèm kè

heart valves: vav kè ki kontwole pasaj san nan kè

heartbeat: *n.* batmann kè

heartburn: *n.* doulè lestomak; endijesyon, zegrè lestomak

hearthstones: *n.* wòch dife

hearts (cards): *n.* kè

heat: *n.* chalè; chofaj

heat rash: chofi, tife; bouton chalè

heater electric: chofay elektrik

heaven: *n.* syèl, paradi

heavily: *adv.* avèk difikilte, loudman

heavy: *a.* lou, peze

heavy heart: kè grenn; chagren

heavy industry: endistri lou

Hebrew: Ebre (Juif)

hectare: *n.* ekta (1 ekta 29 santya bay 1 kawo tè)

hecto (h) [10^2] 100: *n.* ekto

hedge: *n.* bòdi, lizyè

heed: *v.* fè atansyon; pran prekosyon

heel: *n.* talon

heel to toe: depi nan tèt jis nan zòtèy

hefty: *a.* manbre; gwo zo

hefty man: barak, potorik gason

height: *n.* tay; wotè

helicopter: *n.* elikoptè

heliocentric: *a.* elyosantrik (ki konsidere solèy la kòm sant)

helium (He): *n.* elyòm [gaz]

helium gas: gaz elyòm

hell: *n.* Lanfè; sitiyasyon difisil

Hellenistic: *a.* Elenik (an relasyon ak Grèk)

hello: *excl.* alo, bonjou

helmet: *n.* kas; chapo an metal, chapo ki pwoteje tèt

help: 1. *n.* èd, asistans; 2. *v.* ede
help!: interj. anmwe, anmwe-sekou
helpful: *a.* itil
hem: *n.* woulèt
hem in; hemmed in: *v.* sènen; kwense
hematemesis: *n.* vomi san
hematocytometer: *n.* ematositomèt (pou konte selil san)
hematoma: *n.* konkonm (san ki akimile yon kote ki gen yon blesi pa andedan); san kaye
hematuria: *n.* pipi san
hemisphere: *n.* emisfè (mwatye yon esfè)
hemoglobin: *n.* emoglobin (pwoteyin ki nan san ki transpòte oksijèn)
hemoptysis: *n.* touse san
hemorrhage: *n.* emoraji, pèdi san, senyen
hemorrhoids: *n.* emowoyid
hemstitch: *n.* jou bwodri; woulèt rad
hen: *n.* poul; maman poul
henceforth: *adv.* apatandejodi
hepatitis: *n.* epatit, lajonis
heptagon: *n.* eptagòn (figi jeyometrik ki gen sèt kote ak sèt ang)
herb: *n.* fèy, plant; epis
herbal bath: beny vapè

herbivore: *a.* èbivò, ki manje zèb
herdsman, shepherd: *n.* gadò; gadyen bèt; elvè; mawoule
here: *adv.* isit, men
here and there: *adv.* pasipala
here below (on earth): sou latè beni
here is, there is: *adv.* men; apa
hereby: *adv.* nan fòm sa a, nan papye sa a
heredity: *n.* eredite
herein: *n.* ki la a tou
hereof: (de) sa, (sou) sa
heretic: *n.* eretik (ki pa dakò ak prensip legliz)
hernia: *n.* èni
herpes: *n.* èpès, enfeksyon viris ki fè po moun fè glòb
herring: *n.* aran (pwason)
herself: *pron.* limenm (feminen)
Hertz: Hèts (inite nan fizik pou mezire frekans, li vo yon sik pa segonn)
hesitate: *v.* ezite; tatonnen
hesitation: *n.* ezitasyon, pa sèten; tatònman
hexagon: *n.* egzagòn (sis kote, sis ang)
hibernate: *v.* ibène, pase ivè; dòmi pandan ivè
hibernation: *n.* ibènasyon [dòmi lontan pandan sezon ivè]
hibiscus: *n.* choublak
hiccup: *n.* okèt

hide: 1. *n.* (cow) po (bèf); 2. *v.* kache, sere; biske
hideous: *a.* lèd, efreyan, mechan
hierarchy: *n.* yerachi
hierarchy of needs: echèl nesesite
hieroglyphs: *n.* yewoglif
high: *a.* wo, elve, apik
high: *adv.* wo
high blood pressure: tansyon wo; fè tansyon
high fever: gwo lafyèv
high school: lekòl segondè, lise
high tide: marewot, lamare monte
high, up high: *adv.* anlè
high-pressure area: zòn wot presyon
high-priced: koute chè
highlight: *v.* souliye
highly: *adv.* trè, ekstrèman
highway: *n.* otowout, gran ri
Highway Act: Lwa Otowout
hijack: *v.* detounen, sezi
hike: *n.* pwomnad (nan montay)
hill: *n.* mòn, kolin
hillbilly: *n.* moun mòn
hilly: *a.* ki gen mòn, ki gen fòm mòn
himself, herself, itself: *pron.* li menm
hinder: *v.* anpeche; kache
Hinduism: *n.* Endouyis (relijyon, kilti)

hinge: *n.* gon
hip: *n.* anch, ranch, tay, senti, ren
hip (up to date): *a.* modèn; alamòd
hip bone: zo ranch
hippies: *n.* ipi
hire: *v.* anplwaye, anboche, bay djòb
his, her, its: 1. *adj.* li; 2. *pron.* li
Hispaniola: Sendonmeng. (ansyen non Ayiti pandan koloni franse)
histogram: *n.* istogram
historic: *a.* istorik
historical figures: pèsonaj istorik
history: *n.* istwa, listwa
hit: 1. *n.* kou; frap; 2. *v* frape, bay kou (hit with a stick = kout baton)
hit and run: frape epi pa rete
hitch: *v.* rale
HIV (Human Immune Deficiency Virus): HIV (viris ki febli sistèm defans iminitè nan kò moun
hive: *n.* esen myèl; nich myèl
Ho Chi Minh Trail: Santye Ho Chi Minh
hoard: 1. *n.* pwovizyon; rezèv; estòk; 2. *v.* ranmase; mete nan rezèv; estoke
hoe: *n.* wou
hog: *n.* kochon

hoist: *v.* ise, monte, ralemonte
hold: *v.* kenbe
hold in place: *v.* kore
holding company: sosyete ki dirije envestisman osinon valè
holdup: *n.* olèmen; òldòp, vòl ak zam
hole: *n.* twou
holiday: *n.* fèt, konje; vakans
hollow: *a.* kre, vid
hollow chested: pwatrin rantre
Holocaust: Olokos
holy: *a.* sen
Holy Communion: Lasentsèn
Holy Land: Tè Sent (Izrayèl)
Holy Saturday: Samdi Dlo Beni
Holy Spirit: Sentespri
home: 1. *n.* kay; lakay. 2. *prep.* anndan
home economics: ekonomi domestik
home front: teritwa, estasyon, lakay, baz
home room: klas prensipal
home room teacher: pwofesè prensipal
home rule: gouvènman otonòm
homeland: *n.* peyi yon moun fèt
homeless: *a.* san kay
homelessness: *n.* sanzabri, san kay
homeostasis: *n.* omeyostazi
homespun: *a.* natif natal; lakay

Homestead Act: Lwa Homestead (1862)
Homestead strike: Grèv Homestead (1892)
homework: *n.* devwa lakay
homicide: *n.* omisid; krim touye moun
homicide investigator: moun k ap fè ankèt sou ka lanmò, anketè
homogenous: *a.* omojèn
homosexual (male): *n.* masisi, gason makomè; (female) madivin
honest: *a.* onèt
honestly: *adv.* onètman, avèk onètete
honesty test: tès onètete, tès senserite
honey: *n.* siwo myèl
honey comb: gato myèl
honeydew: *n.* melon despay
honk: 1. *n.* klaksòn; 2. *v.* klaksonnen
honor: 1. *n.* onè, distenksyon, ekselans; 2. *v.* rann omaj, onore, konplimante
hood: *n.* (car): *n.* kapo motè; kapo machin; (over the face) kagoul
hood ornament: dekorasyon kapo machin
hoof: *n.* pat zannimo; zago
hook: 1. *n.* kwochèt; kwòk; zen; 2. *v.* (a door) kochte
hoop: *n.* sèk woulawoup

hoot owl: frize; koukou
hop: *v.* sote
hop up and down: sote
hope: 1. *n.* espwa; lespwa; 2. *v.* espere
hopeful: *a.* plen lespwa; ankourajan
hopefully: *adv.* ak lespwa
hopeless: *a.* ki san espwa; dezespere
hopscotch: *n.* marèl
horizontal: *n.* orizontal
horizontal integration: entegrasyon horizontal
hormone: *n.* òmòn
horn: *n.* kòn, klakson
hornet: *n.* gèp
horrible: *a.* orib, terib
horror: *n.* orè, perèz
horse: *n.* chwal, cheval
horse racing: kous cheval
horse shoe: fè-a-cheval
horseman: *n.* kavalye
horsewhip: *n.* fwèt kach
hose: *n.* tiyo kawoutchou
hospice: *n.* azil (pou moun ki pral mouri)
hospital: *n.* lopital
hospitalisation: *n.* entène, rantre lopital; ospitalizasyon
hospitality: *n.* ospitalite
host: *n.* animatè, mètkay; losti
hostess: *n.* otès

hostile witness: temwen agresif; chofe
hot: *a.* cho, pike, pimante
hot flashes: boufe chalè
hot pepper: piman
hot relish: pikliz
hotel: *n.* otèl
hour: *n.* è, lè; èdtan
hourglass: *n.* zouti pou mezire tan
hourly: *adv.* pa èdtan
house: *n.* kay
House of Representatives: Chanm Reprezantan
House Un-American Activities Committee (HUAC): Komite anti Kominis
household: *n.* tout moun ki viv nan yon kay
housekeeper: *n.* moun pou fè netwayaj nan kay
housework: *n.* travay nan kay
how: *adv.* kijan; kouman; kòman
how are you?: kijan w ye?
how come: ki fè; poukisa?; kouman sa fè fèt?
how far away: ki distans?
how many: konbyen?
how often: konbyen fwa?; ki frekans?
however: *adv.* men, sepedan; poutan
howl: 1. *n.* rèl, detrès; 2. *v.* rele, ranni

hub: *n.* (wheel) mwaye; sant, jant

hubcap: *n.* kapo wou; kouvèti wou machin

Hudson River school: Lekòl Rivyè Hudson

hug: 1. *n.* anbrasad; 2. *v.* anbrase, kwoke

huge: *a.* gwo, gran, gwo pyès; kokenn (kokennchenn)

huh!, uh!: *interj.* hey (he)!

hull: *n.* kès

Hull House: Enplantasyon Hull

human: *n.* moun, imen

human being: moun; kretyen vivan

human body: kò moun

human geography: jeyografi imèn

human growth sequence: sekans kwasans natirèl

human immunodeficiency virus (HIV): viris imino-defisitè, viris SIDA

human needs: sa moun bezwen

human phisiology: fizyoloji moun

human resources: resous imèn

human rights: dwa moun

human-environment interaction: enpak moun-anviwònman

humanism: *n.* imanis

humanitarian: *a.* imanitè

humanitarian aid: èd imanitè

humble: *a.* modès, enb

humerus: *n.* zo imeris

humid: *a.* imid; mouye; frèt

humidifier: *n.* aparèy ki fè imidite

humidity: *n.* imidite

humiliate: *v.* imilye, fè wont

humiliating: *a.* imilyan

humiliation: *n.* imilyasyon

hummingbird: *n.* wanganègès; zwazo mouch

humor: *n.* imè; karaktè; blag, amizman

hump: *n.* bòs

humus: *n.* angrè natirèl

hunchback: *a.* bosi

hundred: *adj.* san, 100

hundreds: *n.* santèn

hundredth: *a.* santyèm (1/100)

hung jury: jiri nil, yon jiri ki pa kapab rive jwenn yon akò apre deliberasyon

hunger: *n.* grangou

hunk: *n.* bèl gason; michan gason

hunt: 1. *n.* lachas; 2. *v.* chase

hunter: *n.* chasè

hunters and gatherers: chasè-keyè

hunting: *n.* lachas

hurdle: *n.* obstak; baryè; kous ki gen obstak pou sote

hurricane: *n.* siklòn

hurry: *v.* kouri, prese; fè vit

hurt: *a. v.* blese, fè mal
husband: *n.* mari
hush: *n.* silans
huskie: *n.* chen eskimo
hut: *n.* kay pay; joupa; ajoupa
hybrid: *n.* ibrid
hydro: *n.* idwo (ki anrapò ak dlo)
hydro energy: enèji idwolik
hydrocarbon: *n.* idwokabi (pwodui tankou petwòl ki gen anpil kabòn ak idwojèn nan fòmil chimik li)
hydrocele: *n.* maklouklou
hydrochloric acid: asid kloridrik
hydroelectric energy: enèji idwo-elektrik
hydroelectric power: enèji idwo-elektrik
hydrogen (H): *n.* idwojèn
hydrogen bomb: bonm-a-idwojèn
hydrologic cycle: sik dlo
hydrolysis: *n.* idwoliz
hydrometer: *n.* idwomèt, zouti pou mezire dansite likid
hydroponics: *n.* idwoponik, ekipman pou plant pouse san tè
hydrosphere: *n.* idwosfè (total kantite dlo ki sou tout tè a)
hydroxide: *n.* idwoksid
hygiene: *n.* ijyèn

hygrometer: *n.* igwomèt (enstriman pou mezire imidite relatif)
hymen: *n.* vwal, imèn
hymn: *n.* kantik; chan
hyperactive: *a.* eksite, dyougan
hyperactivity: *adv.* antyoutyout, doubout, vivan, ipè-aktivite
hypertention: *n.* ipè-tansyon, tansyon
hyphen: *n.* tirè
hypnosis: *n.* ipnoz
hypochondriasis: *n.* ipokondri, foli maladi, maladi imajinè
hypocrisy: *n.* ipokrizi, maskarad
hypocrite: *a.* ipokrit, kouto de bò; kouto fanmasi
hypocritically: *adv.* andefas; ak ipokrizi
hypoglycemia: *n.* ipoglisemi (lè nivo sik nan san yon moun desann twò ba)
hypothalamus: *n.* ipotalamis (pati sistèm nève ki anndan sèvo *a.*)
hypothenuse: *n.* ipoteniz (kote nan yon triyang rektang ki anfans ang dwa a (90 degre)
hypothesis: *n.* ipotèz
hysteria: *n.* kriz, kriz emosyonèl
hysterical: *a.* isterik

I

I.D. card: kat idantite
I.V: sewòm nan venn, entravenez
I; me; my: *pron.* mwen, m
ice: *n.* glas
ice age: *n.* laj glas, peryòd glas; peryòd glasyè
ice bank: bankiz
ice cap: kouch glas
ice cream: krèm
ice cube: glas, glason, kib glas
ice front: fwon glasyal (metewoloji)
ice maker: *n.* aparèy ki fè glas
ice pick: pik, pik-a-glas
ice shelf: plak glas
ice water: *n.* dlo glase
ice-axe: *n.* pikwa pou glas
ice-box: *n.* glasyè (bwat oswa kès pou kenbe glas)
ice-breaker: *n.* brizglas
ice-hockey: *n.* hokey sou glas (espò)
ice-rink: *n.* sal, teren pou patinay sou glas
iceberg: *n.* gwo blòk glas natirèl; gwo moso glas nan lanmè
icebreaker: machin kasèdglas
icon: *n.* modèl, ikòn
icterus: *n.* je jòn
icy: *a.* glase, glisan

idea: *n.* lide; ide; entansyon
ideal: *a.* ideyal
ideal machine: machin pafè
ideal self: pòtre ideyal (nan sikoloji, se pòtre yon moun ta renmen ye nan reyalite li)
ideally: *adv.* ideyalman
identical: *a.* idantik, parèy
identical twins: marasa idantik
identification: *n.* idantifikasyon; idantite
identify: *v.* idantifye; rekonèt
idiot: *a.* gaga; egare, idyo
idiotic: *a.* kannannan
idle: *v.* rete sou plas
idle person: aryennafè
idol: *n.* idòl
if: *conj.* si
igloo: *n.* iglou, kay ki fèt ak nèj nan peyi eskimo ak inuit
igneous rock: woch vòlkanik; wòch inye (wòch ki fèt ak magma ki vin solidifye)
ignite: *v.* limen, pran dife
ignition: *n.* estatè, sistèm pou pati yon motè osinon yon machin
ignorance: *n.* iyorans
ignorant: *a.* iyoran; sòt, kreten; ki pa enfòme
ignore: *v.* vag; bay vag, inyore
ilium: *n.* ilyon, zo hanch
ill: *a.* malad
ill-bred: *a.* maledve

ill-mannered: *a.* maledve, tanperaman bourik, gwosye
ill-tempered: *a.* move karaktè, maledve
illegal: *a.* ilegal
illegal alien: imigran ilegal
illegal drugs: dwòg ilegal
illegal immigration: imigrasyon ilegal
illegitimate: *a.* ilejitim, pitit deyò
illicit: *a.* anbachal
illiterate: *a.* analfabè; iletre; pa konn li
illness: *n.* maladi
illogical: *a.* ki san lojik, ilojik
illusion: *n.* ilizyon
illustration: *n.* desen, imaj, ilistrasyon
image: *n.* imaj
imaginary: *n.* imajinè
imaginatiom: *n.* imajinasyon
imagine: *v.* imajinen; panse; kreye mantalman
imbecile: *a.* enbesil; joko
imitate: *v.* imite; kopye; chare; swiv
imitation: *n.* imitasyon
immature: *a.* san matirite; ole; ki pa mi, wòwòt
immediate: *a.* imedyat
immediately: *adv.* touswit; imedyatman, san pèdi tan
immense: *a.* imans; trè gran
immersed: *a.* tranpe

immigrant: *n.* imigran
immigration: *n.* imigrasyon
Immigration Acts: Lwa sou Imigrasyon
Immigration and Naturalization Service: Sèvis Imigrasyon ak Natiralizasyon
Immigration Quota Acts: Lwa Kota nan Imigrasyon
Immigration Restriction League: Lig pou kontwole Imigrasyon
immobilize: *v.* paralize; imobilize
immoral: *a.* imoral
immorality: *n.* imoralite, enkonduit; move konduit
immortal: *a.* imòtèl
immune: *a.* iminize
immune system: sistèm defans, sistèm iminolojik; sistèm iminitè
immunity: *n.* iminite, pwoteksyon
Immunity from prosecution: pwotèksyon kont pouswit, lè yo bay yon moun garanti yo pa p pouswiv li si li sèvi kòm temwen
immunization-vaccine: vaksen pou iminizasyon (pou pwoteje kont yon maladi)
immunize: *v.* vaksinen, pran vaksen

impairement: *n.* andikap, domaj, kontraryete
impartial: *a.* enpasyal; san paspouki
impatient: *a.* enpasyan, eksite; gen san cho
impeach: *v.* anpeche, revoke; kase yon ofisyèl nan dyòb li
impeachment: *n.* mizannakizasyon
impeachment of a witness: refite; kontredi; kontrekare yon temwayaj ak bon jan prèv
impeccably: *adv.* san fot, kòmilfo, anfòm
impede: *v.* anpeche, defann
imperfection: *n.* enpèfeksyon
imperialism: *n.* enperyalis
impermeable: *a.* enpèmeyab, ki pa kab pran dlo
impertinent: *a.* frekan; angran; enpètinan
impetigo: *n.* bouton (maladi nan po)
implement: *v.* tabli, reyalize, aplike (yon lwa)
implicate: *v.* antrave, enplike
implicit: *a.* enplisit
implied powers: pouvwa enplisit
imply: *v.* sigjere, enplike, fè dediksyon
impolite: *a.* enpoli, malelve
import: 1. *n.* enpòtasyon;

2. *v.* enpòte, antre machandiz ki soti yon lòt kote
import quota: kota enpòtasyon
importance: *n.* enpòtans; konsekans
important: *a.* enpòtan; konsekan
impose: *v.* enpoze, bay
impossible: *a.* enposib
impotence: *n.* enpuisans
impotent: *a.* enpoten, bèkatè
impregnate: *v.* fè yon moun ansent
impress: *v.* enpresyone
impression: *n.* enpresyon
impressionism: *n.* enpresyonis
imprisonment: *n.* anprizònman
improbable: *a.* ki pa parèt posib, enpwobab
improve (feel better): *v.* reprann, amelyore; korije; alemye
improvement: *n.* amelyorasyon
impudent: *a.* radi; derespektan; angran
impure: *a.* enpi, sal, malpwòp
impurity: *n.* enpirite, eleman ki pa nan plas li
in (inch): *n.* pous
in: *adv.* nan, non, andedan, a, an
in a while: talè; toutalè
in case (if): sizoka
in general: an jeneral, jeneralman, trè souvan
in it: ladan

in order to: conj. pou
in spite of: prep. malgre
in step: *adv.* opa
in that area, around there: la yo, bò isit la
in the wink of an eye: taptap, san pèdi tan
in vain: pou granmèsi, anven
in-service: resiklaj, antrenman pou fòmasyon pwofesyonèl
inadmissible: *a.* inadmisib
inappropriate: *a.* ki pa kòrèk, inapwopriye
incapacity: *n.* enkapasite
incarcerate: *v.* anprizonen
incendiary fire: mete dife espre
incense: 1. *n.* lansan; 2. *v.* ensanse
incentive: *n.* motivasyon, avantaj
incessantly: *adv.* san-sès, san rete
incinerator: *n.* ensineratè, fou pou boule fatra, fou trè cho
incise: *v.* insize, koupe, tranche
incision: *n.* ensizyon
incisor: *n.* dan devan, ensiziv
incite: *v.* pouse, eksite, pouse dife
inclination: *n.* pant, enklinasyon; atraksyon; tandans
incline: *v.* enkline
inclined plane: plan enkline
include: *v.* enkli, ajoute

including: *a.* avèk tou, ki enkli, ki gen ladan tou
incognito: *adv.* an kachèt
incoherent: *a.* ki pa gen sans; san sans; enkoyeran
income: *n.* revni, salè; apwentman
income redistribution: redistribisyon revni
income tax: enpo sou salè, taks sou apwentman
incompetency: *n.* enkonpetans; enkapasite
incompetent witness: temwen ki pa alawotè
incomplete: *a.* enkonplè, ki manke, ki pa konplè
incomprehensible: *a.* enkonpreyansib; ki pa konpreyansib
inconceivable: *a.* ki pa konsevab; enkonsevab
inconclusive evidence: prèv ki san fondman
incongruence: *n.* andezakò
incongruent person: yon moun ki andezakò ak pwòp tèt li
inconsistent: *a.* enkonsistan
inconvenient: *a.* enkonvenyan; ki mande efò ki pa nesesè
incorrect: *a.* ki pa kòrèk; enkòrèk
increase: 1. *n.* ogmantasyon; 2. *v.* ogmante

increased swelling: anflamasyon k ap ogmante, ki vin pi gwo

increasing (sequence): (suit, sekans) kwasan, ki ale an ogmantan

incredible: *a.* enkwayab

incriminate: *v.* enkrimine; antrave tèt, antrave yon lòt moun

incubator: *n.* kouvez; enkibatè

incumbent: *a.* nan eleksyon, konpetitè ki an fonksyon, ki bezen remonte ankò.

incurable: *a.* ki pa ka geri

incus: *n.* anklim

indeed: *adv.* vrèman; kanmenm

indefinite: *a.* ki pa defini, endefini

indefinitely: *adv.* endefiniman

indemnify: *v.* dedomaje

indentured servants: angaje; rete ak moun, restavèk; sèvitè sou kontra

independence: *n.* endepandans

independent: *a.* endepandan

independent agencies: biwo endepandan

independent events: evènman endepandan

independent variable: varyab endepandan

independent voters: elektè liberal

Independent States: Federasyon Eta Endepandan

index: *n.* endès, endis; lis mo

index finger: lendèks, dwèt bouwo, endèks

Indian Empires: Anpi Endyen

Indian Removal Act: Lwa pou deplase Endyen yo

Indian Territory: Teritwa Endyen

indicate: *v.* endike, montre

indication: *n.* endikasyon, direksyon

indicator: *n.* endikatè

indict: *v.* akize

indictment: *n.* akizasyon

indifferent: *a.* kè pòpòz; endiferan; san enterè

indigenous people: pèp endijèn (gwoup ki te la anvan lòt vini, tankou Amerendyen

indigent: *a.* moun ki pòv; ki pa gen mwayen, endijan

indigestion: *n.* move dijesyon; gonfleman; endijesyon

indignation: *n.* endiyasyon, fache

indigo: *n.* digo, endigo

indirect contempt: manke tribinal dega indirèkteman

indispensable: *a.* endispansab

indistinguishable: *a.* ki pa ka distenge ak yon lòt

individual: *a.* grenn pa grenn, apa; endividyèl

individual retirement account (IRA): fon pansyon endividyèl

individual traits: kalite pèsonèl

Indo-European: Endo-ewopeyen

indoors: *adv.* andedan kay

indulgence: *n.* endiljans; konplezans; satisfaksyon, padon

industrial: *a.* endistriyèl

industrial growth: kwasans endistriyèl

industrial psychology: sikoloji endistriyèl

industrial revolution: revolisyon endistriyèl

industrial union: sendika ouvriye

Industrial Workers of the World (IWW): Travayè Endistriyèl Mondyal

industrialism: *n.* endistriyalis

industrialization: *n.* endistriyalizasyon (devlopman endistri)

industrialized countries: peyi endistriyalize; peyi devlope

industry: *n.* endistri

ineffective assistance of counsel: lè avoka pa bay kliyan li tout asistans legal ki nesesè

inefficient: *a.* ki bay move rannman, ki pa efikas

inelastic demand: demand inelastik

ineligible: *a.* ki pa ranpli kondisyon; inelijib; ki pa elijib

inequal: *a.* inegal; ki pa egal

inequality: *n.* inegalite

inert element: eleman inèt (ki pa patisipe nan reyaksyon)

inert ingredients: engredyan ki pa gen valè medikaman nan yon fòmil

inertia: *n.* inèsi [prensip fisik]

inevitable: *a.* yo pa kapab evite, inevitab

inexcusable: *a.* ki pa merite padon; ki pa gen eskiz; ki pa jistifye

inexpensive: *a.* bon mache; ki pa chè

inexperienced: *a.* ki pa gen eksperyans; wòwòt

infaillible: *a.* ki pa fè erè

infant: *n.* tibebe, anvan ennan

infant chair: chèz pou timoun

infant mortality rate: to mòtalite enfantil

infantry: *n.* enfantri

infatuation: *n.* atirans chanèl; renmen san rezon

infect: *v.* enfekte

infected sore: maleng; java enfekte

infection: *n.* enfeksyon

infectious: *a.* atrapan

infectious disease: maladi atrapan

inferior: *a.* enferyè

infertile: *a.* arid, ki pa ka pwodui; enfètil

infested: *a.* enfeste

infidelity: *n.* enfidelite

infinite: *a.* enfini

infinite set: ansanm enfini

inflammable: *a.* enflamab (ki ka pran dife fasil)

inflammation: *n.* enflamasyon

inflate: *v.* gonfle

inflation: *n.* enflasyon

influence: *n.* enfliyans

influential: *a.* enfliyan

influenza: *n.* grip sezon

inform: *v.* enfòme, fè konen, bay enfòmasyon

information: *n.* ransèyman, enfòmasyon

Information Age: Laj Enfòmasyon

Information Revolution: Revolisyon enfòmatik

informative advertising: piblisite enstriktif

informed: *a.* okouran, enfòme

infraction: *n.* fot; mankman; ti vyolasyon ; dezobeyisans, pa respekte lalwa

infrared: *a.* enfrawouj

infrared wave: ond enfrawouj (chalè)

infrastructure: *n.* enfrastrikti; baz

infusion: *n.* te; tizann, enfizyon

ingenuous, naive: *a.* inosan, nayif

ingredient: *n.* engredyan

ingrown toe nail: zong nan chè

inhabitant: *n.* abitan, gwoup moun k ap viv yon kote

inhale: *v.* pran souf, respire; aspire; rale

inherit: *v.* resevwa kòm eritaj, erite

inheritance: *n.* eritaj

inheritance tax: taks sou eritaj

inhibit: *v.* dominer; metrize

initial: *a.* inisyal, premye

initiated by fire: kanzo; inisye

initiative: *n.* inisyativ

injection: *n.* piki, enjeksyon

injunction: *n.* enjonksyon, òdonans; entèdiksyon pou pa pwoche

injure: *v.* blese, frape

injury: blesi; aksidan; domaj

injustice: *n.* enjistis, abi, malveyans

ink: *n.* lank

inkwell: *n.* ankriye

innate: *a.* ine, natirèl

inner planets: planèt ki pi pre solèy la parapò ak planèt tè

innertube: *n.* chanm kawoutchou

innocent: 1. *n.* inosan; 2. *a.* inosan

innovation: *n.* inovasyon

inoculate: *v.* inokile, enfekte, mete yon mikwòb
input: *n.* konsèy, opinyon, ankourajman, koutmen, patisipasyon, entran
inquire: *v.* poze kesyon; fè demann
inquiry: *n.* rechèch, kesyon
inquisition: *n.* enkizisyon
insane: *a.* fou; pèdi lakat
insanity: *n.* foli
insanity plea: (legal) lè yo konsidere yon akize pa byen nan tèt li, li pa responsab zak li fè
insect: *n.* ensèk
insecticides: *n.* ensektisid
insecure: *a.* ki pa twò solid, enseki
insensitive: *a.* ensansib
insert: *v.* foure; mete, antre
inside: *adv.* andedan
inside out: lanvè
insight: *n.* apèsi, dekouvèt, penetrasyon, pèspikasite, konpreyansyon
insignia: *n.* ensiy, senbòl, anblèm
insignificant: *a.* san valè; ki pa gen okenn siyifikasyon
insincerity: *n.* movèz fwa
insinuate: *v.* ensinye
insist: *v.* ensiste
insistent: *a.* ensistan
insolation: *n.* kout solèy, boule nan solèy

insolent: *a.* ensolan; odasye
insoluble: *a.* ki pa ka fonn; ensolib
insolvent: *a.* ki pa ka peye dèt
insomnia: *n.* pa ka dòmi, gen difikilte dòmi
inspect: *v.* enspekte, kontwole
inspection: *n.* enspeksyon, kontwòl
inspector: *n.* enspektè, kontwolè
inspire: *v.* enspire, estimile
install: *v.* enstale
installment: *n.* vèsman
installment: *n.* vèsman, tranch
installment buying: peman pa tranch
installment debt: dèt akont
installment plans: plan ranbousman
instance: *n.* egzanp
instant: 1. *a.* enstantane; 2. *n.* moman
instantaneous: enstantane; lamenm
instantly: *adv.* lamenm; enstantaneman; sanzatann
instead of: *conj.* angiz; olyede
instep: *n.* kanbri
instestines: *n.* trip, entesten
institute: *n.* enstiti
institution: *n.* enstitisyon
instruct: *v.* montre, anseye
instruction: *n.* enstriksyon, ansèyman

instructional: *a.* (pou) enstriksyon, (pou) ansèyman
instructional games: jwèt edikatif
instructional staff: pèsonèl anseyan
instructions to the jury: enstriksyon jij bay jiri
instrument: *n.* enstriman, zouti
insufficient: *a.* ki pa ase, ki pa sifi, ensifizan
insulation: *n.* izolasyon
insulator: *n.* izolan
insulin: *n.* ensilin
insult: 1. *n.* ensilt; jouman. 2. *v.* joure; lave; detike; detripe
insurance: *n.* asirans
insurance policy: kontra asirans
insure: *v.* asire; gade; verifye
intact: *a.* entak
integral: 1. *a.* entegral, konplè, antye; 2. *n.* (Math) entegral
integrated circuit: sikui entegre
integrity: *n.* entegrite
intellectual: *a.* entelektyèl
intellectual property: byen entèlektyèl
intelligence: *n.* lespri; atansyon, entelijans
intelligent: *a.* fò; entelijan
intend: *v.* sòti pou; vin pou; gen entansyon

intensive cultivation: kilti entansif
intention: *n.* entansyon
intentional: *a.* espre, entansyonèl
intentionally: *adv.* avèk entansyon, entansyonèlman, fèt espre
interact: *v.* reyaji, aji apre yon aksyon
interaction: *n.* entè-aksyon
interchangeable parts: pyès intèchanjab
intercourse: *n.* relasyon, rapò
interdependence: *n.* entèdepandans
interdiction: *n.* entèdiksyon, defans, anpèchman
interest: 1. *n.* enterè; 2. *v.* enterese
interest groups: gwoupman enterè
interested in: sou; enterese nan; sou bò
interesting: *a.* enteresan
interfere: *v.* mele; entèfere
interference (static): *n.* bouyay; entèferans
interior: *n.* anndan
interior angles: ang enteryè
intermediate-term financing: finansman amwayen tèm
interment camps: prizon pou mas moun san konfò
internal cause: koz entèn

Internal Revenue Services (IRS): Sèvis Enpo sou Revni Ameriken

international: *a.* entènasyonal

International Court of Justice: Tribinal Entènasyonal Jistis

International Monetary Fund (IMF): Fond Monetè Entènasyonal

Internet: *n.* Entènèt (rezo kominikasyon)

internment: *n.* anprizònman

interpersonal skills: ladrès pou kominike

interpolate: *v.* entèpole, kalkile valè ki chita ant de lòt valè ekstrèm

interpret: *n.* entèprèt

interpretation: *n.* entèpretasyon

interrogatory: *n.* entèwogatwa

interrupt: *v.* entrèwonp

intersect: *v.* entèsekte, kontre, kwaze

intersection: *n.* kafou; entèseksyon

interstate commerce: kòmès ant eta

interstate commerce commission: komisyon sou komès ant eta

Interstate Commerce Act: Lwa sou komès ant eta

Interstate Commerce

Commission (ICC): Komisyon Sou Komès ant Eta

interval: *n.* entèval

intervene: *v.* entèveni, fè entèvansyon

intervention: *n.* entèvansyon

interviewer: *n.* anketè

intestine: *n.* entesten, trip

intimate: *a.* entim

intimate friend: zanmi entim; kòkòday

intimidate: *v.* fè chèf; entimide, fè pè; kraponnen; wete nanm

intimidation: *n.* kaponnay; chantay, entimidasyon

into: *prep. a.* nan, anndan. [put into=mete anndan]

intoxicated: *a.* sou ak alkòl, pèdi tèt ak dwòg; entoksike

intrigue: *v.* entrige, konplote

introduce: *v.* prezante; entwodui, fè konesans

introduction: *n.* entwodiksyon, prezantasyon

intrude: *v.* deranje; entwodui ak fòs; enpoze

Inuit: *n.* Inuit, Eskimo

invade: *v.* anvayi, okipe yon espas

invalid: 1. *n.* malad; 2. *a.* malad, envalid, enfim

invasion: *n.* envazyon

invent: *v.* envante

invention: *n.* envansyon

inventory: *n.* envantè, machandiz ki disponib, estòk

inverse: *n.* envès, tètanba, lekontrè, revè

inverse proportion: pwopòsyon envès

invert: *v.* ranvèse, chanje, mete nan sans opoze

invertebrate: *n.* envètèbre, bèt san zo

invest: *v.* envesti

investigate: *v.* envestige, mennen ankèt; fè ankèt

investigation: *n.* ankèt

investment: *n.* envestisman

invigorate: *v.* bay vigè, bay jarèt; bay fòs

invisible: *a.* envizib

invitation: *n.* envitasyon

invite: *v.* envite

invoke: *v.* envoke

involuntary: *a.* envolontè

involve: *v.* mele

involved with: ann afè

involvement: *n.* angajman

iodine (i): *n.* yòd

ion: *n.* yon (pozitif oswa negatif)

ionic bond: lyezon yonik

ionization: *n.* yonizasyon

Iran hostage crisis: Kriz Otaj Iran

iris: *n.* iris

irk: *v.* kontrarye

iron: 1. *n.* fè; fè pou pase; 2. *v.* pase (rad)

iron oxide: oksid fè

iron pills: vitamin ki gen fè

iron sulfide: silfid fè

ironic: *a.* iwonik

ironing: *n.* repasaj, pase rad

ironing board: planchèt

ironing woman: repasèz

irony: *n.* iwoni, pase nan betiz

iroquois: 1. *n.* endyen iwokwa; 2. *a.* iwokwa

Iroquois league: Lig Iwokwa

irrational number: nonm irasyonèl

irregular: *a.* iregilye

irresponsible: *a.* ireskonsab; lenkondwit

irrigate: *v.* irige, awoze

irrigation: *n.* irigasyon

irritable: *a.* chimerik, rechiya; akaryat

irritate: *v.* nève; irite; anmède; anbete; agase

irritating: *a.* anmèdan; agasan

irritation: *n.* iritasyon

ischium: *n.* ischyon, zo

Islam: *n.* relijyon islam

island: *n.* zile

island-hopping: zile estratejik

isolated: *a.* izole

isolationism: *n.* izolasyonis

isomer: *n.* izomè (chimi)

isosceles: *n.* izosèl, triyang ak de kote egal
isotope: *n.* izotòp (rayo-aktivite)
issue: *n.* sijè, koze
issue of law: kesyon ki gen rapò ak lalwa
it: *pron.* li
it's appalling: se laraj; se chokan
Italian: 1. *n.* Italyen; 2. *a.* italyen
itch (skin irritation): 1. *n.* gratèl; demanjezon; chofi; pikotman; 2. *v.* grate
itching sensation: demanjezon
item veto: veto pasyèl
itself: *pron.* li menm
IUD (Intra-Interine Device): esterilè
ivory: *n.* ivwa

J

ja: *n.* rezèvwa an tè, kannari an tè kuit
jab: *n.* koutpwen, bat
jabber: *n.* palab anpil
jack: *n.* (cards) valèt; (car) dyak pou leve machin
jack up: *v.* leve yon machin; mete machin sou djak
jacket: *n.* jakèt, kostim; palto
jackpot: *n.* gwo lo
jag: *v.* dechikte; dechire
jagged: *a.* ki pa dwat
jail: *n.* prizon. 2. *v.* anprizonnen; mete nan prizon
jailable offenses: zak ki mande prizon
jalopy: *n.* bogota; oto nan move eta
jam: *n.* 1. konfiti; 2. anbouteyaj nan lari; 4. mizik popilè
janitor: *n.* gadyen; konsyèj
January: *n.* janvye
Japan Current: kouran dlo japonè
jar: *n.* ja; kanari; bokal
jargon: *n.* jagon, pawòl daki
jasmine: *n.* jasmen; jasmendenwi
jaundice: *n.* lajonis
jaw: *n.* machwa, zo machwa
jawbreaker (candy): *n.* boulsenlo

jaws of life: aparèy pou ouvri machin ki demantibile nan aksidan

Jazz Age: Peryòd Jaz

jealous: *a.* jalou

jealousy: *n.* jalouzi

jeans: *n.* abako

jeep: *n.* djip

jeer: *v.* pase moun nan tenten

jello: *n.* jelo

jelly: *n.* jele; konfiti

jellyfish: *n.* lagratèl

jeopardize: *v.* mete an danje; konpwomèt

jeopardy: *n.* danje

jerk: 1. *n.* sakad. 2. *v.* sakade

jerking movement (used with kite): zikap

jersey: *n.* mayo

Jesus, Jesus-Christ: Jezi; Jezi-Kri

jew: *n.* jwif

jewel: *n.* bijou

jewellery: *n.* bijou

jewelry: *n.* **bijou**

jilt: *v.* kraze yon kite sa; kite (yon fiyanse)

Jim Crow laws: lwa Jim Crow

job: *n.* travay, dyòb

job satisfaction: satisfaksyon pwofesyonèl

jobless: *a.* ki pa gen travay; ki nan chomaj

jog: *v.* souke; kouri, fè egzèsis ankouran

jogging: *n.* djògin, kouri

john: *n.* twalèt

John Brown's raid: atak John Brown (1859)

join: 1. *n.* jwen ; rakò; jwenti; atikilasyon; 2. *v.* rankontre, reyini, koud; asosye (ak)

joint venture: antrepriz miks

Joint chiefs of Staff: Chèfdeta Majò Entè-ame

joint-stock company: sosyete pa aksyon

joke: 1. *n.* blag; odyans 2. *v.* blage

joker (frivolous person): *n.* ransè

jolly: *a.* kontan

jolt: *v.* sakade

jot: *v.* note; pran nòt

joule: *n.* joul

Joules Law: Lwa Joul

journalism: *n.* jounalis; laprès

journalist: *n.* jounalis

journey: *n.* vwayaj; wout

joy: *n.* jwa (lajwa); kontantman

joyride: *v.* pran oto san otorizasyon pou al fè yon ti flann

Judaism: *n.* jidayis (relijyon)

judge: 1. *n.* jij; 2. *v.* jije

judgement: *n.* jijman; desizyon tribinal

judicial branch: branch jidisyè, pouvwa jidisyè

judicial review: revizyon jidisyè
Judiciary Act of 1789: Lwa jidisyè 1789
jug: *n.* krich; galon; goud
juice: *n.* ji
juicer: *n.* aparèy pou fè ji
juicy: *a.* apetisan, ki gen ji
July: *n.* Jiyè
jumbo: *a.* gwo
jump: *v.* ponpe, vole, sote, voltije
jump rope: *v.* sote kòd
jump start: 1. *v.* konekte de batri pou fè yon machin estat. 2. *n.* oryantasyon; boustè
jumpy: *a.* enève; enstab
June: *n.* Jen; mwa Jen
jungle: *n.* jeng, lajeng
junior: *a.* jinyò
Junior Reserve Officer Training Corps): Batayon derezèv pou antrene jèn moun ki prale nan lame
junk: *n.* tchanpan
junk shop: melimelo; brikabrak; mezondafè
junta: *n.* jent
Jupiter: *n.* Jipitè [planèt]
jurisdiction: *n.* jiridiksyon; espas otorite
jurisprudence: *n.* jirispridans; règleman ki baze sou eksperyans
juror: *n.* manm jiri, jire

jury: *n.* jiri
jury box: espas espesyal nan tribinal kote jiri chita
jury duty: obligasyon jiri
jury list: dokiman ki gen enfòmasyon sou chak manm yon jiri
just: *a.* jis; byen; bon; legal
just like: *conj.* kouwè; tankou
justice: *n.* jistis; lajistis
justice of the peace: jijdepè
justification: *n.* jistifikasyon, esplikasyon, aliyman
justified: *a.* jistifye
juvenile: *a.* jivenil
juvenile court: tribinal pou jèn
juvenile delinquent: jèn delenkan; ti vagabon

K

kamikaze: *n.* kamikaz
kangaroo: *n.* kangouwou (bèt masipyal)
karate: *n.* karate (espò)
karma: kama
kata (rhythm, dance): *n.* kata
kayak: *n.* kayak
keen: *a.* fen, file, pike
keep: v. kenbe; sere; konsève
keep quiet: rete kal, mouri kò
keep record: pran nòt, konsève nòt
Kelvin (k): degre Kèvenn
Kelvin Scale: Echèl Kèvenn
kennel: *n.* kay bèt
Kentucky and Virginia Resolutions: Rezolisyon Kentucky ak Virginia (1798-1799)
Keogh Plan: Plan Keogh
ketone: *n.* ketòn [chimi]
kettle: *n.* bonm; kastwòl
key: *n.* kle; solisyon
key points: pwen fondamantal
keyboard: *n.* klavye
keyhole: *n.* twou seri
Keys: *n.* non plizyè ti zile ki nan sid eta Florid
kg (kilogram): *n.* kilogram
khaki: *a.* kaki
Khmer Rouge: Khmer Wouj

kick: 1. *n.* koutpye; 2. v. bay kout pye; tire pye
kid (child): 1. *n.* ti katkat; timoun; 2. v. plezante
kidney: *n.* ren
kidney stone: pyè nan ren
kidney trouble: pwoblèm nan ren
kill: v. tiye
killer: *n.* asasen
kilo (k) 1000, [10^3]: *n.* kilo; (mil fwa)
kilocalorie: *n.* kilokalori (inite pou mezire chalè)
kilogram (kg) 1,000g: *n.* kilogram (inite pou mezire pwa)
kilometer (km): *n.* kilomèt (inite longè)
kilowatt-hour: *n.* kilowatè
kimono: *n.* kimono (estil rad japonè)
kin: *n.* parantaj; fanmi
kind: 1. *a.* janti; 2. *n.* kalite; espès
kind heart: bonkè
kindergarten: *n.* anfanten en, anfanten de
kindly: *adv.* ak jantiyès, jantiman
kindness, goodness: *n.* bonte; jantiyès.
kinematics: *n.* sinematik (mouvman)

kinesics: *n.* syans ki etidye mouvman kò
kinetic energy: enèji sinetik
kinetic theory: teyori sinetik
king: *n.* wa
kingdom: *n.* rèy, wayom
kink: *n.* pli; ne; makòn
kiosk: *n.* kyòs
kipper: 1. *n.* aran sale
kiss: 1. *n.* bo; 2. v. bo; anbrase
kitchen: *n.* kuizin; lakizin
kitchen cabinet: bifèt kizin
kite: *n.* kap
kitten: *n.* ti chat
kiwi: *n.* fwi kiwi
km (kilometer): *n.* kilomèt (100 mèt)
knack: *n.* talan; ladrès, enterè
knapsack: *n.* brisak (abrisak)
knead: v. petri
knee: *n.* jenou
knee cap: patella; zo jenou, kakòn jenou
knee-jerk reaction: reyaksyon san reflechi, reyaksyon san panse
kneeling position: ajenou
knife: *n.* kouto
knife sharpener: aparèy pou file kouto
knit: v. bwode, trikote
knitting: *n.* triko
knob: *n.* manch, bouton
knock: v. frape

knock down: fese atè
knock someone flat: blayi.
knocking: *n.* frapman
knot: 1. *n.* ne; 2. v. mare; fè ne
know: v. konnen (konn)
know how: konesans
knowingly: adv. an konesans
knowledge: *n.* konesans
knowledge economy: ekonomi baze sou enfòmasyon
known: *a.* rekoni
knuckle: *n.* jwenti dwèt
kola: *n.* kola
Koran: Koran (bib mizilman)
krill: *n.* tritri
Ku Klux Klan: Ku Klux Klan
kwashiorkor: *n.* kwachòkò, maladi mal manje

L

lab coat: blouz laboratwa
label: *n.* etikèt, plak
labial commissure: kwen bouch
labor (childbirth): *n.* tranche
labor: *n.* travay, travayè
labor contractions: tranche
labor market: mache travay, mendèv
labor pain: doulè akouchman, doulè tranche
labor union: sendika travayè
laboratory: *n.* laboratwa
laborer: *n.* ouvriye agrikòl, travayè nan jaden
lace: *v.* lase
laceration: *n.* koupi; dechiri
lack: 1. *n.* mank; 2. *v.* manke
lack of coordination: mache kwochi, san kouwòdinasyon
lack of proof: manke prèv
lacrimal bone: zo lakrimal
lacuna: *n.* fant, twou
lad: *n.* jennjan
ladder: *n.* nechèl
ladies and gentlemen: mesyedam
ladle: *n.* louch
lady: *n.* madanm
lag: 1. *n.* dekalaj; 2. *v.* rete dèyè
lagoon: *n.* lagon
laissez-faire: lesefè

laissez-faire: lesefè (sistèm politik ki gen entèvansyon minimòm)
lake: *n.* lak, lak dlo
lama: *n.* lama [bèt]
lamb: *n.* ayo, ti mouton; mouton
lame (hand): *a.* pòk
lamella: *n.* ti lam, lamèl
lamp: *n.* lanp
lampshade: *n.* abajou.
lance: 1. *n.* lans, lansèt, bistouri; 2. *v.* pèse, ouvè
land: *n.* tè, teren
land breeze: brizdetè
land reform: refòm agrè
land, to arrive: *v.* ateri; debake
Land Ordinance of 1785: Òdinans Teritwa 1785
landfill: *n.* ranblè, twou fatra
landforms: fòm teren
landlocked: teren san lanmè
landlord: *n.* pwopriyetè kay, mèt kay
landscape: *n.* peyizaj
landslide: *n.* avalanch, glisman teren
lane: *n.* liy ki trase nan wout, liy
language: *n.* lang, langaj
language arts: ekzèsis konpreyansyon
language impaired program: pwogram pou korije pwoblèm langaj

language minority: lang (yon) minorite

languid: *a.* mou, tris

lantern: *n.* fanal, lantèn

lap: *n.* kuis

lapse: 1. *n.* defayans, erè; 2. *v.* perime

larceny: *n.* vòl

lard: *n.* mantèg. grès kochon, la kochon

lard and fat: mantèg ak grès

large: *a.* laj, gwo

large intestine: gwo trip

larva: *n.* ze, lav, lava

larynx: *n.* larenks

laser: *n.* lazè

lash: *n.* kout fwèt

lassitude: *n.* kò kraze, fatig

last: 1. *a.* dènye, pase; 2. *adv.* an dènye; 3. *v.* dire

latch: *v.* take

late: *adv.* ta; anreta; pita

lately: *adv.* sèjousi

lateness: *n.* reta

lather: *n.* kim

latin: *n.* laten

Latin America: Amerik Latin

latitude: *n.* latitid, paralèl

latrine: *n.* latrin; watè

latrine cleaner: bayakou

laugh at: *v.* ri

laundress: *n.* lavandyèz; lesivyè

laundry: *n.* lesiv

lava: *n.* lav [wòch ki sòti nan vòlkan]

lavatory: *n.* twalèt

law: *n.* lalwa, lwa; dwa; lajistis; jistis; prensip

law enforcement: depatman lapolis, fòs-de-lòd, lapolis

law enforcement officer: polis

law of demand: lwa demand

law of supply: lwa òf

lawbreaker: *n.* moun ki dezobeyi lalwa

lawful duties: devwa; responsablite legal

lawn: *n.* gazon; zèb

laws of planetary motion: prensip; lwa kepler (teyori sou mouvman plànèt yo)

lawsuit: *n.* pwosè

lawyer: *n.* avoka

lax: *a.* neglijan, vag, relaks

laxative: *n.* medsin, laksatif, lòk; pigatif, pij

lay: *v.* kouche, etann, blayi, ponn

layer: *n.* kouch

laziness: *n.* parès

lazy: *a.* parese

lead (pb): 1. *n.* plon. 2. *v.* dirije, kòmande, kondi, mennen

lead (pencil): *n.* min (kreyon)

leader: *n.* lidè, gid, chèf, dirijan; bòs; alatèt

leadership: *n.* lidèchip; sans direksyon; talan pou dirije moun
leading indicators: endikatè tandans ekonomik
leaf: *n.* fèy
League of Nations: Lig Nasyon
leak: 1. *n.* fuit; 2. *v.* koule
leaky: *a.* koule
lean: *v.* panche, apiye
lean back: kage
leap: *v.* vole
learn: *v.* aprann
learn by doing: aprann pa woutin, aprann pa eksperyans
learned behavior: konpòtman moun devlope ak eksperyans
learning disability: pwoblèm pou aprann
lease: *v.* anfèmen
leased vehicle: machin ki lwe pou anpil tan
least: *a.* mwens, mwenn
least common multiple: pi piti miltip komen
leather: *n.* kui; po bèt
leave: *v.* kite, ale; lese, pati
leave of absence: absans pwolonje, absans otorize, konje san touche)
lecture: *n.* konferans
leech: *n.* sansi, vantouz
leek: *n.* powo
left: *n.* goch
left and right: adwat agòch

lefthanded: *a.* goche
leftovers: *n.* rès
leg: *n.* jigo; janm; pye
legal: *a.* legal; ki anrapò ak lalwa
legal advice: konsèy legal
legal duty: devwa dapre lalwa
legal remedies: resous legal
legal requirement: obligasyon lalwa (legal)
legal rights: dwa
legal tender: monè legal
legend: *n.* lejann (nan mitoloji); esplikasyon, kle (nan kat jeyografi)
leggy: *n.* janm long
legible: *a.* lizib
legislation: *n.* lejislation, lwa
legislative branch: branch lejislativ, pouvwa lejislatif
legislature: *n.* lejislati (chanm depite ak senatè); kò lejislati
legitimate: *a.* lejitim
legumes: *n.* pwa, pistach (eltr.), legiminez
leisure: *n.* pastan, lwazi
leisurely: *adv.* kè pòpòz
lemon: *n.* sitwon
lemon balm: melis
lemon grass: sitwonèl.
lemonade: *n.* limonad
lend: *v.* prete
lenght: 1. *n.* longè; 2 . *v.* lonje, alonje, ralonje

leniency: *n.* pitye, fè pa, mizerikòd
lenient: *a.* bon, kleman
lens: *n.* loup, lantiy
lenses contact: lantiy kontak
Lent: *n.* Karèm
leopard: *n.* leyopa
leprosy: *n.* lèp, lalèp
lesion: *n.* blesi, maleng, lezyon
less than: mwens pase; pi piti pase
lessen: *v.* diminye, redui
lesson: *n.* leson
let go: *v.* lage, ale, abandone
let, to permit: *v.* pèmèt; kite
let's: ann, annou
lethargic: *n.* kò kraze, san kouray; kò lage; manfouben; kè pòpòz
letter: *n.* lèt
lettuce: *n.* leti
leucocyte: *n.* lekosit [selil blan]
level: 1. *n.* nivo; 2. *v.* nivle, aplani
level 3 injuries: blese grav
level 4 injuries: blese trè grav
lever: *n.* levye
lewd & lascivious: zak devègonde
Lewis and Clark expedition: Ekspedisyon Lewis ak Clark
liability: *n.* obligasyon; responsablite legal
liability insurance: asirans-reskonsablite

liable: *a.* responsab
liar: *n.* mantè, dyòlè
libel: *n.* difamasyon, pale moun mal, fè fo temwayaj
libera (funeral responsory): *n.* libera
liberal: *n.* liberal
liberty: *n.* libète
libido: *n.* libido
library: *n.* bibliyotèk
lice: *n.* pou
license plate: plak machin
license tag: patant, plak machin, pèmi
lick: *v.* niche; lanbe
lid: *n.* kouvèti, bouchon
lie: *v.* manti, bay manti, fè manti
lie detection test: egzamen pou detekte manti
lie down; lying down: *v.* kouche
lieutenant: *n.* lyetnan
lieutenant governor: gouvènè adjwen
life: *n.* lavi; vi
life cycle: sik lavi, etap nan lavi
life expectancy: esperans vi, dire lavi
life imprisonment: kondanasyon avi
life span: dire lavi [ant nesans ak lamò]
life stages: etap devlopman
lifeless: *a.* mò; mouri; san vi

lifestyle: *n.* estil, fason pou viv dapre koutim, règ ak kondisyon pèsonèl

lift (free ride): *n.* woulib

lift: *v.* leve, monte, soulve

lift weight: *v.* bat fè, leve pwa

ligaments: *n.* ligaman (tisi elastik ki kenbe zo ak miskilati)

light (color): *a.* klè

light: *n.* limyè

light: *v.* limen, klere

light (weight): *a.* lejè

light as a feather: pay; lejè

light bulb: *n.* limyè; anpoul

light industry: endistri lejè

light post: poto limyè

light switch: switch

light work: travail lejè

light year: ane limyè

lighten: *v.* klere

lighter: *n.* brikè

lighthouse: *n.* fa; limyè

lightly: *adv.* lejèman

lightning: *n.* zeklè; loraj

lightning bug: koukouy

lignite: *n.* liyit (chabon tè)

like (as): prep. tankou, kouwè

like: 1. *v.* renmen; ancheri, apresye; 2. conj. tankou

like it or not: vle pa vle

like that: konsa

likeness: *a.* sanblab

liking: *n.* senpati; afeksyon

lily: *n.* lili

lima beans: pwadchous

limb: *n.* manm

lime: *n.* sitwon vèt; 2. lacho

limestone: *n.* tif

limit: 1. *n.* limit. 2. *v.* limite

limited government: gouvènman limite

limited liability: reskonsablite limite

limited monarchy: monachi limite

limited partnership: sosyete an kòmandit

limited war: lagè avèk limit

Limited Nuclear Test ban Treaty: Trete sou entèdiksyon tès nikleyè (1963)

limp: *v.* bwate

Lincoln-Douglas debates: debat Lincoln Douglas

line: *n.* liy; fil

line graph: *n.* graf fòm liy

line item veto: veto selektif

Line of Demarcation: Liy demakasyon

linear equation: ekwasyon lineyè

linear function: fonksyon lineyè

linen: *n.* dra, lenn

linger: *v.* pran tan; pa prese, dire

linguistics: *n.* lengwistik

lining: *n.* doubli

link: 1. *n.* lyen; 2. *v.* relye

lion: *n.* lyon
lip: *n.* pobouch, lèv
lipstick: *n.* fa pou makiye bouch
liquefaction: *n.* likefaksyon
liqueur: *n.* likè
liquid: 1. *a.* likid; 2. *n.* likid
liquid medicine: medikaman likid
liquid state: eta likid
list: 1. *n.* lis. 2. *v.* site, fè lis
listen: *v.* koute, tande
liter (l): *n.* lit
literacy: *n.* alfabetizasyon, kapasite pou li ak ekri
literacy classes: klas alfabetizasyon
literacy rate: to alfabetizasyon
literacy test: tès lekti
literal interpretation: entèpretasyon literal, mo pou mo
literate: *a.* alfabetize, kapab li ak ekri, konn li ak ekri
literature: *n.* literati
litigation: *n.* litij
litosphere: *n.* litosfè
litter: *v.* jete fatra nan lari, gaye fatra
little: *a.* piti, enpe
little by little: pazapa; pezape; piti piti, tigout-pa-tigout
little dipper: etwal petitous (konstelasyon)
little finger: orikilè, ti dwèt

live: *v.* viv, abite, rete
livelihood: *n.* lavi
lively, restless: *a.* mouvmante
liver: *n.* fwa, ògàn fwa
living: *a.* vivan; anvi
living room: *n.* salon; lasal
living thing: matyè vivan
living will: testaman
lizard: *n.* mabouya; leza, zandolit
load: 1. *n.* chaj; chajman; 2. *v.* chaje
loaf: 1. *n.* pen bwat; 2. *v.* kalewès; flannen
loan: 1. *n.* anpren; prè; 2. *v.* prete lajan; fè prè
lobby: *n.* lòbi
lobbying: *n.* lòbi
lobbyist: *n.* lòbiyis
lobster: *n.* woma
local: *a.* lokal, peyi, natif-natal
local union: sendika lokal
locate: *v.* lokalize, jwenn
location: *n.* pozisyon
lock: 1. *n.* très; kadna; 2. *v.* bloke; kadnase; klete; fèmen
locker: *n.* kazye
lockout: *n.* fèmti (Lè patwon fèmen izin pou yo fòse anplwaye negosye.)
lodge: 1. *n.* lòj; 2. *v.* ebèje, bay ladesant
loft: *n.* galata
log: 1. *n.* bout bwa 2. *v.* note, ekri

log book: jounal, dosye
logical thinking: lojik, bonsans, byen panse
logical thought: panse lojik, refleksyon lojik
logwood (tree): *n.* kanpèch
loiter: *n.* flannen san direksyon
lollipop: *n.* sousèt (bonbon)
lone: *a.* sèl, san konpayon
long: *a.* long
long ago: *adv.* nan tan lontan
long term: alontèm
long term effects: efè rezilta alavni, alontèm
long time: lontan
long time ago: tan lontan, sa fè lontan
long torso: elanse
Long March: Mach Long (1934)
long-term credit: kredi alontèm
long-term financing: finansman alontèm
longitud: *n.* lonjitid
longitudinal wave: onn lonjitidinal
look: 1. *n.* rega; 2. *v.* gade
look for: *v.* chèche
look forward: espere, enterese
looking chamber: chanm eksperyans, sal obsèvasyon
loose (morally): *a.* lib, leje
loose constitution: konsitisyon lib

loose money policy: politik monetè enflasyonis
loosen: *v.* lache
looter: *n.* piyajè
lopsided: *a.* dezekilibre, inegal, (ki) pa egal, (ki) pa·byen balanse
Lord: *n.* Sèyè
lose: *v.* pèdi
lose consciousness: pèdi konesans
lose control: pèdi kontwòl
lose weight: megri; kase, pèdi pwa
loser: *n.* lepèdan
loss: 1. *n.* pèt; defisi; chagren; 2. *v.* pèdi; fè defisi
loss of balance: pèdi ekilib
lost: *a.* pèdi
lot: *n.* pil
lotion: *n.* losyon, krèm
lottery: *n.* lotri
lottery number: *n.* boul; nimewo lotri
lottery ticket: *n.* biyè lotri; fich lotri
loud: *a.* fò
loudness: fòs yon bri
loudspeaker: *n.* opalè
Louisiana Purchase: Acha Louisiana (1803)
louse (lice): *n.* pou
lousy: *a.* degoutan
love: 1. *n.* lanmou. 2. *v.* renmen ·

lover: *n.* anmorèz; amoure; amannkè

lovesickness: *n.* mal damou

low beams: ti limyè

low, short: *a.* ba, kout

low-pressure area: zòn baspresyon

lower: *v.* bese; mete pi ba

lower abdomen: anbavant

lower back: senti

lower back pain: doulè nan do sou anba

lowest: *a.* pi piti

lowtide: *n.* marebas

loyalist: *n.* lwayalis

lubricate: *v.* grese

lucid: *a.* lisid, tèt klè

lucifer: *n.* lisifè

luck: *n.* chans

luckily: *adv.* erezman

lucky: *a.* chanse; ki gen chans

lucrative: *a.* rantab; ki rapòte (lajan); ki bay benefis

lug: *v.* trennen

luggage rack: pòtchay

lukewarm: *a.* tyèd

lull: 1. *n.* kalmi, akalmi; 2. *v.* apeze; kalme

lumbar vertebrae: zo rèl do, vètèb zòn ren

lumber: *n.* bwa, planch

lumen: *n.* limèn (anndan yon tib)

luminosity: *n.* liminozite

luminous: *a.* ki bay limyè, espas

lump: *n.* boul; mas, gwo moso

lump in the breast: boul nan sen

lunacy: *n.* foli; moun ki pèdi tèt li

lunar eclipse: eklips linè (lalin)

lunar month: mwa linè

lunch: *n.* dine, manje midi

lung: *n.* poumon

lung cancer: kansè poumon

lure: 1. *n.* cham; 2. *v.* chame; aleche, atire, fè lasisin

lurk, to prowl: *v.* alawonyay

lust: 1. *n.* konvwatiz; 2. *v.* konvwate

luster: *n.* briyans; refleksyon; ekla

lying: bay manti

M

M.R.I. (Magnetic Resonance Imaging): teknik pou wè anndan kò moun ak aparèy elektwonik

ma'am: *n.* madanm

macaroni: *n.* makawoni

mace: *n.* mas (flakon gaz lakrimojèn pou defans)

machete: *n.* manchèt

machine: 1. *n.* machin; oto, oto-mobil. 2. *v.* fòme; bay fòm

machine gun: mitrayèt

machine tools: machin-zouti

macho: *n.* macho; kòk lakou

macroeconomics: *n.* makwo-ekonomi

macromolecule: *n.* makwomolekil

mad: *a.* fache, fou

made: *v.* fèt; fè

madly: *adv.* tankou moun fou; alafoli

madness, folly: *n.* foli; pasyon

magararine: *n.* magarin

magic: 1. *a.* majik; 2. *n.* maji

magistrate: *n.* majistra; jij tribinal kasasyon

magistrate judges: majistra-jij

magma: *n.* magma [wòch likid cho]

Magna Carta: Magna Carta (1715)

magnesia: *n.* mayezi

magnesium (mg): *n.* manyezyòm

magnet: *n.* leman

magnetic energy: enèji mayetik

magnetic field: chan mayetik

magnetic flux: fli mayetik

magnetic force: fòs mayetik

magnetic poles: pol mayetik

magnetize: *v.* mayetize

magnificat: *n.* mayifika

magnificent: *a.* mayifik

magnifying glass: loup

magnitude: *n.* mayitid, gwosè

mahogany: *n.* kajou; akajou; mawogani, bwa

maid: *n.* bòn

maid of honor: marenn nòs

mail: *n.* lapòs; kourye, lèt 2. *v.* poste, mete lapòs; voye palapòs

mailman: *n.* faktè

main: *a.* prensipal, santral

mainland: *n.* granntè

mainly: *adv.* sitou; prensipalman

mainstay: *n.* poto mitan

mainstreaming: *n.* entegrasyon nan sik eskolè nòmal

maintain: *v.* mentni; konsève; kenbe

maize: *n.* mayi

maize, corn: *n.* mayi

major: *n.* majè, fondamantal, prensipal, primòdyal; majò (tit)

major depressive disorder: depresyon grav

major tranquilizers (antipsychotic): medikaman antisikotik; kalman

majority: *n.* majorite

majority party: pati majoritè

majority rule: pouvwa majoritè, gouvènman majoritè

make: 1. *n.* mak. 2. *v.* fè

make a fortune: *v.* vin rich

make a u turn: vire 180 degre pou chanje direksyon

make an appearance: *v.* parèt tèt

make an appointment: *v.* pase randevou, pran randevou

make believe: *v.* anjwèt; fèsanblan

make faces: *v.* fè tenten, fè grimas

make fun of: *v.* bay chalè (bay chenn), pase nan betiz; pase nan jwèt; pase nan tenten

make pregnant: *v.* angwosi

make up: *v.* rekonsilye

maladaptive behavior: pwoblèm adaptasyon

malanga: *n.* malanga

malanga fritter: *n.* akra

malaria: *n.* malarya, palidis; lafyèv frison

male: *n.* mal, gason

malevolent: *a.* malveyan; mechan

malice: *n.* malis; mechanste; malveyans

malicious mischief: mechanste

malign: *a.* nuizib

mallet: *n.* mayèt

malnutrition: *n.* malnitrisyon

malpractice: *n.* neglijans medikal

mammal: *n.* mamifè

man (male person): *n.* nèg; gason; moun; nonm

manage: *v.* degaje, debouye, dirije, gouvène, administre, sèvi (ak); jere, mennen

management skills: kapasite ak ladrès pou jere

manager: *n.* reskonsab, direktè

mandate: *n.* manda

mandatory: *a.* obligatwa

mandatory sentence: santans egzijib; santans obligatwa

mandible: *n.* machwa, mandibil, zo machwa anba

mane: *n.* krinyè

maneuver: *n.* mannèv

mango: *n.* mango; mang

Manhattan Project: Pwojè Manhattan

maniac: *a.* manyak; mabyal; fou

manifold: *n.* manifoul

manioc: *n.* manyòk

manioc flour: *n.* lanmidon, farin manyòk

manipulate: *v.* manipile

manipulative: *n.* tout bagay timoun ka manyen, teste, manipile, ki gen fòm; ki gen koulè, teksti, pou aprantisaj
mankind: *n.* lèzòm; imanite
manner, way (mode): *n.* jan; mòd; fason; lizay
manometer: *n.* manomèt (zouti pou mezire presyon)
manor: *n.* domèn, manwa
mansion: *n.* batisman; chato; gwo bèl kay; mansyon; vila
manslaughter: *n.* ansasinay; krim san premeditasyon, krim san planifikasyon
mantis: *n.* mantis (ensèk)
mantle: *n.* manto (rad); premye kouch latè
manual: 1. *a.* ki fèt alamen; 2. *n.* liv; manyèl
manufacture: 1. *n.* frabrik, izin; manifakti; 2. *v.* fabrike
manufactured goods: pwodui manifaktire (ki fèt nan izin, an kantite)
manure: *n.* fimye; angrè natirèl
manuscript: *n.* maniskri
many, much, a lot of: kantite; pakèt; bann; dal; chay; yon bann; anpil
map: *n.* kat jewografik
map (of landholding): *n.* kadas
map scale: *n.* echèl mezi ki sou kat jeyografi
maple: *n.* erab

marble: *n.* mab
march: 1. *n.* mach; manifestasyon; 2. *v.* mache opa
March: *n.* mwa Mas
March of Washington: Mach Washington
Mardi Gras: kanaval
mare: *n.* jiman
marginal utility: itilite majinal
marijuana: *n.* mariwana
marinate: *v.* tranpe, marinen, asezone
marine: *n.* maren
marine climate: klima lakòt ak sou lanmè
marital status: kondisyon matrimonyal, eta sivil
maritime: *a.* maritim
mark: 1. *n.* mak; tach; 2. *v.* make, tache
marker: *n.* bòn; limit; kreyon epè
market: *n.* mache
market economy: ekonomi baze sou mache
market research: etid mache
market structure: estrikti mache
market survey: ankèt sou mache
marketing: *n.* maketing, teknik pou fè pwomosyon
maroon: *a.* mawon
marriage: *n.* maryaj
marrow: mwèl ki andedan zo
marry: *v.* marye, melanje

Mars: *n.* planèt Mas
marsh: *n.* ma; ma dlo; marekaj
marshal: *n.* marechal
Marshall Plan: Plan Machal
(pou rekonstwi Lewòp apre
lagè)
marsupial: *n.* masipyal
martial law: lwa masyal (nan
peryòd lagè)
Martinique: *n.* Matinik (Zile
Karayib)
martyr: *v.* matirize; maspinen,
soufri
martyrdom (suffering): *n.* mati
marvelous: *a.* estrawòdinè
Marxism: Maksis (teyori
politik)
masculine: *a.* maskilen, mal, ki
konsènen gason
mash: *v.* pile; kraze; brase
mask: 1. *n.* mas; 2. *v.* maske
masochism: *n.* mazochis
mason: *n.* 1. mason, metye
mason; 2. sosyete sekrè
mass: *n.* [senbòl m] mas (pou
mezire pwa); lamès; mès
mass marketing:
komèsyalizasyon an mas
mass media: *n.* masmedya
(radyo, televizyon jounal pou
tout moun)
mass movement: *n.* mouvman
an mas
mass number: *n.* mas atomik
(kantite pwoton ak netwon ki

nan yon atòm)
mass production: fabrikasyon
an seri, pwodiksyon anmas
mass transit: transpòtasyon an
mas
massacre: 1. *n.* masak; 2. *v.*
masakre
Massacre: Masak
massage: *n.* masaj, rale
massive: *a.* masif , gwo, an
kantite
massive retaliation: represay
masiv
mast, pole: *n.* ma, poto, ma
drapo, poto elektrik
master: *n.* mèt; metriz, maton
mastitis: *n.* anflamasyon tete;
enfeksyon nan tete
mat: *n.* nat; atèmiyò, soupla
match: 1. *n.* alimèt, match
(espò), konpetisyon; 2. *v.* ale
ansanm; marye; kadre; asòti;
amonize; konpare
matches: *n.* alimèt
mate: 1. *v.* kwaze; akouple;
konpayèl; 2. *n.* matlo, ki ap
travay nan bato; moun ki pataje
apatman; moun ki plase
material: 1. *a.* (legal) ki nesesè;
ki enpòtan; ki endispansab. 2. *n.*
materyèl; materyo; matyè;
materyèl, engredyan,
enfòmasyon
material evidence: prèv
esansyèl

material witness: temwen kle
maternal: *a.* matènèl; koze manman
maternal influences: enfliyans matènèl
maternity: *n.* matènite
maternity blues: depresyon ak chagren moun ki ti-nouris; depresyon moun ki fèk akouche
maternity ward: sal akouchman
math: *abrev.* matematik
math skills: ladrès nan matematik
mathematical thinking: rezònman matematik
mathematics: *n.* matematik; kalkil, syans matematik
matinee: *n.* matine; bonè
matrix: *n.* matris
matter: *n.* pwoblem; matyè, lamatyè
matter of public record: dosye piblik
mattress: *n.* matla
mattress maker: matlasye
maturation: *n.* matirite fizik, devlopman fizik
mature: 1. *a.* devlope, mi (fin grandi); mi, granmoun; responsab, moun ki gen matirite; 2. ki mi
maturity: *n.* echeyans; matirite
mausoleum: *n.* mozole

maxilla: *n.* zo machwa anwo, maksilè
maximum: *a.* maksimòm
maximum life span: maksimòm esperans vi
may: *v.* mèt; kapab; pèmisyon pou
May: me, mwa me
maybe: *adv.* pètèt
Mayflower Compact: Antant Maryflower (1620)
mayonnaise: *n.* mayonèz
mayor: 1. *n.* majistra; 2. *a.* pi gran
me: *pron.* mwen
meadow: *n.* preri, pre
meal: *n.* manje, repa
mealworm: *n.* vè farin
mean: 1. *a.* ki gen move jan; 2. *n.* mwayèn; 3. *v.* vle di
mean world view: vizyon pesimis
meander: *n.* tras, zigzag, fant, wout rivyè
meaning: *n.* siyifikasyon, sans
meantime: *adv.* annatandan
measles: *n.* lawoujòl
measure: *v.* mezire, pran mezi entèvansyon
measurement: *n.* mezi
meat: *n.* vyann, chè, miskilati
meat eater: kanivò, manjèd vyann
meat grinder: moulen vyann
meat pie: pate vyann, toutyè

meatball: *n.* boulèt vyann
meaty: *a.* ki gen gou vyann, ki sanble ak vyann
Mecca: *n.* lamèk (kote ki enpòtan pou mizilman)
mechanic: *n.* mekanisyen
mechanical advantage: avantaj mekanik
mechanical energy: enèji mekanik
mechanical solution: solisyon mekanik
mechanics: *n.* mekanik
mechanization: *n.* mekanizasyon
meconium: *n.* mekomyòm (premye poupou ki soti nan vant tibebe ki fèk fèt)
medal: *n.* meday
medallion: *n.* medayon
meddle: *v.* mele; okipe zafè moun
media: *n.* medya (jounal, televizyon, radyo)
media center: bibliyotèk ki gen yon koleksyon medya
median: *n.* medyàn; mitan wout
mediation: *n.* medyasyon, entèsesyon legal
Medicaid: Medicaid (1965) (pwogram asirans leta pou ede moun jwenn swen medikal)
medical: *a.* medikal
medical supplies: atik medikal; materyèl medikal (tankou twal gaz, alkòl, sereng eltr.)
Medicare: Medicare (èd medikal pou granmoun aje)
medication: *n.* medikaman
medicine: *n.* remèd, medikaman; medsin
medicine cabinet: *n.* bifèt pou mete medikaman, famasi lakay
medicine dropper: *n.* konngout
medieval: *a.* medyeval, mwayennaj
meditation: *n.* meditasyon
medium: *n.* mitan, medyòm, mwayen
medmobil: *n.* otobis klinik mobil, (otobis) dispansè mobil
medullary cavity: *n.* kannal mwèl
meet: *v.* rankontre, kontre ak, fè konesans
meet the requirements: ranpli kondisyon, satisfè kondisyon
meeting: *n.* randevou; reyinyon; rankont
meeting notice: enfòmasyon (pou anonse) reyinyon
mega (m) 1,000.000 [10^6]: mega
megalopolis: *n.* megalopòl, gran vil
meiosis: *n.* meyoz (divizyon selil)
· **mellow**: *a.* dou, jovyal
melon: *n.* melon dlo
melt: *v.* fonn

melting point: tanperati pou fonn [solid pou vin likid]

melting pot: mèltingpòt (melanj inifòm ant kilti)

member: *n.* manm

membership: *n.* afilyasyon, vin manm

membrane: *n.* manbràn

memorandum: *n.* memorandòm

Memorial Day: jou fèt komemorasyon sòlda ki mouri nan lagè

memory: *n.* souvni; memwa

memory cue: siy pou ede menmwa

memory decay: pèt menmwa

memory disorder: pwoblèm memwa

memory loss: pèt memwa

memory structure: fason menmwa òganize

memory task: egzèsis pou menmwa

menace: *n.* menas

menarche: *n.* fòme, fè kwasans; premye règ, lè yon tifi fòme

mend: *v.* rapyese, rakomode; repare

meninges: *n.* menenj, tisi ki vlope sèvo ak mwèl epinyè

meningitis: *n.* menenjit (enflamasyon tisi ki vlope sèvo ak mwèl epinyè)

meniscus: *n.* meniskis

menopause: *n.* menopoz, lè fi rete

menses: *n.* peryòd, règ

menstrual period: règ chak mwa

menstruate: *v.* gen règ chak mwa

mental: *a.* mantal

mental disorders: maladi mantal

mental health: sante mantal

mental hospitalization: entène nan yon sant sante mantal

mental incapacity: moun tèt li pa bon; enkapasite mantal

mental retardation: reta mantal

mentality: *n.* mantalite

mentally: *adv.* mantalman

mention: 1. *n.* mansyon, felisitasyon. 2. *v.* mansyone, endike an pasan; lonmen non

menu: *n.* lis manje, meni

mercantilism: *n.* mèkantilis

Mercantilism: *n.* Mèkantilis (sistèm ekonomik ki baze sou mache, achte, vann, disponiblite, demand)

mercenary: *n.* mèsenè

merchandise: *n.* machandiz

merchandising: *n.* machandizaj, estrateji pou mete machandiz sou etajè pou atire moun

merchant: *n.* komèsan

merciless: pwenn fè pa

Mercosur: Mèkosou

mercury: *n.* mèki (metal likid); planèt ki pi pre solèy la
mercy: *n.* mizèrikòd; padon, pitye
mere: *a.* sèlman; apèn
merge: *v.* apwoche; youn al nan lòt, rankontre
merger: *n.* fizyon
meridian: *n.* meridyen
meringue: *n.* mereng
meringue (rhythm, dance): *n.* dans mereng; desè
merit: 1. *n.* merit 2. *v.* merite
mesmerize: *v.* inoptize
Mesopotamia: *n.* Mezopotami
mesosphere: *n.* mezosfè (kouch atmosfè ki ant estratosfè ak tèmosfè)
mess: *n.* melimelo; dezòd; fatra; gagòt
message: *n.* komisyon; mesaj
messenger: *n.* komisyonnè, mesaje
messy: *a.* malpwòp; an dezòd
mestizos: *n.* metis
metabolic disorder: dezòd, metabolik
metacarpus: *n.* zo metakap
metal: 1. *a.* metalik; 2. *n.* metal
metamorphic rocks: wòch metamòfik
metamorphosis: *n.* metamòfoz [chanjman], transfòmasyon
metatarsus: *n.* zo metatas

meteor: *n.* meteyò (limyè dife ki fèt lè yon meteyorit antre nan kouch atmosfè latè)
meteorite: *n.* meteyorit
meteorologist: *n.* meteyolojis
meteorology: *n.* meteyoloji
meter: 1. *n.* mèt; zouti pou mezire; kontè. 2. *v.* mezire
methane: *n.* metàn (gaz ch_4)
métis: *n.* metis
metric ruler: mèt, riban metrik [pou mezire longè]
metro area: zòn metwopoliten
metropolitan areas: zòn metwopoliten
mettle: *n.* kouraj
Mexican Revolution: Revolisyon Meksiken
mica: *n.* mika (wòch silikat plat epi mens)
micro (() 0.000 001 [10^{-6}]: mikwo (prefiks)
micro-electrode: *n.* mikwo elektwòd
microbe: *n.* mikwòb
microchip: *n.* sikui entegre
microeconomics: mikwo-ekonomi
microfilm: *n.* mikwo-film
micrometer: *n.* mikwomèt
micron: *n.* mikwon
microorganism: *n.* mikwo-òganis, mikwòb
microphone: *n.* mikwofòn
microscope: *n.* mikwoskòp

microwave: *n.* mikwo-onn
microwave oven: *n.* fou mikwo-onn
mid-term: *n.* nan mitan trimès
mid-term progress report: kanè, bilten pou mwatye trimès
middle: *adv.* omilye; nan mitan, sant
middle class: klas mwayèn
middle finger: dwèt majè
middle school: *n.* sizyèm ak setyèm ane
Middle East: Mwayennoryan
Middle Passage: Vwayaj travèse oseyan atlantik
middleaged: *a.* andezaj
middleman, broker: *n.* koutye
midnight: *n.* minwi
midway: *a.* ki nan mitan
midwife: *n.* fanmsaj
might: *n.* 1. pisans; 2. pètèt; ta ka
mighty: *a.* ki gen pouvwa
migraine: *n.* migrèn, maltèt
migrant: *n.* migran; imigran
migration: *n.* migrasyon [deplasman moun osinon bèt]
mild: *a.* mwayen, dous; lejè
mild punishment: ti pinisyon lejè
mild-mannered: *a.* moun ki dou
mildew: *n.* mwazi
mildewed: *a.* ki gen mwazi
mildly: *adv.* dousman, lejèman

mile: *n.* mil (inite pou mezire distans); 1 mil = 1.6 kilomèt
miles per hour (mph): mil-alè (inite pou mezire vitès)
miliped: *n.* milpat
militarism: *n.* militaris
military: *n.* lame, militè
military assistans: asistans militè
military headquarters: kazèn
militia: *n.* milis
militiaman: *n.* milisyen
milk: 1. *n.* lèt; 2. *v.* tire lèt
milk of magnesia: lèt mayezi
mill: 1. *n.* fabrik; izin, manifakti; moulen; 2. *v.* moulen
millennium: *n.* milenè (tranch mil ane)
millet: *n.* pitimi
milli (m) 0.001 [10e-3]: mili (prefiks)
millibar: *n.* miliba (inite pou mezire presyon)
milligram: *n.* miligram (inite pou mezire pwa)
milliliter (ml): *n.* mililit (inite pou mezire volim)
millimeter: *n.* milimèt (inite pou mezire longè)
million: *n.* milyon (1,000,000), 106
millisecond (ms): *n.* milisekonn

mimicry: *n*. imitasyon mimik [estrateji bèt genyen pou sanble ak anviwònman yo, konsa lòt bèt pa atake yo.]

min (minute): *n*. minit

mince: *v*. rache; filange (vyann)

mind: *n*. lespri

mindless: *a*. estipid; idyo

mine (dig): 1. *v*. minen; fouye; 2. *n*. min

mine: *pron*. pa m; pa mwen

mineral: *n*. mineral (ki pa òganik)

mineral oil: luil mineral

mineralogy: *n*. mineraloji

minimum: *n*. minimòm

minimum rate of return: enterè minimòm

minimum wage: salè minimòm

minimum wage law: lwa sou salè minimòm

mining: fouye min

miniskirt: *n*. minijip

minister: *n*. minis; pastè

minor: *a*. minè, ki poko majè

minor tranquilizers: kalman fèb

minority: *n*. minorite

minority action: aksyon minoritè

minority groups: gwoup minoritè

minority party: pati minoritè

mint: *n*. mant; pyès lajan

mint plant: tibonm, mant

minus: *adv*. mwens

minute: *n*. minit (inite pou mezire tan)

minutemen: militè kolon anglè

minutes (of a meeting): *n*. pwosèvèbal (yon reyinyon)

miracle: *n*. mirak

mirage: *n*. miraj

miranda warning: enfòmasyon sou dwa konstitisyonèl yon sitwayen ki nan men polis

mirror: *n*. miwa, glas

mirror-rear: retwovizè pou wè dèyè

mirror-sideview: retwovizè sou kote

miscarriage: *n*. foskouch, avòtman envolontè

misconduct: *n*. dezòd; movèz konduit

misdeed: *n*. zak

misdemeanor: *n*. deli, krim (ki pa grav), enfraksyon (ak lalwa)

misery: *n*. mizè; lamizè

misfortune: *n*. malè; devenn

misplace; misplaced, lost: *v*. anfouye (anfouraye)

miss: *n*. manzè; madmwazèl; mis

miss: *v*. manke; rate; flay

missing: *a*. ki manke, ki pa la

mission: *n*. misyon

mission statement: objektif prensipal, misyon prensipal

missionary: *n*. misyonè

Missouri Compromise: konpwomi Misouri (1820)

mist: *n.* seren, labrim

mistake, error: *n.* twonpri; erè

mistaken: *v.* twonpe; fè erè

mister: *n.* msye

mistletoe: *n.* gi, flè gi, fèy gi, plant gi

mistreat: *v.* maltrete; malmennen. chipote

mistress: *n.* metrès; madanm deyò; madanm sou kote

mistrial: *n.* jijman nil; jijman anile

mistrust: 1. *n.* mefyans; 2. *v.* mefye; pa fè konfyans

mistrustful: *a.* mefyan

misunderstand: *v.* mal konprann; konprann antravè

mix: 1. *n.* melanj, konpozisyon; 2. *v.* melanje; mele, konpoze

mixed economy: ekonomi miks

mixer: *n.* melanjè, miksè

mixture: *n.* melanj

mmr: vaksen kont saranpyon, malmouton ak lawoujòl

moan, to groan: *v.* plenn; plenyen; rale, jemi

mob: *n.* foul; mas; bann

mobile: *a.* transpòtab, mobil

mobile home: kay sou woulèt, kay mobil

mobility: *n.* mouvman; mobilite

mobilization: *n.* mobilizasyon

mobilize: *v.* moblize

mode: *n.* mòd

model: *n.* modèl, echantiyon, egzanp; modil

modelling clay: ajil

moderate: 1. *v.* modere; 2. *a.* modere

moderately: *adv.* ak moderasyon

modern: *a.* modèn

modification: *n.* chanjman; modifikasyon

modify: *v.* changer, modifier

module: *n.* modil

modus operandi: abitid, pwosedi regilye, fason-daji

moist: *a.* imid, mouye

moisten: *v.* mouye lejèman

moisture: *n.* imidite

molar: *n.* gwo dan, molè, dan dèyè

molasses: *n.* siwo kann; melas

mold: *n.* 1. limon; mwazi; 2.(form) moul; moul gato; moul ajil

moldy: *a.* mwazi; kanni

mole: *n.* siy, bouton

molecular mass: mas molè

molecule: *n.* molekil

molest: *v.* abize yon moun seksyèlman; deranje; moleste

mollusk: *n.* molis, kò mou (lanbi)

molt: *v.* chanje po

mom: *n.* manman

moment: *n.* moman, kadè, ti kadè

momentum: *n.* kantite mouvman
monarchy: *n.* monachi
Monday: Lendi
moneran: *n.* monera [mikwòb san nwayo]
monetarism: *n.* monetaris
monetarist: *n.* monetaris
monetary policy: politik monetè
monetary rule: règ monetè
money: *n.* lajan; kòb
money market deposit account: kont depo komen plasman
money market fund: fon komen plasman
mongol: *n.* mongòl
mongoose: *n.* woulong, mangous
monitor: *v.* kontwole, siveye, enspekte, verifye, egzamine; 2. *n.* ekran konpitè
monkey: *n.* makak
monocotyledon: *n.* monokotiledon (plant)
monopolistic competition: konkirans monopolistik
monopolize: *v.* monopolize; gen monopòl; akapare
monopoly: *n.* monopòl
monotheism: *n.* monoteyis, yon sèl Bondye
Monroe Doctrine: Doktrin Monnwo (lide ki pretann Etazini gen dwa sou tout sa ki ap pase toupatou nan kontinan amerik la
monsoon: *n.* lamouson, mouson, peryòd inondasyon
monster: *n.* mons
Montgomery Bus Boycott: Bòykotaj bis Montgomery (1955-56)
Montgomery Improvement Association: Asosyasyon pou Amelyore vil Montgomerry
month: *n.* mwa
moo, to bellow: *v.* begle
mood: *n.* atmosfè, atitid, tanperaman
moody: *a.* mosad
moon: *n.* lalin
moon phases: katye lalin
moonlight: *n.* limyè lalin; travay denwit
moral anxiety: remò konsyans, regrè
moral development: devlòpman moral
moral turpitude: krim depravasyon moral, konpòtman deprave
morale: *n.* moral
more: 1. *a.* pi; plis; pi gran pase; 2. *adv.* pi
more the more: plis plis
morgue: *n.* mòg
Mormon: Mòmon

Mormon Church: Legliz Mòmon

morning: *n.* maten

morphemes: *n.* mòfèm

Morse code: kòd Mòs

mortar: *n.* mòtye; pilon

mortgage: 1. *n.* ipotèk; peman ipotèk chak mwa; 2. *v.* poteke, pran ipotèk

mortgage banker: bankye ipotekè

mortise: 1. *n.* montwaz; 2. *v.* montwaze

mortuary: 1. *a.* mòtiyè; 2. *n.* mòg

mosaics: *n.* mozayik

mosque: *n.* moske (legliz mizilman)

mosquito: *n.* marengwen; moustik

mosquito net: *n.* moustikè

moss: *n.* bab panyòl, mous, limon

most: *a.* anpil, plis, laplipa

most-favored-nation status: peyi ki gen plis favè

mostly: *adv.* pi plis; laplipa; anjeneral; prensipalman

motel: *n.* motèl

moth: *n.* papiyon denwit, papiyon lanp, noktyèl

moth ball: naftalèn

mother: *n.* manman

mother in law: *n.* bèlmè

mother of pearl: *n.* pèl natirèl; nak (nan kokiy zuit)

mother superior, nun: *n.* mè siperyè

mother's milk: *n.* lèt manman

motion: *n.* mouvman, deplasman; (legal) petisyon, demann

motion denied: derefize pèmisyon; refize mosyon

motion granted: bay pèmisyon; aksepte mosyon

motion picture: *n.* fim, sinema

motion to depose: pèmisyon pou kesyone oubyen pou pran deklarasyon yon temwen

motion to exclude: (legal) demann pou retire yon pati nan yon temwayaj oubyen yon pati nan yon prèv

motion to expunge: demann pou efase enfòmasyon nan yon dosye

motionless: *a.* ki san mouvman

motivate: *v.* motive; ankouraje; bay jarèt

motivated: *a.* enterese, motive

motivation: *n.* motivasyon

motor: *n.* motè

motor skills: ladrès fizik

motorcycle: *n.* motosiklèt

motorcycle permit: pèmi pou kondui motosiklèt

Motown Records: Motown Records

mount: 1. *n.* montaj; 2. *v.* asanble; monte
mountain: *n.* mòn, montay
mountain men: trapè
mourn: *v.* pote dèy; tristès lanmò
mouse: *n.* sourit; makè nan konpitè
mousetrap: *n.* ratyè; ti biznis lakay pou degaje
moustache: *n.* bigote; moustach
mouth: *n.* bouch
mouthful: *n.* bouch plen
mouthwash: *n.* dezenfektan pou lave bouch; rens-bouch
move: 1. *n.* mouvman; deplasman; 2. *v.* bouje, deplase; chikin
move in: *v.* bwote
move into: *v.* enstale
movement: *n.* mouvman; deplasman
movie: *n.* fim, sinema
movie theater: sal sinema
mph (mile per hour): mil alè (inite vitès)
mrs: madan
much: *a.* bokou; anpil; plizyè
muck: *n.* fimye
mucous stool: poupou ki gen glè
mucus: *n.* flèm, glè; pi, mikis; larim
mud: *n.* labou
mud flaps: plak pou pare labou
muddy: *a.* twoub, ki pa klè

mudflow: *n.* lavalas labou
mug, cup: *n.* gode
mulatto: *n.* milat, milatrès
mulberry: *n.* mi (fwi)
mule: *n.* milèt
mullet: *n.* pwason milèt
multi-media: plizyè mwayen kominikasyon, miltimedya
multicultural: *a.* miltikiltirèl
multilingual: *a.* plizyè lang diferan, miltilang
multinational: *a.* miltinasyonal
multinational corporation: sosyete miltinasyonal
multiparty system: system miltipatit
multiple: *a.* miltip
multiple cropping: kilti miltip
multiple personality: pèsonalite miltip
multiple sclerosis: esklewoz anplak
multiplicand: *n.* miltiplikann
multiplication: *n.* miltiplikasyon
multiplier: *n.* miltiplikatè
multiply: *v.* miltipliye
mumble: *v.* mamonnen; mamòte
mumps: *n.* malmouton
Munich Conference: Konferans Minik (1938)
municipal: *a.* minisipal
municipal courts: tribinal minisipal
municipality: *n.* minisipalite

murder: 1. *n.* ansasinay; krim; 2. *v.* ansasinen; touye

murmur (heart): *n.* son nan kè ki pa nòmal

murmur: *v.* mamòte; bougonnen; mimire

muscle: *n.* mis, miskilati

muscular: *a.* miskle

muscular system: sistèm miskilati

mushroom: *n.* djondjon, chanpiyon

music: *n.* mizik

music education: fòmasyon mizikal

musical group: ansanm; gwoup mizikal

musician: *n.* mizisyen

Muslims: Mizilman

must: 1. *n.* nesesite; 2. *v.* dwe; fò; oblije

mustache: *n.* moustach

mustard: *n.* moutad

musty: *a.* ki santi mwazi; ki gen odè mwazi

mutation: *n.* mitasyon, chanjman

mute: *a.* bèbè, ki pa gen son

mutilate: *v.* masakre; mitile

mutton: *n.* mouton

mutual: *a.* resipwòk

mutual fund: fon komen plasman

mutual interdependence: entèdepandans mityèl (youn depann de lòt)

muzzle: *n.* mizo

my: *pos.* m, mwen, pa m

myocardial infarction: kriz kè, enfaktis miskilati kè

myopia: *n.* myopi (pa kapab wè lwen), myòp

myself: *pron.* mwen menm, mwen

mysterious: *a.* mistik

mystery: *n.* mistè, sekrè

N

N/A: (abrevyasyon) (ki) pa ladan; pa apwopriye; pa konsène
NAACP: Nasyonal Asosiyasyon pou Avansman moun Nwa
nag: *v.* pale anpil; anmède
nagging: *a.* pale san rete; blablabla; anmède
nail: *n.* 1. zong; klou; 2. *v.* kloure
nail biting: abitid manje zong
nail cutter: tay zong
nail file: *n.* lim zong
naked: *a.* toutouni
name: 1. *n.* non; 2. *v.* lonmen, site
nano: *n.* nano (0. 000 000, 001 [10^{-9}])
nanometer: *n.* nanomèt
nap: *n.* kabicha, dòmi lajounen; asoupi; repo; syès
napkin: *n.* napkin, sèvyèt an papye
narcolepsy: *n.* kriz somèy, dòmi san rete
naris: *n.* twou nen
narrate: *v.* rakonte
narrow: *a.* jennen; etwat; mens
narrowly: *a.* ki limite
narrowminded: *a.* lespri bòne
nasal: *a.* nazal

nasal bone: zo nen
nasal congestion: nen bouche, konjesyon nazal
nasty: *a.* degoutan, dezagreyab, malpwòp
Nat Turner's Rebellion: Rebelyon Nat Turner (1831)
nation: *n.* nasyon
nation-state: *n.* eta-nasyon
national: *a.* nasyonal
national debt: dèt nasyonal
national income (NI): revni nasyonal
national income accounting: kontablite revni nasyonal
national origin: peyi kote (yon moun) sòti, orijin nasyonal
National Grange: Granj Nasyonal
National Liberation Front (NLF): Fwon Nasyonal Liberasyon
National Organization for Women (NOW): Òganizasyon Nasyonal pou Fanm
National Origins Act: Lwa sou Orijin Nasyonal (1924)
National War Labor Board: Konsèy Nasyonal sou konfli nan Travay
National Woman's Party (NWP): Pati Nasyonal Fanm
nationalism: *n.* nasyonalis
nationality: *n.* nasyonalite

nationalization: *n.*
nasyonalizasyon
native: *a.* natifnatal (natif),
otoktòn
native minerals: eleman natirèl
natif
Native American Indian:
Endyen natif-natal Ameriken;
endijèn
native-born citizen: sitwayen
natif natal
nativist: *n.* nativis
NATO: NATO
natural: *a.* natirèl
natural number: nonm antye
natural resources: *n.* resous
natirèl
natural rights: dwa natirèl
natural selection: prensip
evolisyon natirèl; seleksyon
natirèl
natural setting: anviwònman
natirèl
naturalization: *n.*
natiralizasyon
naturalized citizen: sitwayen
natiralize
naturally: *adv.* natirèlman
nature: *n.* konpozisyon, nati,
kalite; lanati
nature reserves: rezèv natirèl
naught: *n.* anyen menm; anyen;
pa pip, pa tabak
naughty: *a.* anyen ditou;
vakabon

nausea: *n.* kè plen, anvi vomi;
noze, endijesyon; kè tounen
nauseated: *a.* ki gen kè plen
naval forces: fòs naval; marin,
lamarin
navel: *n.* lonbrit
navigable: *a.* navigab
navigation: *n.* navigasyon
Navigation Acts: Lwa sou
Navigasyon (1650-95)
navy: *n.* marin, lamarin
Nazis: nazi
near: 1. *pre.* raz; bò; bò kote; 2.
adv. toupre, akote
nearby: *adv.* tou pre
nearly: *adv.* prèske
neat: *a.* pwòp, òganize, byen
ranje.
nebula: *n.* nebilez
necessary: *a.* nesesè
necessity: *n.* nesesite
neck: *n.* kou
neck brace: aparèy moun mete
nan kou moun apre yon aksidan
necklace: *n.* kolye; chenn.
necktie: *n.* kravat; kòl
nectar: *n.* nekta, siwo flè
need: 1. *n.* bezwen, satisfaksyon,
nesesite, egzijans; 2. *v.* bezwen
need to affiliate: bezwen zanmi,
bezwen asosye
needle: *n.* zegwi
needless: *a.* initil, sipèfli
negative: *a.* negatif

negative attention seeking: konpòtman negatif pou atire atansyon

negative number: nonm negatif

negative reinforcement: ankourajman negatif

neglect: *v.* neglije; abandone

negligence: *n.* neglijans

negotiate: *v.* negosye

negotiation: *n.* negosyasyon

neigh: 1. *n.* ranni, hihan; 2. *v.* ranni

neighbor: *n.* vwazen, vwazin

neighborhood: *n.* vwazinaj; katye; zòn; vwazinay

neither: ni youn ni lòt, ni... ni

neolithic: *a.* neyolitik

neon lights: limyè fliyoresan

neonate: *n.* tibebe ki fèk fèt

nephew: *n.* neve

Neptune: *n.* Neptin (planèt)

nerve: *n.* nè

nerve cell: selil nè

nervous: *a.* sou tansyon, enève

nervous disorders: maladi nè, twoub mantal

nervous system: sistèm nè

nervousness: *n.* eksitasyon

nest: *n.* nich

net: *n.* filè; nas

net domestic product (NDP): pwodui enteryè nèt

net income: revni nèt

net weight: pwa

network: *n.* rezo

networking: *n.* fòme gwoup (rezo enfòmasyon) pou fè tèt ansanm

neurology: *n.* newoloji

neuron: *n.* newon (selil nè ki fòme sistèm nève)

neurosis: *n.* nevwoz; anksyete

neurotic anxiety: dilèm nevwotik

neurotransmitter: *n.* newotransmetè

neuter: *a.* net; (ki pa ni mal ni femèl), chatre

neutral: *a.* net (ki pa pozitif, ni negatif)

neutrality: *n.* netralite

Neutrality Proclamation: Pwoklamasyon Netralite (1793)

neutralization: *n.* netralizasyon

neutron: *n.* netwon

never: *adv.* jamè, janm, pa janm

nevertheless, in any case: kanmenm; antouleka

new: *a.* nouvo; nèf; jenn; tou nèf

new deal: nouvo kontra

new moon: lalin nouvèl

New Deal: Nouvo-opòtinite

New Federalism: Nouvo Federalis

New Frontier: Nouvo Fwontyè

New Jersey Plan: Plan New Jersey

New Year's Day: joudlan, ane nouvèl

New York: Nouyòk

newborn: *n.* tibebe (ki fèk fèt)

newcomer: *n.* moun nouvo, moun ki fèk vini

newly industrialized countries (NICs): nouvo peyi endistriyalize

news: *n.* nouvèl; zen; enfòmasyon

news coverage: repòtaj

newsletter: *n.* bilten nouvèl enfòmasyon

newspaper: *n.* jounal

newsprint: *n.* papye jounal

next: *a.* pwochèn; lòt

next day: nan landemen; jou apre; demen

nibble, to gnaw: *v.* wonyen; fè lasisin

nice: *a.* bon, janti, emab

niche: *n.* nich [anviwònman]

nick: *n.* ti twou; ti mak

nickel: *n.* senk santim (ameriken), vennsenk kòb (ayisyen); metal (ni) nikèl

nickname: *n.* ti non jwèt

nicotine: *n.* nikotin (pwodui chimik nan sigarèt)

niece: *n.* nyès

nifty: *a.* debouya; ekonòm

night: *n.* lannwit, nwit

night blindness: pwoblèm pa kapab wè byen lannuit

night club: *n.* nayklèb; kafe; klib pou danse

nightingale: *n.* wosiyòl

nightmare: *n.* kochma

nightstand: *n.* tabdenwi

nine: *a.* chif nèf (9)

nineteen: *a.* diznèf (19)

Nineteenth Amendment: Diznevyèm Amannman (1920)

ninetieth: *a.* katrevendizyèm. $(90^{\text{yèm}})$

ninety: *a.* katrevendis (90)

ninth: *a.* nevyèm $(9^{\text{yèm}})$

ninth grade: nevyèm ane lekòl

nip: *v.* zongle, koupe, kase boujon

nipple: *n.* (bottle) tetin; (breast) pwent tete

nirvana: *n.* nivana

nitrogen (n): *n.* nitwojèn, azòt

no: *adv.* non; okenn

no one (no body): *pron.* pèsòn

no U turn sign: siy ki endike ou pa gen dwa virewon

no-fault divorce: divòs san fot (divòs nesesè)

no-man's-land: kote moun pa met pye

Nobel Prize: Pri Nobèl Lapè

nobility: *n.* noblès

noble gas: gaz nòb [ki pa reyaji fasil]

nobody: *pron.* pèson moun

nod: *v.* souke tèt; siy dakò

nod off: bay kout tèt; asoupi; kabicha

node: *n.* ne

noise: *n.* bri

noise pollution: twòp polisyon ak bwi

noisy: *a.* briyan, ki fè anpil bri

nomad: *n.* nomad

nominate: *v.* deziyen

nominating convention: konvansyon nominasyon

nomination: *n.* nominasyon

non living: ki pa vivan

non partisan: *a.* nonpatizan, enpasyal, san patipri

non renewable resource: resous ki pa renouvle (tankou petwòl)

non-literate: *a.* analfabèt

non-profit: *a.* ki pa komèsyal

non-stop: *adv.* san rete, san poze

non-violence: *a.* nonvyolans, pasifik

nonagon: *n.* nonagon, (fòm ki gen nèf kote ak nèf ang)

nonagression pact: pak kont agresyon

nonalignment: *n.* non-aliyman (ki pa pran pozisyon apuiye yon sistèm politik)

none: *pron.* okenn

none of them: *pron.* yo youn

nonmetal: *a.* ki pa metal

nonprofit organization: òganizasyon non-komèsyal

nonsense: *n.* tenten; betiz; radòt

nonviolent resistance: rezistans san vyolans

nook, cranny: *n.* rakwen

noon: *n.* midi

noose: *n.* nekoulan

nor, (not) either: *conj.* ni tou

norm: *n.* nòm, prensip

normal: *a.* nòmal; natirèl, regilye

normal curve: *a.* koub nòmal

normal faculties: bon sans

normalcy: *n.* nòmalite

normally: *adv.* nòmalman

north: *n.* nò; direksyon nò; nan nò

north east: nòdès

north pole: pol nò

north star: etwal polè

north west: nòdwès

North America: Amerik-di-Nò

North American Free Trade Agreement (NAFTA): Akò Lib Echanj Amerik-di-Nò

North Atlantic Drift: Kouran Atlantik Nò

North Atlantic Treaty Organization (NATO): Trete Òganizasyon Atlantik Nò

northern: *a.* ki nan nò

Northern Alliance: Alyans Nò

Northwest Passage: Pasaj Nòdwès

Northwest Territory: Teritwa Nòdwès

nose: *n.* nen

nose bleeding: nen senyen

nosey: *a.* kirye; tripòt; antyoupwèt, tyòtyòwè; fouyapòt; jouda

nostril: *n.* twou nen, narin

nosy: *a.* fouyapòt

not: *adv.* pa, non

not at all: *adv.* pa...ditou

not guilty: pa koupab; pa antò

not only: *conj.* non sèlman

not so well: *adv.* malman

not yet: *adv.* poko

nota bene: pa bliye, sonje, atansyon

notary public: *n.* notè

notch: *n.* antay

note (musical): *n.* nòt mizik

note (notice): *v.* note; remake, sonje

note (written message): *n.* nòt; biyè

notebook: *n.* kaye

nothing: *pron.* anyen

notice: *n.* avi, notis; kominike; avi; avètisman

noticeable: *a.* fasil pou wè

notify: *v.* enfòme, notifye

notion: *n.* prensip, konsèp

notorious: *a.* repite

nourish: *v.* nouri

nourishing: *a.* nourisan, ki fòtifyan

nova: *n.* nova

novel: *n.* woman, nouvote

November: mwa novanm

now: *adv.* kounye a

nowadays: *adv.* alèkile; sèjousi

nowhere: *adv.* okenn kote

noxious: *a.* nosif, danjere

nuclear: *a.* nikleyè

nuclear age: laj nikleyè

nuclear energy: enèji atomik

nuclear families: fanmi nikleyè (fanmi ki viv an sèk fèmen konpare ak fanmi k ap viv ak vwazinay)

nuclear powerplant: santral nikleyè

nuclear reaction: reyaksyon nikleyè

nucleus: *n.* nwayo

nucleus reactor: *n.* reyaktè nikleyè

nude: *a.* toutouni, touni, san rad

nuisance: *n.* pongongon; nuizans

null: *a.* nil, initil

null set: ansanm vid

nullification crisis: kriz anilasyon

numb: *v.* angoudi; pa santi anyen, san sansasyon, mò; ankiloze, dòmi

number: *n.* nonm, chif, nimewo

number line: liy ak seksyon nimewote

numbness: *n.* pa santi anyen
numeral: 1. *a.* nimeral; 2. *n.*
nonm, chif
numerator: *n.* nimeratè
numerical expression:
espresyon nimerik
nun: *n.* relijyez, mamè, chèsè;
mè katolik
Nuremberg Trials: Pwosè
Nuremberg (1945)
nurse (breastfeeding): *v.* bay
tete
nurse: *n.* enfimyè, mis
nurse practitioner: enfimyè
nursery (horticulture): *n.*
pepinyè plant
nursery: *n.* gadri, kote yo gade
timoun piti
nursery school: jaden danfan
nursing: *n.* metye enfimyè,
domèn etid pou enfimyè
nursing home: azil pou
granmoun
nursing mother: nouris, ti
nouris
nut: *n.* 1. nwa, nwa kajou; kle
mekanisyen pou repare machin;
fou, tèt-pa-la
nutmeg: *n.* miskad
nutrient: *n.* nitriyan, vitamin
nutrition: *n.* nitrisyon
nutritionist: *n.* nitrisyonis
nutritious: *a.* ki bon pou
lasante; fòtifyan; nourisan
nutritive: *a.* nitritif

nylon: *n.* nayilonn
nymph: *n.* nenf, kokon papiyon,
etap nan devlopman papiyon

O

o'clock: *adv.* è, lè
oak: *n.* bwadchèn; pye bwadchèn
oar: *n.* zaviron; zaviron ti bato
oasis: *n.* lwazis, yon ti kote ki fè fre nan yon zòn ki dezètik epi ki cho.
oat: *n.* avwàn
oat bran: pay avwàn
oath: *n.* sèman ofisyèl, pwomès
oatmeal: *n.* avwàn; farin avwàn
obedience: *n.* obeyisans; soumisyon
obedient: *a.* obeyisan
obese: *a.* gwo; moun ki gwo, gwo vant, obèz
obesity: *n.* obezite, moun ki gwo, moun ki gra anpil
obey: *v.* obeyi
obituary: *n.* anons lanmò
object: 1. *n.* objè, bagay, bi, objektif; 2. *v.* pwoteste; pa dakò;
objection: *n.* pwotestasyon; objeksyon; dezakò
objective: *n.* objektif; bi
obligate: *v.* oblije, fòse
obligation: *n.* obligasyon
obligatory: *a.* obligatwa
obliged: *a.* blije; oblije
oblique: *a.* oblik
obliterate: *v.* elimine
obliteration: *n.* eliminasyon
oblivious: *a.* enkonsyan
obscene: *a.* obsèn; malelve, move mo, move jès
obscenity: *n.* obsenite, move mo, betiz
obscure: 1. *a.* fènwa; obski; sonb; 2. *v.* kache; maske; bwouye
obscurity: *n.* obskirite; tenèb; fènwa
obsequious: *a.* flatè
observation: *n.* obsèvasyon, remak, konsantrasyon, siveyans; egzamen; etid
observational learning: aprann pa obsèvasyon
observe: *v.* obsève
obsess: *v.* obsede; ante
obsession: *n.* obsesyon, mani, abitid, pasyon
obsessive: *a.* obsesif; san kontwòl
obsolescence: *n.* obsolesans, pase mòd, ansyen
obsolescent: *a.* obsolesant; ki pa alamòd; ki pase mòd
obsolete: *v.* demode
obstacle: *n.* obstak, difikilte
obstetrician: *n.* obstetrisyen, doktè ki fè akouchman
obstetrics: *n.* domèn medsin ki okipe afè akouchman
obstruct: *v.* bare, bouche
obstructing: bare chemen

obstruction: *n*. blokaj; blokis; ankonbreman

obtain: *v*. pran, obteni, jwenn

obtainable: *a*. ki ka jwenn

obtuse (triangle): triyang obti (triyang ki gen yon ang ki depase 90 degre

obtuse angle: ang obti (ang ki depase 90 degre), (>90, <180)

obvious: *a*. evidan, aklè

obviously: *adv*. avèk evidans; klèman; aklè

occasion: *n*. okazyon

occasional: *a*. okazyonèl; ki pa regilye

occasionally: *adv*. tanzantan; kèkfwa; pafwa; raman

occipital bone: zo oksipital, zo dèyè tèt

occipital lobes: lòb oksipital (pati nan sèvo)

occupation: *n*. okipasyon

occupy: *v*. okipe, pran

occur: *v*. rive, pase

occurrence: *n*. evènman; sikonstans

ocean: *n*. oseyan, gwo espas dlo lanmè

ocean current: kouran nan lanmè

oceanography: *n*. oseyanografi (domèn syans ki etidye lanmè)

octagon: *n*. oktagòn (poligòn ki gen uit kote, uit ang)

octave: *n*. oktav (entèval uit 8)

October: oktòb, mwa oktòb

octopus: *n*. pyèv (bèt lanmè ki gen uit pat)

odd: *a*. etranj, dwòl, enpè

odd number: nonm enpè (1, 3, 5...)

odometer: *n*. odomèt, zouti pou mezire vitès

odor: *n*. odè; lodè; sant

of: *prep*. **(about a topic)**: sou

offend: *v*. ofanse, choke

offender: *n*. delenkan, akize, koupab (apre jijman)

offense: *n*. move zak; dezobeyi lalwa, ofans

offer: 1. *n*. òf; 2. *v*. ofri; pwopoze

offer a plea: ofri yon antant; fè yon antant

office: *n*. biwo, kabinè

officer: *n*. ofisye, jandam, polis, fonksyonè; (corporation), direktè, dirijan

official: 1. *a*. ofisyèl; 2. *n*. ofisyèl; fonksyonè

offset: 1. *n*. konpansasyon, metòd enpresyon; 2. *v*. konpanse

offspring: *n*. pwojeniti; pitit

often: *adv*. souvan

Ohm: *n*. Om (inite rezistans elektrik)

Ohm's law: lwa Om

oil: 1. *n*. luil petwòl; 2. *v*. grese; mete luil

oil crisis: kriz petwòl, ratman petwòl

oil tanker: tank petwòl, bato transpòtè petwòl

ointment: *n.* pomad

OK: oke; byen; se byen

okra: *n.* kalalou, kalalou gonbo

old: *a.* vye, aje, ansyen

old age: vyeyès

old fashion: *a.* ki pase mòd

oldest: *sup.* ki pi vye, ki pi granmoun

olfaction: *n.* sans pou pran sant

olfactory area: zòn pou pran odè; zòn olfaktik

oligarchy: *n.* oligachi

oligopoly: *n.* oligopòl

olive: *n.* oliv

Olive Branch Petition: Petisyon branh Oliv la (1775)

ombilical cord: kòd lonbrit

omen: *n.* prezaj; prediksyon

omivorous: *a.* omnivò, ki mange tout bagay

omnipotence: *n.* ominpotans; tout puisans

omnipotent: *a.* ki gen tout pouvwa

on (a topic): *prep.* sou

on bail: libète sou kosyon

on or about: *adv.* apeprè

once: *adv.* yon fwa, yon sèl fwa

once upon a time: nan tan lontan, vwala

oncoming: *a.* ki ap vini anfas, ki ap vini sou ou

one: 1. *art.* yon; 2. *a.* youn, en (1)

one to one: youn pou youn, en-a-en

one would say: ondire

one-by-one: youn pa youn, grenn pa grenn, youn dèyè lòt

one-on-one: endividyèl, apa, youn pou youn

one-party system: sistèm pati inik

one-price system: sistèm a pri fiks

one-way: *a.* sans-inik, ki ale nan yon sèl direksyon

ones (place value): inite

oneself: *pron.* oumenm

ongoing: *a.* aktyèl, anmach, k ap fèt kounye a, san rete, abitid

onion: *n.* zonyon

only: 1. *a.* sèl, inik; 2. *adv.* sèlman

onto: *prep.* sou

ooze: *v.* swente, filtre, koule

opaque: *a.* opak

open: 1. *a.* ouvri, louvri; 2. *v.* louvri, dekachte, inogire

open admission: enskripsyon pou tout moun san distenksyon, san diskrimasyon

open book exams: egzamen liv ouvè

open circuit: sikui ouvè, etenn

open house: vizit pou (tout) moun ki enterese

open primary: eleksyon primè lib

open range: teren lib

open shop: antrepriz lib

Open Door Policy: Politik Pòt Louvri (politik pou kite tout moun enskri san kondisyon)

open-market operations: operasyon mache lib

opening: *n.* ouvèti

opening statement: diskou ouvèti; diskou pou kòmanse, entwodiksyon

openly: *adv.* franchman; piblikman

operate: *v.* opere, fonksyone

operating room: sal operasyon

operation: *n.* operasyon, fonksyònman

operational definition: definisyon pratik

operator: *n.* operatè

opinion: *n.* opinyon

opportunity: *n.* okazyon, opòtinite, avantaj, posiblite

opportunity cost: koudopòtinite

oppose: *v.* opoze

opposite: 1. *a.* kontrè; 2. *prep.* anfas

opposite direction: nan sans opoze

optic nerve: nè optik

optical density: dansite optik

optical illusion: ilizyon optik

optical telescope: teleskòp optik

optimistic: *a.* optimis; ki pozitif

option: *n.* chwa, opsyon

optional: *a.* si (ou) vle

or: *prep.* oswa, oubyen, osinon, ou

oral: *a.* oral

oral history: istwa oral, fòlklò

oral stage: faz oral, peryòd oral

oral tradition: tradisyon oral

orally: *adv.* aloral; pa bouch; oralman

orange: *n.* zoranj

orange juice: ji zoranj

orbit: *n.* òbit [lespas], vire toutotou

orchestra: *n.* òkès (mizik)

orchid: *n.* òkid, òkide (plant)

order: 1. *n.* lòd, kòmann; dekrè, lwa (legal) lòd tribinal pase; 2. *v.* kòmande. [in order] an règ; annòd

ordinance: *n.* òdonans; dwa; règleman; lòd tribinal bay

ordinarily: *adv.* òdinèman

ordinary: *a.* òdinè, banal

ordinate: *n.* òdone; aks vètikal

ore: *n.* minrè, min

organ: *n.* ògàn

organic: *a.* òganik; ki gen kabòn

organic acids: asid òganik

organic chemistry: chimi òganik

organic compound: konpoze òganik

organic farming: agrikilti byolojik

organic rocks: wòch òganik

organization: *n.* òganizasyon

Organization of African Unity (OAU): Oganizasyon Inite Afriken

organize: *v.* òganize

orientation: *n.* oryantasyon

orifice of urethra: kanal pipi

origin: *n.* orijin; sous

original jurisdiction: jiridiksyon premyè enstans

originality: *n.* orijinalite

originator: *n.* kreyatè, otè; inisyatè

ornithology: *n.* onitoloji (syans ki etidye zwazo)

orphan: *a.* òfelen; ki pa gen paran

orthodontic appliance: aparèy òtodontik (pou repare dan)

orthodontist: *n.* òtodontis, espesyalis nan òtodontoloji (ki korije defòmasyon nan dan)

orthography: *n.* òtograf

orthopaedics: *n.* òtopedi

oscilloscope: *n.* osiyoskòp (aparèy pou mezire kouran ak tansyon elektrik)

osmosis: *n.* osmoz

ostrich: *n.* otrich (zwazo)

other: *pron.* lòt

otherwise: *adv.* apresa, si se pa sa

ottoman: *n.* otoman (anpi)

ought: *v.* dwe; oblije

ounce (oz): *n.* ons

our: *a.* pa nou; nou an; nou

oust: *v.* mete deyò, revoke

out: *adv.* deyò

out-of-date: *a.* ki depase dat pou sèvi ak medikaman

out-patient: malad ki pa entène

outcome: *n.* rezilta, konsekans

outdated: *a.* demode; pase mòd

outdoors: *adv.* deyò

outer: *a.* deyò, sou deyò

outer planets: planèt ekstèn (ki pi lwen solèy la konpare ak pozisyon latè)

outfit: *n.* teni, rad ki matche

outgrow: *v.* pa bon ankò

outlet: *n.* sikisal, magazen

outline: 1. *n.* rezime, plan, grantliy, ide prensipal, objektif prensipal; 2. *v.* souliyen

outlive: *v.* viv pi lontan pase... yon lòt

outlook: *n.* pèspektiv, fiti

outnumber: *v.* gen plis pase yon lòt

output: *n.* rezilta ki soti

outrageous: *a.* ki fè moun choke, ki fè moun mande anraje

outreach: *n.* jefò, pwopagann, enfòmasyon, kanpay

outright: *adv.* kareman, san ezitasyon

outrun: *v.* depase

outset: *n.* kòmansman

outside: *adv.* deyò

outwards: *adv.* sou deyò

ovary: *n.* ovè, pòch ze, glann ki gen ovil

oven: *n.* fou

over: *adv.* anwo, anlè, pa anwo, sou anwo; lòt bò, suivan; nan do (yon paj)

overcast: *a.* tan mare

overcharge: *v.* majore; monte pri

overcoat: *n.* padsi

overcome: *v.* kontwole, metrize, pran kontwòl

overdue: *a.* anreta; ki pran reta, depase dat

overeating: manje twòp, manje depase mezi vant

overexpansion: *n.* sirekspansyon; devlopman ekzajere, devlopman an mas

overexposure: *n.* kontaminasyon plis pase limit

overflow: *n.* inondasyon

overhead: *adv.* anlè, sou anlè

overheat: *v.* chofe depase lamezi

overlearning: aprann plis pase sa k nesesè

overload: *v.* sichaje, twò chaje

overlook: *v.* pa bay atansyon, pa wè

overnight: *adv.* pase lannwit

overpayment: *n.* peman anplis

overpopulation: *n.* sipopilasyon (lè gen plis moun pase resous ki pou sipòte yo); eksè popilasyon

overproduction: *n.* sipwodiksyon, pwodiksyon ki depase lamezi (plis pwodiksyon pase sa ki ka vann)

overrule: *v.* pase sou; pa aksepte; anile

overseas: *adv.* laba, lòtbò dlo

oversleep: *v.* dòmi twonpe, dòmi depase lè

overthrow: *v.* jete, bay koudeta

overtime: *n.* pwolongasyon, travay depase lè nòmal

overun: *a.* kontwole, anvayi

overview: *n.* panorama, rezime, esplikasyon rapid

overweight: *a.* twò gwo; peze twòp

ovulation: *n.* ovilasyon, lè ze fi deplase soti nan ovè pou ale nan matris

owe: *v.* dwe

owl: *n.* koukou (zwazo)

own: *v.* posede, genyen

owner: *n.* propriyetè, mèt

ownership: *n.* posesyon; pwopriyete

ox: *n.* bèf
oxidation: *n.* oksidasyon
oxidize: *v.* okside
oxtail: *n.* ke bèf
oxygen (O): *n.* oksijèn
oxygenated water: dlo oksijene
oyster: *n.* zuit
oz (ounce): *n.* ons
ozone layer: kouch ozòn

P

P.M.: apremidi
p-waves: *n.* ond P (premye kalite vibrasyon ou santi lè gen tranblemanntè)
pace: *v.* apante, ritme, monte-desann
pacemaker: *n.* aparèy pou fè kè bat nòmal
pacific: *a.* pasifik, anpè (Oseyan Pasifik)
Pacific Northwest: Pasifik Nòdwès
Pacific Railway Acts: Lwa sou chemendfè Pasifik (1862, 1864)
pacification: *n.* pasifikasyon
pacifier: *n.* sison ti bebe, sousèt
pacifism: *n.* pasifis
pack: 1. *n.* pake, koli, pòch (sigarèt). 2. *v.* anbale, anpakte, met nan depo, pakte, fè malèt
package: *n.* pakè, bwat
pad: *n.* tanpon, tapi, soumen
paddle: *n.* palèt
padlock: *n.* kadna
pagan: *n.* payen
page: *n.* paj
pager (beeper): *n.* bipè, tele-lokalizè
pagoda: *n.* pagòd
pail: *n.* so (pou mete dlo), bokit
pain: *n.* doulè

paint: 1. *n.* penti; 2. *v.* pentire, penn, fè tablo
paintbrush: *n.* penso
painter (house): *n.* bòs pent
painting (art work): *n.* tablo
pair: 1. *a.* doub; 2. *n.* pè
pajamas: *n.* pijama
pal: *a.* kopen
palace: *n.* palè
palate: *n.* palè, anwo bouch; palèt
pale: *a.* blèm, blanch, pal
Paleo-Indians: Paleo-Endyen
paleolithic: *a.* paleyotik
paleozoic: *a.* paleyozoyik
paleozoid age: laj paleyozoyik (peryòd jewolojik)
palindrome: *n.* palendwòm (nimewo devan deyè tankou 1991)
palm (hand): *n.* plamen
palm: *n.* palmis; palmye; latanye
palm heart: chou palmis
palm tree: pye palmis
palmistry: *n.* kiwomansi (sistèm pou li lavi moun dapre liy ki nan men moun nan)
palpitation: *n.* kè sote, palpitasyon, batmannkè
palsy: *n.* paralizi
pamper: 1. *n.* kouchèt; 2. *v.* dòlote
pampering, tolerance: *n.* tolerans; sitirans

pan: *n.* kaswòl, bonm
Panama: Panama
Panama Canal: Kanal Panama
Panama Canal treaties: trete Kanal Panama (1877)
pancreas: *n.* pankreyas
pane of glass: glas
panel (of double door): *n.* batan
panful: *n.* plato
Pangea: Panjeya
panic: 1. *n.* panik; 2. *v.* panike
panic disorder: maladi panik
pant: *v.* respire vit, fè efò pou respire, souf anlè
pantry: *n.* gadmanje
pants: *n.* pantalon
panty: *n.* kilòt
pap smear: fwoti vajinal (tès pou detekte kansè nan kòl matris)
papa: *n.* papa
papaya: *n.* papay
paper: *n.* papye
paper bag: sache an papye
papy: *n.* papa
parable: *n.* parabòl
parabola: *n.* parabòl (koub parabolik)
parabolic antenna: antèn parabolik
parachute: *n.* parachit
parade: *n.* parad
paradise: *n.* paradi
parallax: *n.* paralaks

parallel: *a.* paralèl
parallel circuit: sikui paralèl
parallel forces: fòs paralèl
parallel line: liy paralèl
parallel park: pake kòt-a-kòt ak yon lòt machin
parallelogram: *n.* paralelogram
paralysis: *n.* paralizi
paralyze: *v.* paralize
paramedics: *n.* teknisyen anbilans, paramedik
paranoid psychosis: sikoz paranoyak (pwoblèm mantal ki fè moun nan kwè y ap pèsekite l)
paraphernalia: *n.* batanklan
paraprofessional: *n.* semi-pwofesyonèl (anplwaye ki pa pwofesyonèl k ap travay nan branch pwofesyonèl ak lòt pwofesyonèl)
parapsychology: *n.* parasikoloji (branch sikoloji ki etidye fenomèn sinatirèl)
parasite: *n.* parazit; vè nan vant
parasitism: *n.* parazitis
parasol: *n.* parasòl
parcel: 1. *n.* moso; 2. *v.* separe
parcel out: *v.* lote, separe
parch: *v.* griye
pardon: 1. *n.* padon, gras, mizerikòd, pitye; 2. *v.* fè gras, padone, egzonere
parellel circuit: sikui paralèl
parent: *n.* paran, fanmi

parent handbook: liv enfòmasyon pou paran
parent involvement: patisipasyon paran
parent material: materyèl pou paran
parent or guardian: paran oswa reskonsab, gadyen
Parent Advisory Council (PAC): Komite Konsèy Paran
parentheses: *n.* parantèz
parenting: *n.* metòd paran pou fè levasyon pitit (yo)
parietal bone: zo paryetal
Paris Peace Accords: Akò lapè Paris (1973)
parish: *n.* pawas
park (in the garage): *v.* remize
park: *n.* pakin, remiz, oto, estasyònman; plas piblik
parking: *n.* pakin, estasyònman
Parkinson's disease: maladi Pakinnson (maladi sèvo ki fè moun tranble)
parley: 1. *v.* palmante, negosye; 2. *n.* poupale, negosyasyon
parliament: *n.* palman
Parliament: Paleman
parliamentary democracy: demokrasi palmantè
parliamentary system: sistèm palmantè
parlor: *n.* palwa, ti salon

parole: 1. *n.* liberasyon kondisyonèl; 2. *v.* lage sou pwomès, lage anvan lè pou bòn konduit
parrot: *n.* jako
parsimonious: *a.* regadan, kontwole
parsley: *n.* pèsi
parsonage: *n.* presbitè
part (hair): *v.* trase cheve
part: *n.* moso, pati, pòsyon
part time release: libète ademi; libète amwatye
partake: *v.* patisipe
partial: *a.* enjis, paspouki, pasyèl
partiality: *adv.* enjisteman; anpati, mounpa
participate: *v.* patisipe
participation: *n.* patispasyon
participative management: administrasyon patisipativ, anbyans administratif demokratik
particles of dust: grenn pousyè
particular: *a.* espesyal, patikilye
particularly: *adv.* an patikilye, espesyalman, patikilyèman
particule: *n.* patikil
partisan: *n.* patizan
partition: *n.* divizyon, separasyon, divizyon, separe. 2. *v.* divize, separe
partner: *n.* asosye, konpay, patnè

partnership: *n.* sosyete, asosyasyon
parts of the body: pati nan kò moun
party: *n.* pati, fèt; pati politik
party platform: platfòm pati politik
party whip: chèfdefil pati
parvenu: *n.* arivis, paveni, granpanpan
Pascal triangle: triyang Paskal
Pascal's principle: prensip Paskal
pass (course, grade): *v.* pase, fè mwayèn [pou] (yon klas, yon klas)
pass: 1. *n.* pas; 2. *v.* file; depase (yon machin)
pass away: mouri
pass by: *v.* pase, pase devan, depase
pass gas: rann gaz
pass out: endispoze
pass through: pase san rete
pass worms: rann vè
passable (tolerable): *a.* pasab
passbook savings account: kont epay nan kanè
passenger: *n.* pasaje
passion: *n.* pasyon
passion fruit: *n.* fwi grenadya
passive compliance: atitid reziye, reziyasyon
passive resistance: rezistans pasiv (san goumen)

passport: *n.* paspò
past: 1. *a.* ki pase; 2. *n.* lepase
paste: *n.* pat
pasteurize milk: lèt pasterize
pastor: *n.* pastè, pè
pastry: *n.* patisri, gato, bonbon, manje ki sikre
pasture: *n.* patiray
pat: *v.* tape
patch: 1. *n.* pyès (nan rad), patch; 2. *v.* pyese, patche, rakomode
patella: *n.* zo kakòn jenou
patent: *n.* brevè envansyon (patant)
paternal: *a.* patènèl, bò kote papa
paternal influences: enfliyans patènèl, enfliyans paran
paternity: *n.* patènite
path: *n.* chemen, siyon, santye
pathway: *n.* chemen, wout, trajektwa, plan, oryantasyon
patience (fortitude): *n.* san sipotan, pasyans
patient: 1. *n.* pasyan, malad; 2. *a.* ki gen pasyans
patrician: *n.* patrisyen
patriot: *n.* patriyòt
patriotism: *n.* patriyotis
patrol: *n.* patwouy
patronage: *n.* parenaj, patwonaj
pattern: 1. *n.* patwon, modèl, egzanp; 2. *v.* modle

pattern (of numbers): *n.* modèl nimerik
pauper: *n.* pòv, endijan
pause: *v.* poze
pave: *v.* pave
pavement: *n.* pavman, asfaltaj
paw: *n.* pat, grif
pawn: 1. *n.* pyon; 2. *v.* plane, mete nan plàn
pawnshop: *n.* brikabrak; mezondafè
pay: *v.* peye
pay attention: fè ka (pran ka), okipe, gade
pay stub: souch chèk
payable to: moun ki pou resevwa peman
paycheck: *n.* chèk, chèk travay, chèk pewòl
payday: *n.* jou peman
payment: *n.* peman
payroll: *n.* pewòl, peman
pea: *n.* pwa
peace: *n.* lapè; kanpo
peace movement: mouvman pou lapè
peace treaty: trete pou lapè
Peace Corps: Kò Lapè
peaceful: *a.* pèzib
peach: *n.* pèch (fwi)
peacock: *n.* pan (zwazo)
peak: *n.* tèt, anwo, somè
peanut: *n.* pistach
peanut butter: manba

pearl: *n.* pèl, nak
pears: *n.* pwa (fwi)
peas: *n.* pwa vèt, pwafrans
peasant: *n.* peyizan, abitan
peat: *n.* latoub
pebble: *n.* ti wòch galèt
peck (kiss on the cheek): *n.* ba, ti ba, ti bo
peck: *v.* beke
pectoral muscles: pektowo, pekto
peculiar: *a.* kirye; etranj
pedal: 1. *n.* pedal; 2. *v.* pedale
pedant: *n.* pedan; chelbè
peddler: *n.* madan-sara; vandè anbilan
pedestrian: *n.* pyeton
pediatrician: *n.* pedyat
pediatrics: *n.* pedyatri
pedicle: *n.* pedikil
pee: 1. *n.* pipi, pise; 2. *v.* fè pipi; pipi, pise
peek: *v.* gade vit, tyeke
peel: 1. *n.* po; 2. *v.* kale, retire po
peeling: retire po
peep: *v.* gade nan twou, fè jouda
peer: *n.* kondisip, kanmarad, zanmi lekòl, parèy (peer counseling) = elèv k ap konseye lòt elèv; (peer pressure) = entimidasyon oswa presyon lòt kondisip (peer tutoring) = elèv k ap travay ak lòt elèv

peer group: gwoup kondisip; gwoup pou fè presyon
peeve: *v.* irite, anmède
peg, stake (post): *n.* pikèt
pelican: *n.* pelikan, grangozye
pelt: *v.* kalonnen
pelvic area: anba tivant, zòn basen
pelvic examination: konsiltasyon nan basen
pelvis: *n.* basen, pèlvis
pen: *n.* plim; barak; pak
penal code: kòd penal
penalize: *v.* pini, pennalize
penalty: *n.* konsekans, pinisyon, santans; sanksyon, penalti
penalty assessment: revizyon pinisyon
pencil: *n.* kreyon
pencil sharpener: tay kreyon
pendulum: *n.* pandil
penetrate: *v.* penetre, antre
penetration pricing: pri lansman
penguin: *n.* pengwen
penicillin: *n.* pelisilin
penis: *n.* penis
penitence: *n.* penitans
penniless: *a.* razè; san senk kòb; ki pa gen lajan
penny: *n.* peni (lajan ameriken), santim
pension: *n.* pansyon
pension plan: plan pansyon

pentagon: *n.* pentagòn (figi jeyometrik ki gen senk kote, senk ang)
Pentagon: *n.* Pentagòn
penumbra: *n.* penonm, lonbray
people: *n.* pèp, moun
pepper: *n.* piman; pwav; (black pepper) = pwav
pepper, bell (sweet): *n.* piman dou
peppermint: *n.* mant, sirèt mant
per: *prep.* pa, dapre
per capita income: salè pa tèt moun
percale: 1. *a.* pèkal; 2. *n.* pèkal, twal pèkal
percent: *n.* pousan
percentage: *n.* pousantaj
perception: *n.* pèsepsyon, konpreyansyon, opinyon, jijman
perceptual skills: ladrès pèsepsyon
percussion (drums): *n.* batri mizik
peremptory challenge: (legal) dwa avoka genyen pou li pa aksepte yon manm jiri
perestroika: perestroyika
perfect: *a.* pafè; ideyal; konplè
perfect competitions: konkirans pafè
perfect square: kare pafè
perfectly: *adv.* pafètman; okonplè

perform: *v.* egzekite, fè travay, fè teyat
performance: *n.* pèfomans, teyat
perfume: *n.* pafen
perhaps, maybe: *adv.* pètèt
perigee: *n.* perije
perihelion: *n.* perihelyon (pwen sou òbit tè a ki pi pre solèy)
peril: *n.* danje
perinatal: *n.* tan anvan epi apre akouchman
period: *n.* peryòd, kwasans; règ
periodic: *a.* peryodik
periodic markets: mache sezonye
periodic table: tablo peryodik
periodic table of element: tablo peryodik eleman
periosteum: *n.* peryòs
peripheral nervous system: sistèm nè periferal yo (pati sistèm nè ki an deyò sèvo a ak kolòn vètebral la)
peripheral vision: vizyon periferal
perish: *v.* peri
perjury: *v.* bay manti, fè fo temwayaj
permanent: *a.* pèmanan
permanent injury: domaj pèmanan
permanent magnet: leman pèmanan

permanent record: dosye pèmanan

permanently: *adv.* nèt; an pèmanans

permeability: *n.* pèmeyabilite

permission: *n.* pèmisyon

permissive: *a.* sitirè

permit: 1. n lisans, pèmi; lese pase; 2. *v.* admèt, tolere, pèmèt

permutation: *n.* pèmitasyon

perpective: *n.* pèspektiv

perpendicular: *a.* pèpandikilè

perplex: *a.* anbarase

persecute: *v.* pèsekite, pouswiv

persecution: *n.* pèsekisyon

persevere: *v.* pèsevere

persist: *v.* pèsiste

persistence: *n.* pèsistans

persistent: *a.* pèsistan

person: *n.* pèsòn, moun

person in question: lapèsonn

personal: *a.* pèsonèl, dirèk, anpèsòn

personal frustration: ensatisfaksyon pèsonèl

personal income (PI): revni pèsonèl

personal prejudice: rayisman

personal property: byen pèsonèl

personal recognizance: pwomès nan bouch yon akize bay tribinal ki pou pèmèt li rete an libète san li pa bay yon depo

personal space: espas pèsonèl

personal values: valè pèsonèl

personality: *n.* pèsonalite, karaktè

personality disorder: pwoblèm pèsonalite

personality questionnaire: kesyonè sou pèsonalite

personality theory: teyori sou pèsonalite

personality traits: karakteristik pèsonalite

personality types: tip pèsonalite

personally: *adv.* pèsonèlman

personnel: *n.* pèsonèl, anplwaye

perspective: *n.* pèspektiv

perspiration: *n.* swè, transpirasyon

perspire: *v.* swe, transpire

persuade: *v.* konvenk, pèsyade

persuasion: *n.* pèsyasyon, konvenk, ankourajman

pertain: *v.* gen rapò ak; anrapò ak

pertussis: *n.* koklich

pester: *v.* fè move san

pesticide: *n.* pestisid, ensektisid

pestle: *n.* manch pilon

pet: *n.* bèt domestik, bèt kay

pet (sexual): *v.* peze, karese, bo

petal: *n.* petal flè

petit jury: jiri

petite: *a.* piti, kout, mens

petition: *n.* demann, petisyon

petitioner: *n.* moun ki fè demann lan

petri dish: plat petri [pou kiltive mikwòb]

petrified: *a.* glase, konsève

petrol: *n.* petwòl, gaz

petroleum: *n.* petwòl

petroleum jelly: vazlin

petty larceny: ti vòl

petty thief: volè, ti vòl

pew: *n.* ban legliz

pH: *n.* pe-ach, pH, [potansyèl idwojèn, mezi konsantrasyon yon nan solisyon]

pH meter: *n.* pe-achmèt [zouti pou mezire pH asidite, alkalimite

Pharaoh: *n.* Farawon

pharmaceuticals: *n.* medikaman

pharmacist: *n.* famasyen

pharmacy: *n.* famasi

pharynx: *n.* farenks

phase: *n.* faz, etap

phenomena: *n.* fenomèn

philanthropy: *n.* filantwopi

philosophy: *n.* filozofi

phlebitis: *n.* maladi, flebit, enflamasyon venn

phlegm: *n.* flèm; glè

phloem: *n.* flèm plant

phobia: *n.* fobi, lapèrèz

phobic disorder: twoub fobik, lapèrèz san rezon lojik

phone: *n.* telefòn

phonemes: *n.* fonèm (son nan yon lang)

phonograph: *n.* fonograf; elektwofòn

phony: 1. *a.* fo; 2. *n.* fasè

phosphate: *n.* fosfat

photo: *n.* foto, pòtre

photogrammetry: *n.* fotogrametri

photograph: 1. *n.* foto, pòtre; 2. *v.* fè foto, fè pòtre, fotografye

photographer: *n.* fotograf

photometry: *n.* fotometri

photon: *n.* foton

photoreceptor: *n.* fotoreseptè

photosphere: *n.* fotosfè

photosyntesis: *n.* fotosentèz

phototherapy: *n.* fototerapi

phrase: *n.* fraz

physical: *a.* fizik

physical attractiveness: atirans chanèl, bèl kò

physical change: chanjman fizik

physical condition: kondisyon fizik

physical education: edikasyon fizik, espò

physical environment: anviwònman fizik

physical exam: egzamen medikal, konsiltasyon

physical geography: jeyografi fizik

physical map: kat fizik

physical property: pwopriyete fizik
physical science: syans fizik
physician: *n.* doktè
physicist: *n.* fizisyen
physics: *n.* fizik
phytoplankton: *n.* fitoplankton
pi, (3,1416): *n.* pi
pianist: *n.* pyanis
piano: *n.* pyano
pica: *n.* maladi pika, maladi anvi manje tè (oswa anvi manje lakrè, sann dife, eltr..)
pick (a fight, quarrel, etc), to start (fighting, quarreling): *v.* leve goumen; pete goumen
pick (crop, etc): *v.* kase; keyi
pick (tool): *n.* pik; pikwa
pick up: *v.* ranmase, pran
pick up speed: pran vitès
pick-up truck: kamyonèt
pickax: *n.* pikwa
picketing: *n.* pikèt grèv
pickpocket: *n.* vòlè bous
picnic: *n.* piknik
picture: 1. *n.* imaj, foto, pòtre; 2. *v.* figire, imajine
picture graph: graf an desen
pidgin languages: pidjin
pie: *n.* tat
piece: 1. *n.* moso, pyès; 2. *v.* kole
pier: *n.* waf
pierce: *v.* pèse

pig: *n.* kochon
pig headed: *a.* ki gen tèt di, antete
pigeon: *n.* pijon
pigeon peas: pwa kongo
pigeon toed: zòtèy defòme
piggy bank: bwat sekrè
pile, stack: *n.* pil, lo
pilgrimage: *n.* pelerinaj
Pilgrims: Pèleren
pill: *n.* pilil, grenn, konprime (iron pills) = fè, fòtifyan
pillage: *n.* piyay
pillar: *n.* poto, pilye
pillow: *n.* zòrye
pillow case: sak zorye
pilot: *n.* pilòt; avyatè
pilot program: pwogram pilòt
pimple: *n.* bouton nan figi, vèble
pin: 1. *n.* zepeng; 2. *v.* tache
pincers: *n.* pens
pinch: *v.* pense, pichkannen, penchen, zongle
pinched nerve: nè kwense
pine: *n.* pen, bwapen
pineapple: *n.* zannanna
ping-pong: *n.* ping-pong
pink: *a.* woz
pint (pt): *n.* pent, demi ka
pioneer: *n.* pyonye
PIP: asirans pou pwoteksyon pèsonèl
pipe: *n.* tiyo; pip

pipe stem: manch pip
pipette: *n.* pipèt
pirouette: *n.* piwèt
piss: *v.* pipi, fè pipi, pise
pistachio: *n.* pistachyo
pistil: *n.* pistil (pati nan flè)
pistol: *n.* pistolè, revòlvè
piston: *n.* piston
pit: *n.* twou
pitcher: *n.* krich, po dlo
pitiful: *a.* mizerab
pituitary: *n.* pituitè, glann
pituitary gland: glann pituitè
pity: *n.* pitye
pivot: *n.* pivo
place: 1. *n.* plas, espas, kote, pozisyon; 2. *v.* mete, poze
place a bet: *v.* parye
place setting: kouvè
place value: pozisyon chif ak valè
placebo: *n.* plasebo, medikaman san efè
placement: *n.* plasman
placenta: *n.* manman vant, plasenta
placid: *a.* trankil
plague: *n.* epidemi maladi
plain: 1. *n.* plenn; laplenn; 2. *a.* klè, vid
plainly: *adv.* kareman, dirèkteman
Plains States: Eta ameriken ki nan rejyon plenn

plaintiff: *n.* moun ki pote plent, pleyan
plait: 1. *n.* très; 2. *v.* trese, kòde
plan: 1. *n.* plan; 2. *v.* planifye, fè plan
plane: *n.* 1. avyon; 2. galè; rabo; valòp; 3. plan (plane figure) = figi plàn
plane geometry: jewometri plàn
planet: *n.* planèt
planetarium: *n.* mize syans; mize planèt, planetaryòm
plant: 1. *n.* plant, pye; manifakti; izin; 2. *v.* plante
plant eater: èbivò, manjèd plant
plant kingdom: wayom plant
plant life cycle: sik lavi plant
plantain: *n.* bannann; (pressed and fried plaitain) = bannann peze
plantain chips: papita
plantains: *n.* bannann miske
plantation: *n.* plantasyon
plantation system: sistèm plantasyon
planters: *n.* plantè
planting: *n.* plantasyon
plaster: *n.* anplat, platdepari
plastic: 1. *n.* plastik; 2. *a.* plastik
plastic sandal, plastic shoe: fabnak; boyo; sandal an plastik
plate: *n.* asyèt, plat; plak

plate tectonics: kouch tektonik (jewoloji)
plateau: *n.* plato
plateful: *a.* asyèt ki plen
platelets: *n.* platlè (pati nan san ki fè san an kaye, kowagile)
play: 1. *n.* jwèt, pyès teyat; 2. *v.* jwe, amize, jwe teyat
play a dirty trick: bay kout ba
play by ear: *prep.* pa woutin
play hooky: *v.* fè woul
playboy: *n.* vakabon, dandi, mèt lakou
player: *n.* jwè
playing cards: kat
plea: *n.* deklarasyon
plea (to enter a): *v.* plede, deklare
plea agreement: antant
plea bargain: negosyasyon ant jij ak avoka defans
plea bargaining: antant; negosasyon akize a fè ak gouvènman
plead: *v.* plede, enplore
pleading: plede; plede kòz
pleasant: *a.* agreyab; amizan
pleasantry: *n.* fab, plezantri, blag
please: *v.* fè plezi, kontante
please note: note byen
please!: *interj.* silvouple!, souple!
pleasure: *n.* plezi
pleat: *v.* plise

plebiscite: *n.* plebisit (ak akò tout moun)
pledge: 1. *n.* gaj; 2. *v.* garanti
pledge of allegiance: sèman lwayote
plenty: 1. *n.* abondans; 2. *adv.* ase
pleurisy: *n.* plerezi
plop: *adv.* plop
plot: 1. *n.* konplo, entrig, pasèl, tèren, entrig; 2. *v.* konplote, fè konplo
plow: *v.* laboure
pluck: *v.* deplimen, rache, keyi
plug: 1. *n.* plòg, priz kouran; 2. *v.* bouche
plug in: konnekte; ploge
plum: *n.* prin
plumbline: *n.* filaplon
plummet: 1. *n.* plon, pwa pou peche; 2. *v.* tonbe apik, desann rapid, tonbe a zewo
plump: *a.* pwès; gra
plunder: *v.* piye; volè
plunge: *v.* plonje
pluralism: *n.* pliralis
plus: 1. *a.* pozitif; (math) siy plis; 2. *prep.* plis
plus or minus: plizoumwen
Pluto: *n.* Pliton (planèt)
pneumonia: *n.* nemoni
poached egg: ze ole
pocket: 1. *n.* pòch; 2. *v.* anpoche, mete nan pòch
pocket veto: veto endirèk

pocketknife: *n.* kanif; kouto
pod: *n.* gous
poem: *n.* powèm, pwezi
poet: *n.* powèt
point: 1. *n.* pwen, pwent; 2. *v.* montre, siyale, montre ak dwèt, pwente, lonje dwèt
pointed: *a.* pwenti
pointed remark: pwent
pointless: *a.* initil; enjistifye; san rezon
poison: 1. *n.* pwazon, sosis, lasini, anpwazònman; 2. *v.* anpwazonnen, bay pwazon
poisonous: *a.* ki gen pwazon
poke: *v.* pike
poker (game): *n.* pokè
polar: *a.* polè
polar bear: lous polè
polar desert: dezè polè
polar front: fwon polè
pole: *n.* pol [nò/sid], poto (poto elektrik), gòl
polemic: *n.* polemik, kontwovès
police: *n.* lapolis, polis
police station: pòs polis
policeman: *n.* gad; jandam; lapolis
policy (school board): *n.* règleman; kondisyon administratif, prensip, règ, nòm, sistèm, fondman, politik
polio: *n.* polyo
polio vaccine: vaksen polyo
polis: *n.* polis

polish: *a.* poli, klere, listre;
Polish: 1. *a.* polonè; 2. *n.* Polonè
polite: *a.* poli, janti
politic: 1. *a.* politik; 2. *n.* politik, syans politik
political: *a.* politik
political action committees (PAC): komite aksyon politik, komite sipò politik
political affairs: zafè politik
political boundaries: fwontyè politik
political cartoons: karikati politik
political corruption: koripsyon politik
political institutions: enstitisyon politik
political machine: machin politik
political maps: kat politik
political organization: òganizasyon politik
political party: pati politik
political platform: platfòm politik
political power: pouvwa politik
political system: sistèm politik
poll: *n.* vòt, eleksyon
pollen: *n.* polèn
pollination: *n.* polinizasyon; fekondasyon
polling place: biwo vòt
pollute: *v.* kontamine

pollution: *n.* polisyon, kontaminasyon
polyester: *n.* poliyestè
polygenic characteristics: karakteristik polijenik
polygon: *n.* poligòn
polygraph: *n.* poligraf
polynome: *n.* polinòm (ekspresyon nan aljèb ki gen plizyè enkoni)
polyp: *n.* polip, chè ki donnen nan kò moun
polytheism: *n.* politeyis (ki sèvi plizyè bondye)
pomade: *n.* pomad
pomegranate: *n.* grenad
pond: *n.* letan, basen dlo
pond scum, moss: limon
ponder: *v.* reflechi
Pontiac's Rebellion: Rebelyon Pontyak (1763)
Pony Express: Pony Express
pool: *n.* pisin, basen
pooped: *a.* fatige
poor, pauper: 1. *n.* pòv, mizerab, malere; 2. *a.* pòv, mizerab, malere
poorly: 1. *a.* ki movèz kalite; 2. *adv.* mal, malman
pop art: boza popilè
pop group: mini djaz
pop music: pòp; mizik popilè
popcorn: *n.* pòpkòn
pope: *n.* pap
popular: *a.* popilè

popular culture: kilti popilè
popular sovereignty: souverènte popilè
popular vote: vòt popilè
populate: *v.* peple
population: *n.* popilasyon
population density: dansite popilasyon
populist movement: mouvman popilis
porcelain: *n.* pòslèn
porch, veranda: *n.* galri
porcupine: *n.* pokepik
pore: *n.* pò
pork: *n.* kochon
pork chops: kòtlèt kochon
pork loin: jigo pou fè griyo
porosity: *n.* powozite
porridge: *n.* labouyi
Port-au-Prince: Pòtoprens
Port-de-Paix: Podepè; Pòdpè
porter: *n.* chawa; pòtè
portfolio: *n.* pòtfolyo (enfòmasyon ki konpile pou evalye pwogrè ki fèt nan nivo yon pwogram)
portion: *n.* pòsyon; pati
portly: *a.* fò, byen pòtan, anfòm
portrait: *n.* pòtre, foto
pose: 1. *n.* pòz; 2. *v.* poze
position: *n.* pozisyon, plas
positive: 1. *a.* pozitif, (ki) debyen, enteresan, optimis, pwogresis; 2. *n.* bòn batri

positive number: nonm pozitif
positive reinforcement:
ankourajman, rekonpans
positive sign: siy pozitiv
positively: *adv.* fòmèlman;
konplètman; pozitivman
possess: *v.* posede; genyen
possession: *n.* posesyon
possessions: *n.* byen, efè, afè
possibility: *n.* posiblite
possible: *a.* posib
possibly: *adv.* pètèt; posibleman
post: 1. *n.* poto; *v.* afiche, poste
post office: lapòs
post-industrial society: sosyete
pòs-endistriyèl
post-modern era: epòk pòs-
modèn
post-traumatic stress disorder:
twoub sikolojik pòstwomatik
(apre move eksperyans)
postage stamp: tenb lapòs
postcard: *n.* kat postal
poster: *n.* pankat, afich
postman: *n.* faktè
postpartum: *n.* tinouris
postpartum depression:
depresyon nouris (depresyon ki
rive apre akouchman)
postpone: *v.* ranvwaye (pou yon
lòt dat), retade
posture: *n.* pozisyon, posti
postwar: *n.* peryòd apre lagè
pot: *n.* chodyè, mamit, po
potash: *n.* potas

potassium (K): *n.* potasyòm
potato: *n.* pòmdetè
potentate: *n.* potanta
potential energy: enèji
potansyèl
pothole: *n.* twou, twou sab
potion: *n.* posyon, remèd
Pottawatomie Massacre:
Masak Pottawatomie (1856)
pounce: *v.* bondi, vole
pound: *n.* liv (inite pwa)
pour: *v.* vide
pour cement: koule beton
pout: *v.* boude
poverty: *n.* povrete, lamizè
powder: 1. *n.* poud; 2. *v.* poudre
powder box: poudriye
power: 1. *n.* puisans, fòs,
pouvwa, kouran elektrik; 2. *v.*
mete kouran elektrik
powerful: *a.* puisan
powerless: *a.* ki san fòs, ki san
pouvwa
Powhatan Confederacy:
Konfederasyon Powhatan
practical: *a.* pratik
practical arts: atizay pratik
practically: *adv.* pratikman
practice: 1. *n.* antrennman,
pratik; 2. *v.* pratike, repete, fè
pratik, antrene
prairie: *n.* preri
praise: 1. *n.* elòj, lwanj, glwa; 2.
v. fè glwa pou, glorifye,
konplimante, lwanje, ankouraje

praline: *n.* tablèt
pray: *v.* priye, lapriyè
prayer: *n.* lapriyè, priyè
pre trial: anvan jijman
pre trial detention:
anprizònman anvan jijman
Pre-Columbian Civilizations:
sivilizasyon prekolonbyen
(anvan Kristòf Kolon te rive)
pre-history: *n.* pre-istwa
preach: *v.* preche
preacher: *n.* predikatè
preamble: *n.* preyanbil,
entwodiksyon
precambian: *a.* prekanbriyen
(peryòd divizyon nan tan
jewolojik ki te pase depi 570
milyon ane)
precaution: *n.* prekosyon
precede: *v.* presede, vin anvan,
pran devan
precedent: *a.* presedan
preceding: ki anvan, ki vin
anvan
precinct: sikonskripsyon
elektoral
precious: *a.* presye, chè
precipice: *n.* falèz; ravin,
presipis
precipitate: *v.* presipite
precipitation: *n.* presipitasyon;
lapli
precise: *a.* presi, egzat
precisely: *adv.* avèk presizyon,
egzakteman

preclude: *v.* mete deyò; retire;
anpeche
precognition: *n.* presantiman
**preconventional moral
reasoning**: rezònman moral
prekonvansyonèl
predator: *n.* predatè (ki manje
lòt bèt)
predicament: *n.* bouyay;
difikilte
predict: *v.* predi, prevwa
prediction: *n.* prediksyon,
previzyon
preface: *n.* prefas
prefect: *n.* prefè
prefer: *v.* prefere, pito
preferable: *a.* preferab
preference: *n.* gou, preferans
preferred stock: aksyon
privilejye
pregnancy: *n.* gwosès
pregnant: *a.* ansent, gwòs
prejudice: *n.* prejije, prejidis
**prekindergarten early
intervention**: pwogram pou
degoche timoun anvan
jadendanfan
preliminary hearing: seyans
pou detèmine si prèv yo lou ase
pou pote akizasyon kont akize *a*
premature: *a.* avantèm,
prematire
premature delivery:
akouchmman avan tèm

premise: *n.* tibebe ki fèt anvan tèm

premises: *n.* lokal, pwopriyete, kote, antouraj, zòn

premium: *n.* prim

prenatal: *a.* prenatal; anvan tibebe fèt

preparation: *n.* preparasyon

prepare: *v.* prepare, pare

prepuce: *n.* po ki kouvri tèt peni an

presbytery, rectory: *n.* presbitè

preschool: *n.* (klas) matènèl

prescribe: *v.* preskri

prescription: *n.* preskripsyon

presence: *n.* prezans

present: 1. *n.* kado; 2. *a.* prezan; 3. *v.* prezante

present oneself in court: konparèt; prezante nan tribinal

presentence investigation: rapò konfidansyèl jij la resevwa avan yo bay akize a santans li

presently: *adv.* alèkile, kounye a

preservation: *n.* prezèvasyon

preservative: *n.* prezèvatif

preserve: 1. *n.* konfiti; 2. *v.* prezève

preside: *v.* prezide

president: *n.* prezidan

president *pro tempore:* prezidan pwovizwa

presidential guard: gad prezidansyèl

presidential primaries: eleksyon primè pou prezidan

presidential succession: siksesyon prezidansyèl

presidio: *n.* prezidyo, fò militè

press: 1. *n.* près, laprès; 2. *v.* peze; prese

press charges: pouswiv (yon moun) nan jistis, jije ak (yon moun)

pressure: *n.* presyon, fòs

pressure cooker: chodyè a presyon

pressure cuff: tansyomèt

presumption of innocence: konsidere; rekonèt inosan jiskaske yo pwouve lekontrè

pretend: *v.* pretann, fè sanblan, pran pòz

pretention: *n.* pretansyon

pretentious person: sekwa; gran panpan

pretest: *n.* egzamen, tès preliminè

pretty: *a.* bèl; prèske

prevail: *v.* domine

prevalent: *a.* aktyèl

prevent: *v.* prevni, evite, anpeche

previous: *a.* presedan; anteryè

previously: *adv.* anvan

prey: *n.* viktim, pwa

price: 1. *n.* pri; 2. *v.* mete pri

price elasticity of demand: elastisite pri demand

price floor: pri planche
price leadership: konduit pri
prick: *v.* pike
prickle heat: chofi
pride: *n.* fyète
priest: *n.* pè, prèt
primarily: *adv.* prensipalman, primitivman
primary: *a.* anpremye, preliminè
primary appraisal: evalyasyon preliminè
primary care physician: doktè moun konsilte anvan espesyalis
primary consumers: konsomatè primè
primary election: eleksyon primè
primary emotion: emosyon primè, tankou lapèrèz, sipriz, tristès, degoutans, kòlè, espwa, kèkontan, eltr.)
primary motives: rezon fondamantal; motif primè
primary school: lekòl primè
primary source: sous primè, premye sous, sous prensipal
primate: *a.* asosye ak senj
prime: *a.* premye
prime factor: faktè premye
prime number: nonm premye
prime rate: to eskont labank
Prime Minister: Premye Minis
principal: *n.* direktè, pwovizè, direktris, prensipal

principle: *n.* prensip
print: *v.* enprime
printer: *n.* enprimè; enprimant
prior: 1. *a.* presedan; anteryè; 2. *adv.* anvan
priority: *n.* priyorite
prism: *n.* pris
prison: *n.* prizon
prison cell: kacho
prisoner: *n.* prizonye
privacy: *n.* entimite, vi prive
private: *a.* prive
private doctor: doktè prive
private insurance: asirans prive
private parts: pati prive nan kò
private process server: moun ki pote papye ba yon moun ki pou prezante nan tribinal
private property: pwopriyete prive
privateer: *n.* kòsè, ame prive
privately: *adv.* alamyab; an prive
privatization: *n.* privatizasyon
privilege: *n.* privilèj, patipri, mounpa, dwa esklizif
privileged: *a.* privileje
Privy Council: Konsèy Prive
pro bono: gratis
probability: *n.* pwobablite
probable: *a.* pwobab, posib
probable cause: gen baz sifizan pou pote akizasyon oswa pou mennen yon moun devan tribinal

probably: *adv.* pètèt, pwobableman

probation: *n.* libète sou kondisyon

probation violation: komèt zak ki vyole libète pwovizwa; dezobeyi lòd libète pwovizwa

Probation Before Judgment (PBJ): libète pwovizwa anvan jijman

problem: *n.* pwoblèm, ka

procedures: *n.* fòmalite, fason, sistèm, metòd, estrateji, pwosedi, machasuiv, etap

proceed: *v.* kontinye

proceeding: *n.* dewoulman, rapò, aksyon

proceedings of a court: pwosedi tribinal

proceeds: *n.* benefis, montan lajan

process: 1. *n.* pwosesis; 2. *v.* pwosede

procession: *n.* pwosesyon

proclaim: *v.* pwoklame

Proclamation of 1763: Pwoklamasyon 1763

procreate: *v.* pwokreye, fè pitit

procure: *v.* bay, fè jwenn

produce: 1. *n.* danre, legim; 2. *v.* pwodui, fè, rann

producer: *n.* pwodiktè

producer price index (PPI): endis pri pwodiksyon

product: *n.* pwodui

product differentiation: diferansyasyon pwodui

product life cycle: sik lavi pwodui

production: *n.* pwodiksyon

production possibilities curve: koub posiblite pwodiksyon

productivity: *n.* pwodiktivite, rannman

profane: 1. *n.* pwofàn; 2. *v.* pwofane

profanity: *n.* betiz, mo sal

profession: *n.* metye, pwofesyon

professional: *n.* pwofesyonèl

professor: *n.* pwofesè, mèt

proffer: *v.* prezante

proficiency: *n.* konpetans, kapasite, nivo preparasyon

proficient: *a.* konpetan, efisyan

profile: *n.* pwofil, binèt

profit: 1. *n.* gen, pwofi, benefis; 2. *v.* rapòte, fè benefis, pwofite

profit incentive: motivasyon pou reyalize pwofi

profit motive: motivasyon pou reyalize pwofi

profitable: *a.* rantab; pwofitab; ki bay pwofi

profound: *a.* fon, byen panse, pwofon

profuse: *a.* abondan

program: *n.* pwogram

programmed instruction: pwogram ensèyman pa etap

progress: *n.* pwogrè; vwayaj
progress report: bilten; kanè
progressive movement:
mouvman pwogresif
progressive tax: taks pwogresif
progressively: *adv.*
gradyèlman; avèk pwogrè
prohibit: *v.* defann, entèdi
prohibition: *n.* entèdiksyon,
pwoyibisyon, defans
project: *n.* pwojè
projection: *n.* pwojeksyon
projectionist: *n.* operatè
proletariat: *n.* pwoletarya
prolong: *v.* pwolonje
promise: 1. *n.* pwomès; 2. *v.*
pwomèt, fè pwomès
promote: *v.* pwomouvwa,
ankouraje, fè pwomosyon,
avanse, monte grad
promotion: *n.* pwomosyon
prompt: *a.* rapid
promptly: *adv.* rapidman, vit,
atan
prone: *a.* kouche sou vant
pronounce: *v.* pwononse
proof: *n.* prèv; tès, eprèv; degre
alkòl
proof of domicile: prèv adrès
prop: 1. *n.* dekorasyon, sipò; 2.
v. apiye
propaganda: *n.* pwopagann
proper: *a.* korèk, bon, konvnab,
onèt

properly: *adv.* kòrèkteman,
nòlmalman, fason apwopriye
property: *n.* pwopriyete, byen,
karakteristik
property damages: dega sou
pwopriyete
property tax: enpo fonsye
proportion: *n.* pwopòsyon,
rapò
proportional representation:
reprezantasyon pwopòsyonèl
proportional tax: taks
pwopòsyonèl
proposal: *n.* lademand, demand;
dokiman pwojè
propose: *v.* pwopoze
proposition: *n.* pwopozisyon
proprietor: *n.* pwopriyetè
proprietorship: *n.* pwopriyete
proptectionist: *n.* pwoteksyonis
prosecute: *v.* pouswiv (nan
lajistis, nan tribinal)
**prosecuting attorney (for the
state)**: komisè, avoka
prosecution: *n.* pousuit nan
tribinal; pouswit jidisyè
prosecution witness: temwen
leta
prosecutor: *n.* avoka
gouvènman; komisè gouvènman
prospect: *n.* pwospeksyon
prospective: *a.* posib, pwobab,
posiblite, pwobabilite, chans,
esperans, pwojeksyon sou lavni

prosper: *v.* pwospere, rive, reyisi, favorize

prosperity: *n.* pwosperite, richès

prosperous: *a.* pwospè, ki reyisi

prostate: *n.* pwostat

prostatectomy: *n.* operasyon pou wete yon pati osnon tout pwostat yon gason

prosthesis: *n.* pwotèz

prostitute: 1. *n.* pwostitiye, bouzen, jennès; 2. *v.* fè pwostitisyon

protect: *v.* pwoteje, bay pwoteksyon

protection: *n.* pwoteksyon

protectionism: *n.* pwoteksyonis

protectionist: *a.* pwoteksyonis

protective order: entèdiksyon

protective tarif: tarif pwotektè

protectorate: *n.* pwotektora

protein: *n.* pwoteyin

protest: 1. *n.* pwotestasyon; 2. *v.* pwoteste

protestant: *n.* levanjil; pwotestan

Protestant Reformation: Refòm Pwotestan

protesting: *n.* wouspetay, pwoteste

protist: *n.* pwotis

proton: *n.* pwoton (chaj pozitif)

protoplanet: *n.* pwotoplanèt, planèt ki potko fin fòme

protoplasm: *n.* pwotoplas [nan selil]

protostar: *n.* etwal ki poko fin fòme

prototype: *n.* echantiyon, pwototip

protozoa: *n.* pwotozoyè, mikwòb ki viv nan dlo

protractor: *n.* rapòtè (enstriman jeyometrik pou mezire ang)

protrude: *v.* leve, pouse, sòti

proud: *a.* fyè

prove: *v.* pwouve, bay prèv, montre prèv

proverb: *n.* pwovèb, diton

provide: *v.* bay, ofri, founi, fasilite

provider: *n.* founisè, reskonsab

province: *n.* pwovens

provisions: *n.* pwovizyon, apwovizyònman, dispozisyon, kloz

proviso: *n.* kondisyon fòmèl

provocation: *n.* defi; pwovokasyon

provoke: *v.* pwovoke, pouse, ensite, chofe, lakòz

prowl: *v.* wode, kalbende

prowling: *a.* wodè, ki fè laviwonn

proximal: *a.* pwoksimal

proxy: *n.* anchaje, reprezantan, pwokirasyon

prudent: *a.* pridan
pry: *v.* mele nan zafè moun; fè jouda
Psalm: Sòm
PSI (Pound per Square Inches): PSI
psychiatry: *n.* sikyatri
psychoanalysis: *n.* siko-analiz
psychoanalytic theory: teyori siko-analitik
psychobiology: *n.* siko-byoloji
psychodrama: *n.* sikodram
psychodynamic theory: teyori siko-dinamik
psycholinguist: *n.* siko-lengis
psychological: *a.* sikolojik
psychological dependence: depandans sikolojik
psychological trauma: twomatis sikolojik
psychologist: *n.* sikològ
psychology: *n.* sikoloji
psychopath: *n.* sikopat
psychopathology: *n.* sikopatoloji
psychophysics: *n.* sikofizik
psychosis: *n.* sikoz
psychosocial dilemma: dilèm sikososyal
psychosomatic disorders: *n.* twoub sikosomatik
psychosomatic symtoms: maladi imajinè, sentom sikosomatik, ki pa gen koz fizik
psychosurgery: *n.* siko-chiriji

psychotherapist: *n.* sikoterapet
psychotherapy: *n.* sikoterapi
psychotic disorder: pwoblèm sikotik
psychrometer: *n.* sikwomèt (enstriman pou mezire imidite relatif)
ptosis: *n.* je mouran, je lou
pub: *n.* kafe, bistwo
puberty: *n.* peryòd kwasans, lè timoun pral fòme, pibète
pubescent: *a.* fòme
pubis: *n.* pibis
public: 1. *a.* piblik; 2. *n.* piblik
public defender: avoka ladefans ki gratis; avoka piblik pou ladefans
public education: edikasyon piblik
public goods: byen piblik
public housing projects: pwojè lojman piblik
public interest groups: gwoup enterè piblik
public land: tè leta
public nuisance: nuizans piblik
public opinion: opinyon piblik
public record: dosye piblik
public utilities: sèvis piblik (telefòn; elektrisite; dlo)
public-assistance programs: pwogram asistans piblik
public-works projects: pwojè travo piblik
publication: *n.* piblikasyon

publicity: *n.* piblisite
publish: *v.* pibliye
puddle: *n.* ma dlo
puff: 1. *n.* souf; 2. *v.* soufle
puffy: *a.* gonfle, boufi
puke: *v.* vomi
pull: 1. *n.* piston, relasyon; 2. *v.* rale, tire, redi
pull over: rete, estope
pulley: *n.* pouli
pulp: 1. *n.* chè (nan fwi)
pulpit: *n.* chè (relijyon)
pulsar: *n.* pilsa (kò nan lespas k ap flache ak anpil limyè epi k ap emèt onn radyo-aktif)
pulse: *n.* pou, batman kè
pump: 1. *n.* ponp; 2. *v.* ponpe
pumpkin: *n.* sitwouy, joumou
punch: 1. *n.* ponch; 2. *v.* bay koutpwen, frape
puncture: 1. *n.* piki; 2. *v.* pike, bay piki, kreve, pèse
punish: *v.* pini, reprimande
punishable: *a.* ki merite pinisyon
punishment: *n.* pinisyon, chatiman
pup: *n.* ti chen, bèf ki fèk fèt
pupa: *n.* krisalid, kokon, ensèk
pupil: *n.* 1. nwaje; 2. elèv
puppet: *n.* panten, poupe, mannken
puppy: *n.* ti chen
purchase: 1. *n.* acha, komisyon; 2. *v.* achte

purchasing power: pouvwadacha
Pure Food and Drug Act: Lwa sou manje ak medikaman pirifye (1906)
purgative: *n.* medsin; lòk, pigatif
purge: 1. *n.* pij, pigatif, epirasyon, netwayaj; 2. *v.* pije, pase, elimine, netwaye
purify: *v.* pirifye, epire
puritan: *a.* piriten (gwoup moun ki te sòti nan Ilann)
purple: *a.* mov, vyolèt
purport: 1. *n.* siyifikasyon, bi; 2. *v.* enplike, pretann
purpose: *n.* objektif, rezon, entansyon
purse: 1. *n.* bous, sak, valiz; 2. *v.* plise
pursuant to: daprè, alasuit
pursue: *v.* pouswiv, lage de gidon dèyè, rann san souf
pursuit of happiness: chèche byennèt
pus: *n.* pi
push: 1. *n.* pousad, bourad; 2. *v.* pouse, ensite, bourade, bay pousad
pussycat: *n.* mimi, ti chat
put: *v.* mete, depoze, sere, foure, etenn
put a handle on: manche
put a stop to: mete ola
put on an act: jwe lakomedi

put out, to turn off: tenyen, etenn
put to sleep, to anesthetize: andomi
put under way: mete sou pye
putting down: imilye, ensilte, rabese, mete atè
puzzle: *n.* devinèt, pwoblèm
pyramid: *n.* piramid
pyroxene: *n.* piwoksèn (mineral an silikat)
pythagorean theorem: teyorèm Pitagò

Q

Q-tips: tij pou netwaye zòrèy
quadrant: *n.* kadran
quadratic equation: ekwasyon kwadratik
quadrature: *n.* kwadrati
quadrilateral: 1. *a.* kwadrilateral; 2. *n.* kwadrilatè
quadrille: *n.* kadriy
quadripartite: *a.* an kat (4) pati, kwadripati
quadruple: 1. *a.*kat fwa; 2. *v.* miltipliye pa kat (4); kwadriple
quadruplet: *n.* marasa kat, kwadriplè
quail: *n.* pèdri
quaint: *a.* dwòl
quake: *n.* tranblemanntè
Quakers: Kwekè (gwoup relijye)
Quakers Society of Friends: Sosyete Kwakès
qualification: *n.* kalifikasyon, eksperyans
qualificative: *a.* kalifikatif
qualified: *a.* kalifye, kapab, ki ranpli kondisyon nesesè yo
qualify: *v.* kalifye, ranpli kondisyon nesesè
qualitative: *a.* kalitatif
quality: *n.* kalite
quality circles: òganizasyon pou anplwaye fè bon travay

quality control: enspeksyon pou kontwole kalite

quantitative: *a.* kantitatif

quantity: *n.* kantite

quarantine: *n.* karantin, izolman

quarrel: *n.* kont, goumen, batay

quarrelsome person: lwijanboje, atoufè

quarry: 1. *n.* kwaryann, karyè; 2. *v.* eksplwate

quart (qt): *n.* ka (inite), ka

quarter: 1. *n.* 25 santim; katye; 2. *a.* ka

quarter past: eka

quarter to: mwennka

quartile: *n.* yon ka (1/4)

quasar: *n.* kwaza

quash: *v.* anile, kase (vèdik, desizyon)

queen: *n.* rèn, larenn

quench: *v.* etenn, tranpe, toufe, refwadi, satisfè

question: 1. *n.* kesyon; 2. *v.* kesyone

quick: *a.* rapid

quick bread: pen

quickly: *adv.* rapidman, vit, plop-plop, trapde

quiet: 1. *n.* silans, trankilite; 2. *a.* silansye, trankil

quietly: *adv.* san bwi, dousman, an silans

quilt: 1. *n.* kouvèti, lenn; lenn atizay; 2. *v.* matlase, pike

quinine: *n.* kinin

quinte: *n.* kent

quintet: *n.* kentèt (gwoup mizik ki gen senk manb)

quintuple: *a.* kentip (5)

Quisqueya (indian name for Haiti): Kiskeya

quit: *v.* demisyone, kite, abandone, lage, sispann, ase, bouke, rann tèt

quite: *adv.* ase, anverite, tou

quiz: *n.* je, konkou, devinèt

quorum: *n.* kowòm, kantite sifizan

quota: *n.* kota, mezi, minimòm, pousantay, pòsyon, rasyon, pati

quotation: *n.* sitiyasyon, (quotation marks) = gimè

quote: *v.* site, repete (between quote) = (antregimè)

quotient: *n.* kosyan, rezilta divizyon

R

rabbit: *n.* lapen
rabid: *a.* anraje
rabies: *n.* laraj; raj
race: 1. *n.* ras; konpetisyon, kous; 2. *v.* fè kous, òganize konpetisyon
racial: *a.* rasyal
racial balance: ekilib rasyal
racial group: gwoup rasyal, gwoup ki baze sou ras
racial segregation: segregasyon rasyal (politik pou separe moun dapre aparans yo)
racism: *n.* rasis
rack: *n.* etajè, sipò, rak
racketeering: *n.* rakèt, fwod òganize, move zafè
rad: *n.* rad (inite pou mezire radyasyon)
radar: *n.* rada
radar gun: aparèy pou kalkile vitès machin
radiation: *n.* radyasyon, reyon
radiation therapy: tretman ak reyon
radiator: *n.* radyatè
radical: *a.* radikal
Radical Republicans: Repibliken Radikal
radio: *n.* radyo, aparèy
radio blasting: ouvè yon radyo tout volim

radio transmitter: radyo emetè
radio wave: onn radyo
radioactive: *a.* radyo-aktif
radioactive decay: dekonpozisyon radyo-aktiv
radioactive disentegration: dezentegrasyon radyo-aktif
radioactive isotopes: izotòp radyo-aktif
radiocarbon: *n.* radyokabòn
radiometer: *n.* radyomèt
radish: *n.* radi
radius: *n.* reyon
raffle: *n.* raf, lotri
rafter: *n.* chevwon, fetay
rag: *n.* ranyon
ragamuffin: *n.* sanzave
rage: 1. *n.* kolè, raj; 2. *v.* fè kòlè, fache, dechennen
raid: *n.* bale-wouze, atak, razya
rail: *n.* ray, bawo, parapè
railing: *n.* balistrad
railroad: *n.* ray tren
rain: *n.* lapli; (misty rain) = farinen; (torrential rain) = lavalas
rain forest: forè twopikal
rain gauge: aparèy pou mezire lapli
rain shadow: rido lapli
rainbow: *n.* akansyèl
raincoat: *n.* padsi
rainy: *a.* plivye; tan lapli

raise: *v.* wose, leve, monte, soulve, drese, kanpe; (raise from the dead) = resisite; (raise an objection) = pwoteste, pa dakò

raisin: *n.* rezen sèk

rake: *n.* rato

rally: 1. *n.* parad, reyinyon, defile, konkou; 2. *v.* rasanble, reyini

ramp: *n.* ranp

rancid: *a.* rans; si (manje)

random: *n.* aza

random sampling process: metòd tiraj osò

random search strategy: estrateji pa tatònman, pa aza

range: 1. *n.* entèval, ran, ranje, pozisyon; 2. *v.* ranje, mete anran, aliyen, klase

range rights: dwa dlo

range wars: lagè elvè

rank: *n.* grad, ran

ransack: *v.* piye, fè piyay, devalize, sakaje, fouye

ransom: *n.* ranson

rap: 1. *n.* ti kou sèk, tap; estil mizik; 2. *v.* frape, tape

rap sheet: dosye

rape: 1. *n.* kadejak, vyòl; 2. *v.* vyole, fè kadejak

rapid: *a.* rapid

rapid heartbeats: batman kè rapid

rapidly: *a.* rapidman; vit

rapist: *n.* moun ki vyole, fè kadejak sou yon lòt

rapt: *a.* anchante, antouzyas

rare: *a.* ra

rarely: *adv.* raman

rascal: *n.* kannay, vèmin, vakabon, sanzave, voryen, koken

rash: gratèl, lota; (have a rash) = gen gratèl; (diaper rash) = chofi; 2. *a.* enpridan, temerè

rasing grievances: prezante reklamasyon, prezante plent, prezante doleyans

rasp: 1. *n.* rap; 2. *v.* kòche, rape

raspberry: *n.* franbwaz

rat: *n.* rat

rate: 1. *n.* to, pousantaj, vitès, pwopòsyon; 2. *v.* evalye

rather: *adv.* pito

rather than, instead of: tan pou; pase pou

ratification: *n.* ratifikasyon

ratify: *v.* ratifye

rating: *n.* pwen, nòt, valè, to estimasyon

ratio: *n.* rapò, rasyo

ration: *n.* rasyon

rational choice: chwa rasyonèl

rational number: nonm rasyonèl

rational thinking: lojik, refleksyon ak bonsans

rationalization: *n.* rasyonalizasyon

rationing: *n.* rasyònman
rattlesnake: *n.* sèpan a sonèt
ravage: 1. *n.* ravaj,
devastasyon; 2. *v.* ravaje,
devaste
rave: *v.* divage, tanpete, popilè
ravel: *v.* mele, anbouye
raven: *n.* kaw, boustabak,
zwazo kaw
ravenous: *a.* voras; saf
ravine: *n.* ravin
ravish: *v.* fè dapiyan, vyole
raw: *a.* kri, ki pa kwit
raw materials: matyè premyè
raw rum: kleren; tafya
ray: *n.* reyon, vektè
raze: *v.* demantle
razor: *n.* razwa, jilèt
razor blade: jilèt
razor electric: razwa elektrik
razor trim: tchas
Re: (abrevyasyon ki siyifi)
anrapò ak, gade nan
re-evaluation: *n.* lòt
evalyasyon, dezyèm
evalyasyon, re-evalyasyon
re-use: *v.* re-itilize
reach: 1. *n.* aksesiblite; 2. *v.*
jwenn, rive, atenn, rive jwenn,
touche
reach one's goal: fin bout, rive
reach out: kanpay, mache
kontre, bay lamen, lonje men
bay
react: *v.* reyaji

reactant: *n.* reyaktan
reaction: *n.* reyaksyon
reaction rate: vitès reyaksyon
reactive depression: reyaksyon
depresif
read: *v.* li, fè lekti
read cards: fè kout kat
reader: *n.* lektè; machin yo
gade mikwofim
readiness: *n.* preparasyon, bon
dispozisyon, disponiblite
reading: *n.* lekti
reading skills: teknik pou
aprann li, kapasite pou li
ready: *a.* bon, prè, pare, dispoze
ready for trial: pare pou
kòmanse jijman
real: *a.* reyèl; vrè, kòrèk,
toutbon
real image: imaj reyèl
real number: nonm reyèl
real property: byen imobilye
real wages: salè reyèl
realistic stage: etap reyalis
reality: *n.* reyalite
realize: *v.* reyalize, akonpli, fè
really: *adv.* vrèman, konsa
menm
rear: 1. *n.* dèyè, aryè; 2. *adv.*
padèyè, annaryè; 3. *v.* kabre,
drese
rear-end: frape yon machin pa
dèyè, nan dèyè
reason: 1. *n.* rezon, kòz; 2. *v.*
rezone, reflechi

reasonable: *a.* rezonab, rasyonèl, apwopriye, byen tonbe
reasonable care: swen rezonab
reasonable charges: pri rezonab, pri modik, pri nòmal
reasonable doubt: dout rezonab
reasoning: *n.* rezònman
reassignment: *n.* transfè, deplasman, re-asiyasyon
reassure: *v.* rasire
rebate: *n.* rabè
rebel: *n.* rebèl
rebellion: *n.* rebelyon
rebellious: *a.* rebèl
rebuff: 1. *n.* malonnèt; 2. *v.* fè malonèt; bay bèk
rebuild: *v.* rekonstwi, refè
rebuke: *v.* reprimande, rele sou
rebuttal: *n.* refitasyon
recalcitrant: *a.* wondonmon, wòklò, rekalsitran
recall: 1. *n.* rapèl; revokasyon; 2. *v.* raple, fè rantre, revoke
reccessif: *a.* resesif
recede: *v.* desann
receipt: *n.* resi
receive: *v.* resevwa; jwenn
recent: *a.* resan; dènye
recently: *adv.* dènyèman, sa pa fè lontan
reception: *n.* resepsyon
reception room: sal resèpsyon
recess: 1. *n.* vakans, resesyon, rekreyasyon, sispansyon, odyans; 2. *v.* fè yon pòz, poze, pran yon ti pòz
recession: *n.* resesyon
recessive gene: jèn resesif
recharge: *v.* rechaje
reciprocal: *a.* resipwòk
reciprocity: *n.* resipwosite
recitation: *n.* resitasyon
recite: *v.* resite
reckless: *a.* brèf, enpridan, sansousi, manfouben
reckless driving: kondui ak enpridans, ak neglijans
recklessness: *n.* fè enpridans, aji ak neglijans
reckon: *v.* konte; kalkile; estime; evalye
recognition: *n.* rekonesans
recognize: *v.* rekonèt
recollect: *v.* sonje
recollection: *n.* souvni
recommence: *v.* rekòmanse
recommend: *v.* rekòmande
recommendation: *n.* rekòmandasyon
recompense: 1. *n.* rekonpans, kado; 2. *v.* rekonpanse
reconcile: *v.* rekonsilye; ranje
reconstruction: *n.* rekonstriksyon
record: 1. *n.* dosye, papye, achiv, dokiman, plak; 2. *v.* anrejistre, enskri
record player: aparèy pou jwe disk

recorder: *n.* achivis; grefye
recover: *v.* repran, rejwenn
recovery: *n.* gerizon; repriz (remonte)
recreation: *n.* lwazi
recruit: 1. *n.* rekritman; 2. *v.* rekrite, fè rekritman
rectangle: *n.* rektang
rectangular prism: pris rektangilè
rectifer, diode: *n.* dyòd
rectory: *n.* presbitè
rectum: *n.* dèyè, rektòm
recuperate: *v.* rekipere; repare
recuse: *v.* rekize, lè yon jij refize yon ka
recycle: *v.* resikle
recycling: *n.* resiklaj
red: *a.* wouj
red beet: bètrav
red eye: je wouj; azoumounou
red snapper: sad woz
Red Scare: Krent Wouj (kont kominis)
red-hot: *a.* fache anpil, ankòlè tou wouj, toulimen; cho anpil
redden: *v.* woze, bay koulè woz
redeem: *v.* ranbouse; amòti (debt)
redness: *n.* woujè
redo: *v.* refè
redoubtable person: awoyo
redress: *v.* redrese, korije, ranje, repare

reduce: *v.* redui, diminye, senplifye, amensi
reduced charge: retire, redui akizasyon
reduction: *n.* rediksyon
reed: *n.* wozo
reef: *n.* resif
reel: 1. *n.* bobin; 2. *v.* bobinen
refer: *v.* refere, rekòmande
referee: 1. *n.* abit; 2. *v.* abitre
reference group: gwoup modèl, gwoup echantiyon
reference point: pwen referans
referendum: *n.* referandòm
referral: *n.* rekòmandasyon, referans
referral services: sèvis rekòmandasyon
refill: *v.* replen, rechaje
reflect: *v.* reflechi, kalkile, egzaminen, reflete
reflection: *n.* refleksyon
reflector: *n.* reflektè
reflex: *a.* reflèks, reflechi
reflexion: *n.* refleksyon, kalkil
reflexive: *a.* refleksif
reforestation: *n.* reforestasyon; rebwazaman
reform: *n.* refòm
reformation: *n.* refòmasyon, refòm
Reformation: Refòm
refraction: *n.* refraksyon
refraction index: endis refraksyon

refrain: *n.* litani, refren
refresh: *v.* rafrechi
refreshing: *a.* rafrechisan
refreshment: *n.* rafrechisman
refrigerate: *v.* refrijere; mete nan frijidè
refrigerator: *n.* frijidè
refugee: *n.* refijye
refund: 1. *n.* ranbousman; 2. *v.* ranbouse, remèt lajan
refusal: *n.* refi
refuse: *v.* refize, opoze
refuse bin: poubèl, bwat fatra
regain consciousness: revni, reprann konsyans
regard: 1. *n.* rega, koutje; 2. *v.* gade, konsidere
regardless: *adv.* kanmèm, de-tout-fason
regeneration: *n.* rejenerasyon
reggae: estil rege
region: *n.* rejyon, zòn
regionalism: *n.* rejyonalis
regionalism: *n.* rejyonalis
register: 1. *n.* rejis; 2. *v.* anregistre, enskri
registered nurse: enfimyè diplome
registration: *n.* enskripsyon
registration fee: frè enskripsyon
registration form: fòm enskripsyon

regression: *n.* konpòtman anfanten, retou annaryè, regresyon
regressive tax: taks regresif
regret: 1. *n.* regrè, chagren; 2. *v.* regrèt
regular: *a.* regilye
regular customer: pratik
regularly: *adv.* souvan, regilyèman
regulation: *n.* règleman, regilasyon
regulatory commissions: komisyon kontwòl
regulatory compliance: obsèvasyon, règleman
regurgitate: *v.* vomi, rann, wote
rehabilitation: *n.* reyabilitasyon
rehearsal: *n.* repetisyon, antrènman
rehearse: *v.* repete, fè repetisyon, resite
Reichter scale: echèl Reichter
reign: *n.* rèy, reny
reign of terror: rèy laterè
reimburse: *v.* ranbouse, remèt lajan
rein: *n.* renn
reincarnation: *n.* reyenkanasyon
reinforce: *v.* ranfòse
reinforced concrete: beton ame
reinforcement system: sistèm pou ranfòse ansèyman yon nosyon

reinstate: *v.* re-enstale, repran, retounen, remete

reject: 1. *n.* rejè, refi; 2. *v.* rejte, refize

relapse: 1. *n.* rechit; 2. *v.* rechite

relate: *v.* rakonte, relate, rapwoche

related area: domèn ki konsène

relation: *n.* relasyon

relational concept: konsèp relasyonèl

relationship: *n.* relasyon, rapò, lyen

relative: *n.* paran, fanmi, jenerasyon

relative age: laj relatif

relative frequency: frekans relatif

relative humidity: imidite relatif

relative location: pozisyon relatif

relax: *v.* detann, lache kò ou, rete kal, repoze, relaks

relearning: *n.* re-aprantisaj

release: 1. *n.* liberasyon, elajisman, parisyon, sòti, egzeyat, pèmisyon, nòt; 2. *v.* egzeyate, bay egzeyat, libere, lage, elaji

release of information form: fòm pèmisyon (pou) divilge enfòmasyon

release of lien: anile

relent: *v.* retounen sou yon desizyon

relevant questions: kesyon apwopriye, kesyon k gen rapò (ak yon rezilta kèlkonk)

reliability: *n.* responsablite, enpòtans, konfyans

reliable: *a.* serye; efikas

relief: *n.* soulajman, satisfaksyon, alemye

relieve: *v.* soulaje

religion: *n.* relijyon

religious beliefs: kwayans relijye

religious group: gwoup relijye

relish: 1. *n.* gou, asezonman; 2. *v.* savoure, pran gou

rely: *v.* depann sou, gen konfyans

remain: *v.* rete, ret

remainder: *n.* rès, restan

remand: *n.* ranvwaye

remark: 1. *n.* remak, refleksyon, kòmantè, nòt; 2. *v.* remake, fè remak, fè kòmantè

remarkable: *a.* notab, remakab

remarriage: *n.* remaryaj

remarry: *v.* remarye

remedial courses: kou ratrapaj

remedy: 1. *n.* remèd, medikaman; 2. *v.* soulaje, swaye

remember: *v.* sonje

remind: *v.* raple, fè sonje

remission: *n.* konvalesans, refè, remisyon

remit: *v.* padone, remèt
remnant: *n.* koupon twal, restan
remorse: *n.* remò
remote: *a.* a distans, lwen
remotely: *adv.* a distans, lwen
removal: *n.* deplasman, soulajman
remove: *v.* retire, wete
renaissance: *n.* renesans
rename: *v.* bay yon lòt non; chanje non
render: *v.* remèt, rann, tradui
rendez-vous: *n.* randevou
renewable resource: resous renouvlab
rent: 1. *n.* lwaye, fèmaj; 2. *v.* lwe
reopen: *v.* re-ouvri
repair: 1. *n.* reparasyon; 2. *v.* ranje, repare
reparation: *n.* reparasyon; dedomajman
repay: *v.* ranbouse; remèt
repeal: *v.* anile, rantre, revoke, aboli, abwoje
repeat: *v.* repete
repel: *v.* repouse, kwape, rebite
repent: *v.* repanti
replace: *v.* ranplase; pran plas (yon moun)
replacement: *n.* ranplasman
replicate: *v.* kopye, repwodui
reply: 1. *n.* repons; 2. *v.* reponn
report: 1. *n.* enfòmasyon, rapò; 2. *v.* enfòme, rapòte, fè rapò

report card: kanè; bilten
represent: *v.* reprezante
representation: *n.* reprezantasyon
representative: *n.* reprezantan, depite
representative democracy: demokrasi reprezantatif
representative government: gouvènman reprezantatif
representative money: monè reprezantatif
representative sample: echantiyon reprezantatif
repression: *n.* represyon, refoulman
reprieve: *n.* delè
reprimand: 1. *n.* reprimand, obsèvasyon; 2. *v.* reprimande, blame, obsève, fè obsèvasyon
reproach: 1. *n.* repwòch; 2. *v.* repwoche, fè repwòch
reproduction: *n.* repwodiksyon
reptile: *n.* reptil
republic: *n.* repiblik
republican: *a.* repibliken
Republican Party: Pati Repibliken
republicanism: *n.* repiblikanis
repugnance: *n.* repiyans, degoutans
repugnant: *a.* repiyan, rebitan
reputation: *n.* repitasyon

request: 1. *n.* demann,
reklamasyon; 2. *v.* fè yon
demann, reklame, mande
require: *v.* mande, egzije, gen
bezwen
requirement: *n.* egzijans,
kondisyon, demand, kritè
kalifikasyon
reschedule: *v.* chanje lè/dat
rescue: 1. *n.* sekou; sovtaj; 2. *v.*
sekouri; pote sekou; sove; chape
research: *n.* rechèch
research method: metòd
rechèch
resell: *v.* revann
resemble: *v.* sanble
resentment: *n.* resantiman,
mekontantman
reservation: *n.* rezèvasyon,
rezèv
reserve: *v.* rezève, mete an
rezèv
reserve requirement:
kondisyon rezèva
reserved: *a.* rezève
reserved seat: plas rezève
reservoir: *n.* basen, rezèvwa
reset: *v.* remete, ranje,
reyenstale
reshuffle: *v.* rebat
residence: *n.* residans
resident alien: etranje ki gen
rezidans
residue: *n.* ma, rezidi, rès,
dechè

resign: *v.* demisyone, bay
demisyon
resign oneself: konsole; reziyen
resignation: *n.* demisyon,
abandon, reziyasyon,
renonsyasyon
resin: *n.* gonm, rezin
resist: *v.* reziste, opoze, pa
dakò, refize obeyi
resist arrest: reziste arestasyon
resistance: *n.* rezistans, blokaj
resistivity: *n.* rezistivite,
rezistans
resistor: *n.* rezistans
resolution: *n.* rezolisyon
resolve: *v.* rezoud, redui,
transfòme, aplani
resonance: *n.* rezonans
resort: 1. *n.* resous, kote moun
pase vakans; 2. *v.* pran, triye,
reklase; redui, reziyen
resource: *n.* resous, mwayen,
fakilte
resource center: sant materyèl
didaktik, bibliyotèk
resourceful: *a.* ki plen resous
respect: 1. *n.* respè; 2. *v.*
respekte, gen respè pou
respectable: *a.* respektab
respectfully: *adv.* ak anpil respè
respiration: *n.* respirasyon
respiratory: *a.* respiratwa
respiratory system: sistèm
respiratwa
respite: *n.* souf, repi, dèle

respond: *v.* reponn, fè repons
respondent: *n.* defandan, pati defans la; pati anfas la
response: *n.* repons, reyaksyon, fidbak
responsibility: *n.* responsablite
responsible: *a.* reskonsab, responsab
rest: 1. *n.* repo, rès, sipò, apui; 2. *v.* repoze, poze, pran repo
restaurant: *n.* restoran
restitution: *n.* restitisyon, ranbousman, reparasyon, konpansasyon
restless: *a.* eksite, an mouvman
restoration: *n.* retablisman, restitisyon, restorasyon
restrain: *v.* bride, bloke, metrize, mare
restraining order: entèdiksyon
restrict: *v.* restrenn, limite
restroom: *n.* twalèt, saldeben
result: 1. *n.* rezilta, konsekans; 2. *v.* bay konsekans, bay rezilta
resultant: *n.* reziltant
resume: *v.* reprann, rekòmanse, kontinye
resumé: *n.* rezime, kourikouloum-vite
retail: 1. *n.* detay; 2. *v.* vann andetay, detaye; 3. *adv.* andetay
retailer: *n.* detayan, revandè, revandèz
retain: *v.* retni, gade, konsève, mentni

retainer: *n.* avans
retardation: *n.* retadasyon mantal
retest order: lòd pou refè yon egzamen
retina: *n.* retin
retinal disparity: defòmasyon retin
retire: *v.* pran retrèt, retrete
retrace: *v.* retrase
retract a confession: rejte sa ki te admèt anvan
retrieval: *n.* rekiperasyon
retroactive: *a.* retwo-aktif
retrograde amnesia: amnezi retwograd
retrograde motion: mouvman annaryè, bak
return: *v.* tounen, retounen, rann, bay, restitiye, remèt
rev the engine: akselere motè a anplas
reveal: *v.* devwale, revele, gaye
revenge: 1. *n.* vanjans; 2. *v.* vanje, ensilte, fè vanjans
revenue: *n.* rant, revni, apwentman, salè
revenue tariff: tarif dwanye fiskal
reverse: 1. *a.* envès, opoze, kontrè; 2. *n.* envès, opoze, kontrè; 3. *v.* ranvèse; fè bak
reverse judgment: chanje yon santans

revert: *v.* retounen; fè mach aryè

review: 1. *n.* egzamen, etid, revi, revizyon, bilan; 2. *v.* egzaminen, analize, revize, repase

review of sentence: revizyon santans

revise: *v.* korije, revize

revival: *n.* revèy

revocation: *n.* revokasyon

revolt: 1. *n.* revòlt; 2. *v.* revolte, fè revòlt

revolution: *n.* revolisyon

revolutionary war: lagè revolisyonè

revolver: *n.* revolvè, zam

reward: 1. *n.* rekonpans, prim; 2. *v.* rekonpanse, bay rekonpans

reward power: posiblite pou rekonpanse

rewarding: *a.* rapòtan, favorab, pwofitab

rheumatism: *n.* maladi rimatis

rhinoceros: *n.* rinosewòs

rhombus: *n.* lozanj

rhythm: *n.* rit, kadans

rib: *n.* kòt, zokòt

rib cage: kòf lestomak

ribbon: *n.* riban

rice: *n.* diri

rice cooker: chodyè elektrik pou kuit diri

rich: *a.* rich

rid: *v.* debarase, delivre

riddle: *n.* kont, devinèt

ride: 1. *n.* pwomnad nan vwati; woulib; 2. *v.* pwomne nan vwati

ridicule: 1. *n.* ridikil; 2. *v.* ridikilize, pase nan tenten

ridiculous: *a.* rizib, ridikil

rifle: *n.* fizi

rift: *n.* fay

right: 1. *adv.* adwat; 2. *a.* dwat

right angle: ang dwa

right away, at once: touswit

right hand: men dwat

right of deposit: dwa depo

right side: landwat

right there: isit-la-menm

right to privacy: dwa entimite moun

right triangle: triyang rektang

right waiver form: papye moun siyen pou renonse a dwa li

Right to Privacy Act: Lwa pou pwoteje Dwa Lavi Prive tout moun

right-handed: dwatye

right-to-work laws: lwa sou dwa moun nan travay

right-wings groups: gwoup konsèvatè

rights: *n.* dwa; (human rights) = dwa moun

rigid: *a.* rèd, rijid, sèk

rim: *n.* rebò, bòday, jant

rind: *n.* kwann, po, kwout

ring: 1. *n.* bag; 2. *v.* sonnen

ring magnet: leman an wondèl

ringlet: *n.* zeye
rinse: *v.* rense
riot: *n.* atwoupman, pwotestasyon, dezòd
rioter: *n.* moun k ap fè dezòd
rip: 1. *n.* dechiri; 2. *v.* dechire
ripe: *a.* rèk, mi, apwen
rise: *v.* leve
risk: 1. *n.* risk, danje; 2. *v.* riske, ekspoze, andanje
risk factors: faktè ki ka pote pwoblèm
risky: *a.* riske, danjere, enpridan
ritual: *n.* seremoni, degre
ritual bath: beny rityèl
rival: 1. *n.* matlòt, rival; 2. *a.* konkiran, opoze; 3. *v.* egale, fè konkirans, koresponn
river: *n.* larivyè; rivyè
roach: *n.* ravèt
road: *n.* chemen, wout, teras
road grader: *n.* gredè, traktè wout
roadway: *n.* wout, chemen
roar: *v.* gwonde, fè bwi, ranni
roast: 1. *n.* woti, babikyou; 2. *v.* boukannen, griye, kuit nan fou
roasted corn: mayi griye, mayi boukannen
rob: *v.* vòlè, devalize
robber: *n.* vòlè, bandi
robbery: *n.* vòl
robe: 1. *n.* rad seremoni, tòj, rad jij; 2. *v.* abiye
robin: *n.* woben (zwazo)

robot: *n.* wobo
robotic: *n.* wobotik
robust: *n.* gaya, ansante, anfòm, fò, byen pòtan
rock: 1. *n.* wòch, galèt; 2. *v.* balanse, sekwe, dodinen
rock salt: gwo sèl, sèl min
rocket: 1. *n.* fize; 2. *v.* monte anflèch
rocking chair: dodin
rodent: *n.* wonjè
rods: *n.* reseptè vizyèl
rogue: *n.* vakabon, brigan
role: *n.* wòl
role playing: jwe wòl, fè kòmsi
role reversal: ranvèse wòl
roll: 1. *n.* biskwit, woulo; 2. *v.* woule
roll-call vote: apèl vòt
roller: *n.* woulo
roman numeral: chif women
Roman empire: anpi women
romance: *n.* womans
romantic: *a.* womantik
roof: *n.* tèt kay, do kay, twati
roofing: *n.* twati
room: *n.* chanm, sal, pyès
room and board: pansyon
rooster: *n.* kòk (zwazo)
root: *n.* rasin
rope: *n.* kòd
rosary: *n.* chaplè, wozè
rose: 1. *n.* woz (flè); 2. *a.* woz (koulè)

rot: *n.* pouriti
rot, rotten: *v.* pouri, gate
rotation: *n.* wotasyon
rough: *a.* ki pa lis, brital
rough draft: bouyon
roughness (irregularities): *n.* douk, grenn
round: *a.* won; 2. *n.* wonn, sesyon, tou, kou; 3. *v.* awondi
rouse: *v.* reveye, eveye, je klè
route: 1. *n.* wout; 2. *v.* achemine
router: *n.* an toupi
routine: *n.* woutin
rove: 1. *v.* flannen; 2. *n.* wobo enspektè
row: 1. *n.* ran, ranje; 2. *v.* rame, ranje
rowboat: *n.* kannòt a ram
rub: 1. *n.* fwotman, friksyon, masaj; 2. *v.* fwote, friksyonnen, fè masaj
rubber: *n.* kawoutchou
rubber band: elastik
rubber tubing: tib kawoutchou, chanm kawoutchou
rubbing alcohol: alkòl pou masaj
rubbish: *n.* fatra, tentennad
rubella: *n.* lawoujòl
rubric: *n.* ribrik
rude: *a.* gwosye, gwosoulye, sovaj, malelve
rudeness: *n.* gwosyète
rug: *n.* tapi

rug shampooer: aparèy pou lave tapi
rugby: *n.* foubòl-anglè
rugged: *a.* ki pa lis, gwosye
ruin: 1. *n.* pèt; 2. *v.* fè pèt, pèdi
rule: 1. *n.* règ, règleman, kondisyon, prensip; 2. *v.* dirije, kòmande
rule of law: règleman ki baze sou lalwa
ruler: *n.* règ
ruling: 1. *n.* desizyon tribinal; 2. *a.* dominan
rum: *n.* wonm
rumor: *n.* rimè, bri, chwichwi, tripotay
run: *v.* kouri, sipèvize, dirije, poze kandidati
run away: chape, sove
run down: kraze
run into: bite sou
run of luck: koyensidans, chans estrawòdinè
run over: *v.* kraze, pase sou
rung: *n.* bawo
running a red light: pa rete sou limyè wouj
running a stop sign: pa rete devan yon siy estòp
running around: vire-tounen; monte-desann; alevini
runny nose: nen k ap koule, nen larim
runoff: *n.* eleksyon balotaj
runt: *n.* rèkè, rasi

rural: *a.* riral
ruse: *n.* riz
rush down: degrengole
Russian Revolution:
Revolisyon Ris
rust: 1. *n.* wouy; 2. *v.* wouye,
gen wouy
rusty: *a.* wouye, ki wouye, ki
gen wouy
rye: *n.* sèg

S

sack: 1. *n.* sak; 2. *v.* sakaje
sacrament: *n.* sakreman
sacrifice: 1. *n.* sakrifis; *v.*
sakrifye
sacrilege: *n.* sakrilèj
sacristy: *n.* sakristi
sad: *a.* kagou; tris
saddle: 1. *n.* sèl (pou chwal); 2.
v. sele
sadness, sorrow: *n.* tristès
safe: 1. *n.* kòfrefò; 2. *a.*
sennesòf, ansekirite
safeguard: *n.* sekirite,
prekosyon
safety: *n.* sekirite
safety goggles: linèt sekirite
safety patrol: brigad vijilans,
brigad siveyans
safety pin: zepeng kouchèt
Sahel: Sayèl
sail: 1. *n.* vwal; 2. *v.* navige
sailboat: *n.* vwalye
sailor: *n.* matlo
saint: *n.* sen, sent
saintly: *a.* sen; ki gen bonte
salad: *n.* salad
salamandar: *n.* salamann
salary: *n.* salè, apwentman
salary range: tranch salè
sale: *n.* lavant
sales clerk: komi, vandè
sales tax: taks sou acha

salinity: *n.* salinite
salinization: *n.* salinizasyon
saliva: *n.* saliv, bave, krache
salmon: *n.* pwason somon
salon: *n.* salon
salt: 1. *n.* sèl; gwo sèl; 2. *v.* sale
salt marsh: *n.* salin
salt water: dlo sale
salted cod: lanmori sale
salted herring: aransò sale
salty: *a.* sale
salutatorian: *n.* elèv ki pwononse diskou nan seremoni remiz diplòm
salute: *v.* salye
same: *a.* menm
sample: *n.* echantiyon
sample menu: egzanp lis manje
sample of blood: echantiyon san
sampling: *n.* echantiyonaj, echantiyon
sanatorium: *n.* sanatoryòm
sanction: *n.* sanksyon
sand: 1. *n.* sab; 2. *v.* sable
sandals: *n.* sandal
sandbar: *n.* ban sab
sanddune: *n.* gran espas sab
sandimentary rock: wòch sedimantè
Sandinistas: Sandinis
sandpaper: *n.* papye sable, katapoli
sandwich: *n.* sandwich

sane: *a.* lisid
sanitary napkin: kotèks, twal lenj
sanity: *a.* an sante mantal
Sanskrit: sanskrit
Santa Klaus: Papa Nwèl
Santerìa: Santeriya, Vodou Kiba
sapodilla: *n.* sapoti
sardine: *n.* pwason sadin
satan: *n.* satan
satchel: *n.* sakit
satellite: *n.* satelit
satellite nations: peyi satelit
satin: *n.* twal saten
satisfaction: *n.* satisfaksyon
satisfy: *v.* satisfè
saturate: *v.* satire, konsantre
saturated solution: solisyon satire, konsantre
saturation: *n.* satirasyon, konsantrasyon
Saturday: Samdi
saturn: *n.* satin
sauce: *n.* sòs
saucepan: *n.* kastwòl, bonm
saucer: *n.* soukoup
sausage: *n.* sosis
saute: *v.* frikase
savage: 1. *n.* sovaj; 2. *a.* sovaj, mechan, brital, fewòs
savagery: *n.* sovajri
savanna: *n.* savann
save: *v.* ekonomize

saving: *n.* epay
saving bank: bank epay
savings and loan association (S&L): sosyete envestisman ak kredi imobilye
savings and loan bank: kès popilè
savior: *n.* sovè
savor: *n.* gou
saw: 1. *n.* si, goyin; 2. pret. of see
sawyer: *n.* siyè
saxophone: *n.* saksofòn
say: *v.* di, endike
saying: *n.* pwovèb; dikton
scab: *n.* kwout
scabies: *n.* dat, gal
scabs: *n.* eskab, yon anplwaye ki pa solidè ak lòt anplwaye k ap fè grèv
scald: *v.* chode
scale: *n.* 1. echèl; kota; balans, pèz; kal, kal pwason
scale bathroom: balans pou saldeben
scale drawing: desen alechèl
scalene triangle: triyang eskalèn
scallion: *n.* powo
scalp: *n.* po tèt
scandal: *n.* eskandal
scanner: *n.* eskanè
scapegoating: *n.* eskiz, echapatwa, pretèks
scapula: *n.* omoplat, eskapilè

scar: *n.* mak, sikatris
scarcity: *n.* rate, ratman
scare: 1. *n.* pè, laperèz; 2. *v.* efreye, alame, fè pè
scarf: *n.* echap, foula
scatter: *v.* simen, grennen, simaye, gaye, epapiye
scent: *n.* sant, odè, pafen
schedule: 1. *n.* orè, pwogram; 2. *v.* etabli orè, pwograme
schizophrenia: *n.* eskizofreni
scholarly: *a.* save, akademik
scholarship: *n.* bousdetid
school: *n.* lekòl
school advisory committee: komite konsèy lekòl
school board: komite depatman edikasyon
school bus: bis lekòl, otobis lekòl
school improvement plan: plan pou amelyore lekòl
school zone: zòn lekòl
school-wide: nan tout lekòl la
schooling: *n.* enstriksyon; etid; eskolarite
schoolmate: *n.* kondisip; konpayon lekòl
sciatic nerve: nè syatik
science: *n.* lasyans; syans
scientific: *a.* syantifik
scientific agriculture: agrikilti syantifik
scientific law: lwa syantifik

scientific method: metòd syantifik
scientific notation: notasyon syantifik
scientific theory: teyori syantifik
Scientific Revolution: Revolisyon Syantifik
scientist: *n.* syantis, savan
scissors: *n.* sizo
scold: *v.* joure, reprimande
scoop: *n.* pèl, gwo kiyè
scope: *n.* objektif, entansyon, dimansyon
scorch: *v.* boule
score: 1. *n.* pwen, eskò; 2. *v.* make (pwen)
scorecard: *n.* fèy pou make pwen
scorn: *v.* meprize
scornful look: kout je
scorpion: *n.* eskòpyon
scotch: *n.* bwason eskòtch
scotch bonnet chili: piman bouk
scotch tape: tep; adeziv
scoundrel: *n.* atoufè, kannay, aksyonnè, moveje, tapajè, koken
scour: *v.* foubi, netwaye
scout: *n.* eklerè, eskout
scramble: *v.* bwouye
scrap iron: feray
scrape: *v.* grate
scraper: *n.* gratwa
scraping: *n.* grataj

scraps: *n.* retay
scratch: *v.* grate, grafouyen, grife, grave
scrawl: *v.* grifonnen, ekri andezòd
scrawny: *a.* mèg, zo ak po
screech: *v.* fè kawotchou grense
screen: 1. *n.* ekran, twil; 2. *v.* maske, kache, pwojte
screening: *n.* tès, egzamen
screw: 1. *n.* vis; 2. *v.* vise
screwdriver: *n.* tounvis
scribble: 1. *n.* madjigridji, grifonaj; 2. *v.* grifone, fè majigridi
scriptwriting: *n.* tèks senaryo (pou fè teyat oswa fim)
scrotum: *n.* sak grenn, testikil, eskwotòm
scrub: *v.* fwote, grate
sea: *n.* lanmè
sea anemone: lagratèl
sea breeze: briz lanmè
sea cliff: falèz nan fon lanmè
sea dog: chyen-de-mè
sea turtle: karèt
sea urchin: chadwon
seafoods: *n.* manje ki fèt ak bèt lanmè
seagull: *n.* mwèt
seal: 1. *n.* so, tanpon, fòk, laminè; 2. *v.* sele, kachte, fèmen
sealed record: dosye sele
seam: *n.* kouti
seamount: *n.* bit nan lanmè

seamstress: *n.* koutiryè
search: *v.* chèche, fouye
search & seizure warrant: manda tribinal bay pou fouye
search and seizure: fouye epi sezi
search warrant: manda rechèch tribinal; manda pou fouye
search-and-destroy missions: misyon chèche-epi-detwi
seashore: *n.* plaj
season: 1. *n.* sezon; 2. *v.* sezonnen
seasonal: *a.* sezonye, asezon
seasoning: *n.* asezònman; kondiman, epis
seat: 1. *n.* chèz; 2. *v.* chita
seatbelt: *n.* senti sekirite
seatcovers: *n.* kouvèti kousen
secede: *v.* separe, pran endepandans
secession: *n.* sesesyon, separasyon
second: 1. *n.* sekonn; 2. *a.* dezyèm
second degree: dezyèm degre
second degree equation: ekwasyon dezyèm degre
second grade: dezyèm ane
Second Battle of Bull Run: dezyèm batay Bull Run (1862)
Second Battle of the Marne: Dezyèm Batay nan Marne (1918)

second-growth forests: reforestasyon
second-hand: dezyèm men
secondary school: lekòl segondè, kolèj, lise
secondary source: sous segondè
secondary traits: karakteristik segondè
secondly: *adv.* dezyèmman
secret: *n.* sekrè
secret ballots: bilten sekrè
secretary: *n.* sekretè
secretly: *adv.* ankachèt
sect: *n.* sèk
section: *n.* seksyon
sectionalism: *n.* seksyonalis
sector: *n.* sektè
secular: *a.* sekilye, layik
secure: 1. *a.* ansekirite, alabri; 2. *v.* mete ansekirite
secured loan: anpren garanti
securities: *n.* valè (finans ak ekonomi)
securities and exchange commission (sec): komisyon ki kontwole kondisyon pou konpayi ofri valè ak sou echanj valè nan labous
security: *n.* sekirite
security check: envestigasyon dosye kriminèl sou pase (yon moun); tcheke si moun ame
security deposit: depo sekirite

English Haitian Creole Dictionary   227

Security Council: Konsèy Sekirite
sedate: *a.* andòmi, kalm, poze
sedative: *n.* kalman, sedatif
sediment: *n.* sediman, gravye
sedimentary rocks: wòch sedimantè
sedition: *n.* sedisyon
Sedition Act of 1918: Lwa kont Sedisyon 1918
seduce: *v.* sedui
see: *v.* wè
seed: *n.* semans, grenn
seed pod: gous
seek: *v.* chèche
seem: *v.* sanble
seep: *v.* swente
segment: 1. *n.* segman; 2. *v.* sègmante
segondary consumers: konsomatè segondè
segregation: *n.* segregasyon, separasyon
seismic moment: gwo soukous tranblemanntè
seismogram: *n.* seyismogram
seismograph: *n.* seyismograf
seize: *v.* anpare, sezi, fè, fè dapiyanp
seizure: 1. *n.* (sante) kriz, atak. kriz nè, malkadi; (legal), arestasyon 2. *v.* konfiske, sezi, poze sele
seldom: *adv.* raman
select: *v.* seleksyone, chwazi

select committees: komisyon ankèt
selection: *n.* seleksyon
Selective Service Act: Lwa sèvis selektif 1917
Selective Training and Service Act: Lwa sou antrènman ak sèvis selektif 1940
self: *n.* pwòp tèt pa (yon moun), tèt, poukò
self-awareness: *a.* konsyantize
self-control: *n.* sanfwa
self-destruction: *n.* oto-destriksyon
self-determination: *n.* oto-detèminasyon
self-directed: *a.* endepandan
self-esteem: amou-pwòp
self-evaluation: *n.* evalyasyon pèsonèl
self-government: *n.* otonomi [politik]
self-handicapping: *a.* ki pa bon pou pwòp tèt (moun nan)
self-hypnosis: *n.* oto-ipnoz
self-incrimination: *n.* enkriminasyon volontè
self-monitoring: *n.* retni, kontwòl
self-motivated: *a.* motivasyon pèsonèl
self-respect: *n.* respè pou pwòp tèt
self-service: *n.* sèvis lib
self-starter: *n.* espri inisyativ

self-study: *n.* oto-egzaminasyon
self-sufficient: *a.* endepandan
selfish: *a.* egoyis, rayisab
sell: *v.* vann
semantic: *a.* semantik
semi circle: demisèk
semi conductor: semi-kondiktè
seminar: *n.* seminè, atelye fòmasyon
seminary: *n.* seminè
senate: *n.* sena
senator: *n.* senatè
send: *v.* voye
senile: *a.* annanfans, senil
senile dementia: deloryòm
senior: *n.* elèv ki nan dènye ane
senior citizen: granmoun ki retrete, granmoun apre 65 an
senior high school: lekòl segondè
seniority system: sistèm ansyènte
senna: *n.* sene
sensation: *n.* sansasyon
sensational: *a.* sansasyonèl
sensationalize: *v.* sansasyonalize
sense: 1. *n.* sans; 2. *v.* santi, devine, prevwa, presanti
sense organ: ògàn sans
sensibility: *n.* sansiblite
sensible: *a.* sansib
sensitive: *a.* sansib

sensorimotor stage: etap kòwòdinasyon nan devlopman timoun
sensory nerves: nè sansoryèl
sentence: *n.* (legal) santans, pinisyon; fraz
separate: 1. *a.* separe; 2. *v.* separe, mete apa, grennen
separately: *adv.* separeman
separation: *n.* separasyon
separation anxiety: detrès afektif, lè moun separe
separation of church and state: separasyon legliz ak leta
separation of powers: separasyon pouvwa
Separatists: Separatis
September: Septanm
sequel: *n.* konsekans, sekèl, restan
sequence: *n.* sekans, suit, òd, siksesyon, seri
sequester: *v.* izole, separe, mete apa, sekestre, fèmen
serf: *n.* sèf
sergeant: *n.* sèjan
series: *n.* koleksyon, seri, suit, siksesyon
series circuit: sikui an seri
seringe: *n.* sereng
serious: *a.* grav, serye, sensè
serious injuries: blesi grav
seriously: *adv.* seryezman
sermon: *n.* prèch
serpent: *n.* sèpan

serum: *n.* sewòm
servant: *n.* sèvitè, restavèk, bòn
serve: *v.* sèvi, ede, founi
service: *n.* sèvis
service flow: vitès sèvis
service industries: endistri sèvis
service trades: sektè sèvis
service worker: travayè nan sektè sèvis
servicing: *n.* entretyen
sesame: *n.* wowoli
session: *n.* seyans, sesyon
set: 1. *n.* ansanm, seri, koleksyon; (set design) = dekò; 2. *v.* mete, poze; 3. *a.* detemine, fikse, deside davans
setting: *n.* (jewel) monti; (sun) kouche; reglaj; konpozisyon; teyat
settle: *v.* regle, poze, etabli, tabli
settlement: *n.* regleman, antant, akò
settlement houses: sant kominotè kolonyal
seven: *a.* sèt (7)
Seven Day's Battles: Batay sèt jou 1862
Seventeenth Amendment: Disetyèm Amannman 1913
seventh: *a.* setyèm; 7^{yèm}
seventieth: *a.* swasanndizyèm; 70^{yèm}
seventy: *a.* swadandis; 70
several: *a.* plizyè, anpil

severe: *a.* sevè, serye
severe punishment: pinisyon sevè
severe rebuff: brimad, reprimann
severe thunderstorm: gwo lapli ak loray
severe weather: move tan
severely: *adv.* sèvèman
severity: *n.* severite
sew: *v.* koud, fè kouti
sewage: *n.* fatra (solid ak likid)
sewer: *n.* twou egou
sewing course: leson koup, kouti
sewing machine: machinakoud
sex: *n.* sèks
sex drive: apeti seksyèl, anvi
sex role socialization: wòl sosyal dapre sèks
sex role stereotypes: prejije dapre sèks
sexism: *n.* seksis
sexual assault: kadejak, tantativ kadejak
sexual aversion: degoutans (oswa laperèz) pou fè sèks
sexually transmitted disease: maladi moun pran nan fè sèks
sexy: *a.* bèl, anfòm, atiran
shabby: *n.* an ranyon
shack: *n.* kay pay
shaddock: *n.* chadèk
shade: *n.* lonm, lonbraj, rido
shadow: *n.* lonbraj

shady: *a.* ki sispèk
shady person: mafya, move zafè, atoufè
shah: *n.* cha (tit)
shake: *v.* sekwe, souke, tranble
shake hands: bay lanmen
shaking chills: lafyèv frison, latranblad
shallot: *n.* echalòt
shallow: *a.* ki pa fon
shaman: *n.* chaman
shame: *n.* wont, dezonè
shameless: *a.* malpouwont, sanwont
shampoo: *n.* chanpou
shape: 1. *n.* fòm; 2. *a.* anfòm
shapely: *adv.* anfòm
shaping: *n.* fòmasyon, bay fòm
share: 1. *n.* pa, pòsyon, pati, aksyon; 2. *v.* pataje, separe, distribiye
sharecropping: *n.* sistèm meteyaj, sistèm fèmaj tè; kilti demwatye
sharing: *n.* distribisyon, repatisyon
shark: *n.* reken
sharp: *a.* pwenti, tranchan, file
sharpshooter: *n.* vizè, bon tirè, fran tirè
shave: *v.* fè labab, raze, retire plim
Shays' Rebellion: Rebelyon Shays (1786-87)
she: *pr.* li, limenm (feminen)

sheath: *n.* fouwo, pwotèj
shed: *n.* tonèl
sheep: *n.* mouton
sheet: *n.* fèy papye; dra
sheet metal: fèy tòl
shelf: *n.* etajè
shell: 1. *n.* kokiy, karapas; 2. *v.* grennen
shelled: *a.* angren
shelter: *n.* abri
sheriff: *n.* cherif
Sherman Antitrust Act: Lwa Anti-monopòl Sherman
Sherman Silver Purchase Act: Lwa Sherman pou achte metal ajan 1890
shield: 1. *n.* boukliye; pwoteksyon; 2 . *v.* pwoteje
shift: 1. *n.* chanjman, modifikasyon; peryòd travay yon ekip, woulman; 2. *v.* chanje plas, deplase, bouje, debloke
shift lever: chanjman vitès, levye vitès
shimmy: *n.* chimi
shinbone: *n.* tibya (zo janm)
shine: *n.* ekla
shine, shone, shone: *v.* klere, listre, sire, briye
Shintoism: Chintoyis
ship: *n.* bato
shipment: *n.* kagezon; espedisyon (pa bato)
shirt: *n.* chemiz, blouzon

shirt long-sleeved: chemiz manch long

shit: 1. *interj.* myann, mèd; 2. *v.* chye, poupou; 3. *n.* poupou

shiver: 1. *n.* frison; 2. *v.* tranble

shock: 1. *n.* sezisman, emosyon, chòk; 2. *v.* choke

shocking: *a.* terib

shoe: *n.* soulye

shoe polish: siray, plakbòl

shoelace: *n.* lasèt soulye

shoemaker: *n.* kòdonye

shoeshine boy: chany

shoot: 1. *n.* (plant) jèm boujon; chout, devèswa, glisyè; 2. *v.* tire, fiziye, choute

shop: 1. *n.* magazen, boutik, chòp, atelye; 2. *v.* achte

shoplifting: *n.* vòlè nan magazen

shore: *n.* bòdmè, rivaj

short: 1. *a.* kout, ki manke; 2. *n.* bout pantalon

short breath: souf kout

short circuit: kousikui

short-term credit: kredi akoutèm

short-term financing: finansman akoutèm

shortage: *n.* peniri; mank; pàn; defisi

shortchange: *v.* bay bouden; manke

shortcut: *n.* chemen dekoupe

shorten: *v.* ratresi

shot: *n.* piki, vaksen

shotgun: *n.* fizi katouch

shoulder: 1. *n.* zepòl; 2. *v.* sipòte; bay sipò

shoulder belt: senti pou pwoteje zepòl

shout: *v.* pale, rele fò

shove: *v.* bourade, pouse

shovel: *n.* pèl

show: *n.* manifestasyon, ekspozisyon, espektak, pwogram

show: *v.* montre, prezante

show off: fè banda, bay jòf, bay payèt, fè enteresan

show up: prezante

shower: 1. *n.* douch

shred: *a.* chire an ti moso

shrimp: *n.* chèvrèt, kribich, ekrevis

shrink: *a.* retresi

shudder: *v.* fremi; tranble

shuffle cards: bat kat

shun: *v.* evite

shut: *v.* fèmen

shy: *a.* timid, fèmen

SI: SI (Sistèm Entènasyonal)

sick: *a.* malad

sickening: *a.* degoutan

sickle: *n.* sèpèt; kouto digo

sickle cell anemia: anemi falsifòm

sickly: *a.* maladif, ki parèt malad, kata

sickly person: moun ki parèt malad
sickness: *n.* maladi
side: *n.* kote, bò, fas, fasad
side effects: reyaksyon
side of: arebò
side view mirror: retwovizè sou kote
sidebar conference: konferans ant jij ak avoka
sideburns: *n.* pafouten
sideswipe: *v.* frape sou kote
sidewalk: *n.* twotwa
siege: *n.* syèj
sieve: 1. *n.* paswa; 2. *v.* pase nan paswa
sigh: 1. *n.* soupi; 2. *v.* soupire
sight: *n.* visyon
sign: 1. *n.* siy, jès, pankat, panno; 2. *v.* siyen, mete siyati
sign language: lang pou moun ki bèbè
sign of the cross: onondipè, siydelakwa
signal: 1. *n.* siyal; 2. *v.* siyale, bay siyal, fè siyal
signature: *n.* siyati
significant: *a.* enpòtan; ki gen enpòtans; konsiderab; siyifikatif
silence: *n.* silans
silent: *a.* an silans, silansye
silent generation: generasyon silansye
silicon: *n.* silikòn
silk: *n.* swa

Silk Road: Wout an Swa
silly: *a.* enbesil, komik, nyè
silt: *n.* sab fen
silver: *n.* ajan
silverware: *n.* ajantri
similar: *a.* sanblab
similarity: *n.* resanblans
simmer: *v.* mijote, bouyi sou ti dife
simple: *a.* senp
simple machine: machin senp
simply: *adv.* senpleman; avèk senplisite; san pretansyon
sin: *n.* peche
since: 1. *conj.* piske, pliske; 2. *adv.* depi
sincere: *a.* sensè
sincerely: *adv.* sensèman
sine: *n.* sinis
sing, sang, sung: *v.* chante
single: *a.* sèl, inik, selibatè, grenn
single-parent families: fanmi ki gen yon sèl paran (monoparantal)
sink: 1. *n.* basen, evye, lavabo; 2. *v.* koule, plonje
sinkhole: *n.* twou
sinner: *n.* pechè
sinus: *n.* sinis
sinus congestion: konjesyon sinis, nen bouche
sinus infection: enfeksyon nan sinis
sinusitis: *n.* sinizit

sip: 1. *n.* gòje; 2. *v.* goute ti kal, fè yon ti kou
siphon: *n.* sifon
sir: *n.* msye
siren: *n.* sirèn
sirloin steak: estek, vyann griye
sisal: *n.* pit
sister: *n.* sè
sister-in-law: *n.* bèlsè
sit, sat, sat: *v.* chita
sit-down strike: grèv bra kwaze
sit-in: *n.* sitin, pwotestasyon nan biwo yon moun ki enpòtan
site: *n.* sit; anplasman; chantye
situation: *n.* sitiyasyon
six: *a.* sis (6)
sixteen: *a.* sèz (16)
Sixteen Amendment: Sizyèm Amannman
sixteenth: *a.* sèzyèm; 16^{yèm}
sixth: *a.* sizyèm; 6^{yèm}
sixth grade: mwayen de (2), sètifika, sizyèm ane
sixtieth: *a.* swasantyèm, 60^{yèm}
sixty: *a.* swasant
size: *n.* grandè, dimansyon, gwosè, lajè
skate: *v.* monte paten; patinen
skating rink: pis pou fè patinaj
skeleton: *n.* eskelèt
sketch: *n.* apèsi; rezime; kwoki
skew: *a.* kwochi, panche
skid: 1. *n.* patinaj; 2. *v.* glise, patinen, fè patinaj

skid marks: mak kawotchou machin
skill: *n.* ladrès, talan
skilled: *a.* fere; fò, konpetan
skilled workers: travayè kalifye
skillful: *a.* ki gen ladrès, ki kapab
skin: 1. *n.* po
skin & bones: zo ak po
skin care: swen po
skin rash: chofi
skin ulcer: java; blesi ki difisil pou geri; 2. *v.* kòche
skinny: *a.* mèg
skip: *v.* sote, manke, evite
skirt: *n.* jip
skull: *n.* kràn, zo tèt, kalbastèt
skunk: *n.* kannay
sky: *n.* syèl
skyscraper: *n.* bilding ki wo anpil; gratsyèl
slack: *a.* lach, lache, mou
slam: *v.* frape
slam on the brakes: peze fren sibitman
slander: *n.* koutlang, kalomni, difamasyon
slang: *n.* jagon
slap: 1. *n.* kalòt, souflèt; pataswèl; palavire, sabò, panzou; 2. *v.* tape, bay tap, souflete, bay kalòt, bay sabò, bay palavire, bay pataswèl, kalote, sabote

slap in the face: souflèt; pataswèl

slash and burn farming: metòd prepare tè koupe bwa boule bwa

slash-and-burn agriculture: agrikilti koupe-brile

slate: *n.* adwaz

slaughter: *n.* abataj

slaughterhouse: *n.* labatwa

slave: *n.* esklav

slave away: trimen; redi

slave codes: kòd esklavaj

slave trade: komès esklav

slave uprisings: revòlt esklav

slavery: *n.* esklavaj

sleek: *a.* swa, dous, malen

sleep: 1. *n.* dòmi, somèy; (sleep pattern) = abitid somèy; (sleep stages) = etap somèy; 2. *v.* dòmi, someye

sleeping pills: grenn pou fè dòmi, somifè

sleepless night: nwit blanch, nwit san dòmi; ensomni

sleepy: *a.* gen anvi dòmi

sleet: *n.* gout dlo lapli jele

sleeve: *n.* manch

slender: *a.* mens

slice: *n.* tranch

slick: *a.* lis, briyan

slide: 1. *n.* dyapozitif, glisad; 2. *v.* glise, patinen, fè patinaj

sliding door: pòtakoulis

slightly: *adv.* lejèman

slim: *a.* mens

slim down: kase, megri

slimy: *a.* k ap swente, gliyan, glisan

slingshot: *n.* fistibal

slip: 1. *n.* glisad; lesepase; jipon; 2. *v.* glise

slipper: *n.* pantouf

slippery: *a.* glisan

slit: *n.* ensizyon; dechiri

slobber: *v.* bave

slope: *n.* pant

slot: *n.* fant

slow: 1. *a.* lan; 2. *adv.* lantman, dousman; 3. *v.* ralanti, fè ralanti, retade

slow cooker: chodyè pou kuit manje ak ti chalè

slow down: ralanti

slowly: *adv.* lantman, dousman

slowly but surely: lantman men siman

slug: *a.* lou

sluggard: *a.* parese, loudo

slums: *n.* bidonvil

slur: *n.* afwon; ensilt; jouman, betiz

slurred speech: pwononsyasyon enkonpreyansib

slut: *n.* fi imoral

sly: *a.* mètdam, malen, rize, sounwa, espyèg

sly fellow: bakoulou

smack: *n.* kalòt; tabòk

small: *a.* ti, piti

small business incubator: enkibatè ti antrepriz
small claims courts: tribinal fèb enstans
small frame: ti kari, ti zo
small pox: lawoujòl
smart: *a.* fò, entelijan
smash: *v.* kraze, demoli
smear: *v.* babouye, bade, badijonnen
smell: 1. *n.* odè, sant; 2. *v.* santi, pran sant, pran odè
smelter: *n.* fou
smile: 1. *n.* souri; 2. *v.* souri, fè ti ri
smock: *n.* blouz
smog: *n.* bwouya, esmòg
smoke: 1. *n.* lafimen; 2. *v.* fimen
smoker: *n.* fimè
smoking: 1. *a.* k ap degaje lafimen; 2. *n.* esmoking
smolder, smoulder: *v.* brile
smooth: *a.* lis, swa
smuggle: *v.* fè kontrebann; fè fwod
smuggling: *n.* kontrebann
smuggling aliens: kontrebann imigran
snack: *n.* goute, kolasyon, pase-nan-bouch, kaskwout
snack bar: ba, restoran
snail: *n.* kalmason
snake: *n.* koulèv
snap: *n.* presyon nan rad

snap at: beke, fè malonèt
snapper: *n.* sad (pwason)
snatch: *v.* rape, sezi, vòlè
sneak away: fonn; disparèt, chape poul
sneakers: *n.* tenis
sneeze: 1. *n.* estènen; 2. *v.* estènye
sniff: *v.* pran odè, pran sant, santi
snip: *n.* ti kout sizo; ti ensizyon; echantiyon
snook: *n.* bwochèt (pwason)
snooze: *v.* kabicha, fè ti dòmi
snore: *v.* wonfle
snort: *v.* rale nan nen (dwòg / kokayin eltr)
snot: *n.* larim
snow: *n.* nèj, lanèj
snow chains: chenn yo mete nan kawotchou pou machin ka sikile nan lanèj
snowcone: *n.* fresko
snuffbox: *n.* tabatyè
so, so much: *adv.* sitan. tèlman, si tèlman, otan, alò
soak: *v.* tranpe, mouye
soap: 1. *n.* savon; 2. *v.* savonnen
sob: *v.* kriye
sobriety test: egzamen pou detekte si yon moun sou
soccer: *n.* foutbòl
soccer player: foutbolè
social: *a.* sosyal

social behavior: konpotman sosyal
social class: klas sosyal
social comparison: konparezon sosyal
social contract: kontra sosyal
social environment: anviwònman sosyal
social exchange: echanj sosyal
social gospel: levanjil sosyal
social influence: enfliyans sosyal
social insurance: sekirite sosyal
social insurance programs: pwogram sekirite sosyal
social markers: etikèt sosyal
social motives: motif sosyal
social nonconformity: ki pa konfòme ak konvnans sosyal
social phobia: fobi sosyal
social power: pouvwa sosyal
social psychology: sikoloji sosyal
social referencing: referans sosyal
social reinforcement: sipò sosyal, ankourajman moral
social role: wòl sosyal
social security: sekirite sosyal
social services: sèvis sosyal
social skills: ladrès pou viv nan sosyete
social stereotypes: prejije, estereyotip sosyal
social tensions: tansyon sosyal

Social Security Act: Lwa sou sosyal sekirite (1935)
Social Security tax: taks Sekirite Sosyal
socialism: *n.* sosyalis
socialist party: pati sosyalis
socialization: *n.* sosyalizasyon
socialize: *v.* sosyalize
society: *n.* sosyete, lasosyete
sociology: *n.* sosyoloji
sociopath: *n.* sosyopat
sock: *n.* chosèt, sòkèt
sodium: *n.* sodyòm (Na)
sofa: *n.* kanape, sofa
soft: *a.* mou
soft drink: bwason ki pa gen alkòl; kola
soft-spoken: ki gen vwa fèb
soften: *a.* ramoli
software: *n.* lojisyèl (pwogram enfòmatik)
soggy: *a.* tranpe
soil: 1. *n.* tè, sòl; salte; 2. *v.* sal, tòchonnen, tache
soil depletion: tè esteril
soil erosion: ewozyon
soil exhaustion: teren epuize
soirée: *n.* sware
sojourn: *n.* sejou
solar: *a.* solè
solar eclipse: eklips solè
solar energy: enèji solèy
solar furnace: founèz solè
solar power: enèji solèy

solar system: sistèm solèy
solar telescope: teleskòp pou obsève solèy
solar time: tan solè
solar wind: van solè
solder: *v.* soude
soldier: *n.* sòlda
sole: *n.* (of foot) plapye; (shoe) semèl
sole proprietorship: pwopriyetè inik
solemn: *a.* solanèl
solenoid: *n.* solenoyid
solicitation: *n.* solisitasyon, envitasyon
solid: *a.* fèm, solid
solid state: eta solid, konpak
solidarity: *n.* solidarite
solidification: *n.* solidifikasyon
solidify: *v.* solidifye, pase nan eta solid, vin solid
solitary: *a.* apa, separe, izole
solstice: *n.* sòltis
solubility: *n.* solibilite
soluble: *a.* solib
solute: *a.* solit [pati solid ki fonn]
solution: *n.* solisyon
solve: *v.* rezoud; solisyone; bay solisyon
solvent: *a.* solvan [pati likid nan solisyon]
soma: *n.* soma, kò
somatic system: sistèm somatik, sistèm fizik

somber: *a.* sonm, tris
some: *a.* enpe, kèk
somebody: *pron.* yon moun
somehow: *adv.* nenpòt kijan
somersault: 1. *n.* kilbit; 2. *v.* fè lakilbit, kilbite
something: *pron.* bayay, kichoy
something for nothing: byen san swe
sometimes: *adv.* pafwa
somnolence: *n.* anvi dòmi, somnolans
son: *n.* pitit gason
son-in-law: *n.* bofis
song: *n.* chante, chan
sonogram: *n.* sonogram, iltrason
soon: *adv.* vit, byento, anvan lontan, talè
sore: 1. *n.* doulè, iritasyon, kòkraz; 2. *a.* sansib, ki bay doulè, ki fè mal
sore throat: malgòj
sorghum: *n.* sògo (pitimi)
sorrow: *n.* chagren, lapèn
sorry: *a.* dezole
sort: 1. *n.* espès, kalite; 2. *v.* klase, separe, gwoupe, divize, triye
soul: *n.* nanm
sound: 1. *n.* son; 2. *v.* sonnen; 3. *a.* nòmal, ki ansante
sound energy: enèji son
sound wave: onn sonò
soup: *n.* soup

sour: *a.* (milk) tounen; (fruit) si
source: *n.* sous
soursop: *n.* kowosòl
south: *n.* sid
south pole: pol sid
South America: Amerik-di-Sid
Southeast Asia: Azi-di-Sidès
sovereign: *a.* souvren, endepandan
sovereignty: *n.* souverènte
soviet: *a.* sovyetik
Soviet Union: Inyon Sovyetik
sow: 1. *n.* twi (femèl kochon); 2. *v.* simen
space: *n.* espas, lespas
space probe: sond espasyal
space race: konpetisyon nan domèn esplorasyon lespas
spaced pratice: pratik altène, pratik kout
spade: *n.* pik
spaghetti: *n.* espageti
Spanish: 1. *a.* panyol; 2. *n.* Panyòl, Espayòl
Spanish Armanda: Amanda Espanyòl
spank: 1. *n.* kalòt, tap; 2. *v.* kale, tape
spare: 1. *n.* derechany; 2. *v.* menaje, ekonomize
sparingly: *adv.* avèk moderasyon
spark: 1. *n.* etensèl; 2. *v.* pwovoke; deklanche
spark plug: bouji (machin)

sparkle: *n.* etensèl; zèklè; briyans
spasm: *n.* kontraksyon
spatial patterns: distribisyon jeyografik
spatial perspective: pèspektiv espasyal
speak affectedly: pale pwenti
speak, spoke, spoken: *v.* pale
speaker: *n.* espikè, konferansye, oratè, opalè
Speaker: Prezidan lachanm
spearmint: *n.* tibonm, mant
special: *a.* espesyal
special district: distri espesyal
special olympics: olenpik espesyal (pou andikape)
specialization: *n.* espesyalizasyon
specialize: *v.* espesyalize
specie: *n.* espès
specific: *a.* espesifik, espesyal
specific gravity: gravite espesifik
specific humidity: imidite espesifik
specifically: *adv.* espesyalman
specify: *v.* presize; espesifye
specimen: *n.* echantiyon, espesimen
spectacle: *n.* espektak, pwogram
spectator: *n.* espektatè
spectroscope: *n.* espektwoskòp

spectrum: *n.* espèk [separasyon koulè (longèdond) ki soti nan prism]
speculation: *n.* espekilasyon
speculator: *n.* espekilatè
speculum: *n.* espekilòm pou konsilte vajen
speech: *n.* diskou, pawòl
speechless: *a.* bèbè, ret sezi
speed: 1. *n.* vitès, rapidite; 2. *v.* ale vit
speed trap: zòn kote lapolis ap siveye chofè k ap fè twòp vitès
speed up: akselere
speeding: *n.* vitès
speedometer: *n.* espidomèt
speedy: *adv.* rapidman, plop-plop
spell: *n.* cham; sòtilèj; fòmil majik
speller: *n.* liv òtograf
spelling: *n.* òtograf
spelling error: *n.* fot òtograf
spend: *v.* depanse
spending: *n.* depans
spendthrift: *n.* gaspiyè
sperm: *n.* espèm
sperm count: konte kantite espèmatozoyid
sphere: *n.* esfè, glòb
sphere of influence: domèn enfliyans
spice: *n.* epis
spicy: *a.* ki gen epis

spider: *n.* krab zarenyen, arenyen
spider web: twal arenyen
spike heels: talon kitkit
spill: *v.* jete, tonbe
spin: *v.* file, vire, virewon
spinach: *n.* epina, zepina
spinal cord: epin dòsal
spinal nerve: nè vètebral
spinal nerves: nè nan rèldo
spine: *n.* rèldo, kolòn vètebral; epin, pikan
spine: *n.* epin, pikan, rèldo
spirit: *n.* lespri; nanm
spiritual: *a.* espirityèl
spiritual beliefs: kwayans espirityèl
spit: 1. *n.* krache; (in spit of) = malgre; (spite of) = atout; malgre; 2. *v.* krache
spit up: vomi, rejte, krache
spleen: *n.* larat
splendid: *a.* esplandid
splint: *n.* anplat (sipò pou kenbe pati nan kò yon moun anplas)
split: *v.* fann; separe
spoil: *v.* gate
spoils system: sistèm nil
spoken: *a.* aloral, oral, pawoli
spokeperson: *n.* pòtpawòl
sponge: *n.* eponj
sponger: *n.* reskiyè
spongy bone: zo eponj

sponsor: 1. *n.* kòmanditè, sipòtè; 2. *v.* patwone, parene, esponsorize
spool: *n.* bobin
spoon: *n.* kiyè
spoonful: *n.* kiyè plen
sports arena: estad
sportsmanship: *n.* espri espòtif, etik espòtif
spot: *n.* tach, boul sou kò
spouse: *n.* madanm, mari
sprain: 1. *n.* antòch, fouli; 2. *v.* foule
spray: 1. *n.* (perfume) espre, atomizè; 2. *v.* pwopaje, flite, gaye
spray gun: flit
spread: *v.* gaye, ekate
spread out: tann; blayi
spring: *n.* (water) sous, tètdlo; (season) prentan
spring break: vakans prentan
spring equinox: ekinòks prentan
spring tide: mare prentan
sprinkle: *v.* sopoudre, wouze, farinen
sprout: *v.* pouse, jèmen
spur: *n.* zepon
sputum: *n.* krache
spy: 1. *n.* espyon; 2. *v.* espyonen, fè espyon
squad: *n.* eskwad; gwoup
squander: *v.* gaspiye; pèdi; dilapide; vòlè

square: 1. *n.* kare; 2. *a.* kare
square foot: pye kare, rasin kare
squarely: *adv.* kareman
squash: 1. *n.* joumou, kalbas; 2. *v.* kraze
squat: *v.* akwoupi
squeal: *v.* krise, son fwotman, dezagreyab
squeeze: *v.* prije, pire, tòde, peze, kwense
squeezing sensation: sansasyon kè sere
squid: *n.* chatwouj
squint: *n.* reyaksyon zye nan limyè; fonse zye
squirrel: *n.* ekirèy
sreening: *n.* seleksyon, evalyasyon, konsiltasyon, triyaj
stab: *v.* ponyade
stability: *n.* estabilite
stabilization policies: politik estabilizasyon
stable: *a.* estab
stack: 1. *n.* pil; 2. *v.* anpile
stadium: *n.* estad
staff: *n.* anplwaye, ekip, gwoup, estaf
staff development: (seminè pou) resiklaj pwofesyonèl
stage: *n.* (theater) sèn, estrad, (step) etap
stage of resistance: dènye etap ensten natirèl yon moun (nan sikoloji)

stagger: *v.* trebiche, mache kwochi

stain: 1. *n.* tach; 2. *v.* tache

stair: *n.* eskalye

stake (gambling): *v.* mize; parye

stake: 1. *n.* poto; 2. *v.* make; mete bòn

stakeholder: *n.* aksyonè (moun ki gen aksyon nan yon antrepriz), kliyan

stalemate: *n.* enpas

stalking: *n.* pongongon k ap swiv moun

stall: *v.* kale, toufe, kanpe

stamina: *n.* rezistans

stammer: 1. *n.* begeman; 2. *v.* begeye

stamp: 1. *n.* tenb, tenm, so; 2. *v.* tenbre, mete tenb, mete so

Stamp Act: Lwa Tenm (1765)

stand: 1. *n.* etanda; kontwa, estann; 2. *v.* kanpe

stand by: tann, rete kanpe

stand on one's hands: plake

stand still: kanpe anplas

stand up: kanpe

stand up on tiptoe: wose

standard: 1. *n.* estanda, kritè, nòm ofisyè, kalite nòmal, nivo regilye; 2. *a.* nòmal

standard of living: nivodvi

standard packaging: anbalaj estanda

standard pressure: presyon estanda

standard temperature: tanperati estanda

standard zone time: zòn fizo orè nòmal

standardized tests: egzamen ofisyèl aliyen sou estanda

standing committees: komite pèmanan

staple: *n.* agraf, klips; pwodui debaz

staple crops: kilti danre

stapler: *n.* agrafez, klipsè; manje-de-baz

star: *n.* etwal, zetwal

star anise: lani-etwale

star apple: kayimit

starch: 1. *n.* lanmidon; 2. *v.* anmidonnen, mete lanmidon

starchy vegetables: viv (alimantè)

stare: *v.* fikse, gade fiks, gade je nan je

stare disdainfully: twaze

starfish: *n.* etwaldemè

start: *v.* kòmanse, derape, sote

start with: *adv.* anpatan

starter: *n.* estatè

startled: *a.* sezi; pantan

startup: *n.* demaraj

starvation: *n.* grangou jeneralize

starve: *v.* grangou, mouri grangou

state: 1. *n.* leta, eta, kondisyon, sitiyasyon deklarasyon; 2. *v.* deklare, di, manifeste, esplike

state attorney: avoka gouvènman (leta)

state government: gouvènman yon eta

state law: lalwa eta

state legislature: asanble lejislatif yon eta

state of the art: (ekipman) dènye kri, dènye modèl

State of the union Address: Diskou Piblik Anyèl Prezidan Etazini

statehood: *n.* eta, endepandans

statement: *n.* deklarasyon, fraz, rapò

statement of charges: dosye ki gen akizasyon legal

static: *a.* estatik

static electricity: elektrisite estatik

station: *n.* estasyon

stationary front: fwon estasyonè

statistic: *n.* estatistik

statistical abnormality: estatistik ki pa nòmal

statistics: *n.* estatistik

status: *n.* estati, sitiyasyon, kondisyon, pozisyon, ran

status inequalities: pozisyon inegal, inegalite sosyal

statute of limitation: limit tan pou prezante yon ka nan tribinal

stay: 1. *n.* sejou, delè; 2. *v.* rete

steadily: *prep.* tengfas

steady: *a.* fiks

steak: *n.* griyad, estek

steal: *v.* vòlè

stealthily: *adv.* anchatpent

steam: *n.* vapè

steam iron: fè arepase avapè

steamboat: *n.* bato avapè

steel: *n.* asye

steel wool: paydefè

steep: *a.* apik

steer: *n.* bèf

steering wheel: volan

stem: *n.* tij

step: 1. *n.* mach, etap, pa; 2. *v.* mache

step on: pile; pilonnen

stepdaughter: *n.* bèlfi

stepfather: *n.* bòpè

stepmother: *n.* bèlmè

steppe: *n.* estèp

stepson: *n.* bofis

stereo: *n.* estereyo

stereo amplifier: anplifikatè

stereoscopic vision: vizyon estereyoskopik

stereotype: 1. *n.* estereyotip; 2. *v.* estereyotipe

stereotyped response: reyaksyon san refleksyon, reyaksyon prejije

sterile: *a.* esteril
sternum: *n.* zo biskèt, estènòm
stet: *n.* mo laten ki vle di
(kanpe)
stethoscope: *n.* estetoskòp, sond
stevedore: *n.* bèfchenn
stew: *n.* bouyon, ragou
steward: *n.* otès
steward ship: lidèchip
stewardship (of funds): *n.*
administrasyon
stewing beef: dòb
stick: *n.* baton, ram
stick shift: levye chanjman
vitès; machin ki pa gen vitès
otomatik
stick, stuck, stuck: *v.* kole
sticky: *a.* epè, kolan
stiff: *a.* rèd, ki pa ka deplase
stiff neck: zekourèl
still: *n.* alanbik, gildiv; anplas
stillbirth: *n.* tibebe ki fèt tou
mouri
stimulant: *a.* estimilan, eksitan
sting: *v.* pike
stingy: *a.* chich; kras; peng; ava,
kripya
stipulation: *n.* estipilasyon,
deklarasyon
stir: *v.* brase
stitch: *n.* pwen kouti; pwen siti
stock: *n.* estòk; pwovizyon;
rezèv; bon envestisman; aksyon
stock exchange: mache
finansye (Labous)

stock market: mache bousye
stock market broker: ajan
bousye (pou envestisman)
stockholder: *n.* aksyonè
stocking: *n.* ba
stocky: *a.* kout, foule
stomach: *n.* lestomak
stomachache: *n.* vant fè mal ;
doulè lestomak
stone: 1. *n.* galèt, wòch; pyè; 2.
v. kalonnen
stool: *n.* bankèt, tiban, tabourè;
poupou
stool sample: echantiyon
poupou
stoop: *n.* pewon
stop: 1. *n.* arè; 2. *v.* kanpe; rete
stop up: bouche
stopper: *n.* bouchon
storage: *n.* depo, antrepo
store: 1. *n.* boutik, magazen; 2.
v. sere, anpile, konsève
storehouse: *n.* depo
storm: 1. *n.* move tan, loraj,
tanpèt; 2. *v.* tanpete
story: *n.* istwa, kont, blag,
odyans
storyteller: *n.* tirèdkont, rakontè
stove: *n.* founo, recho, fou
strabismus: *n.* je vewon
straddle: *v.* janbe
straddle the line: kondui sou
liy separasyon
straight: *a.* dwat
straight ahead: toudwat

straight pin: zepeng ti tèt
straight skirt: jip antrav
straighten: *v.* drese, redrese
straightforwardly: *adv.*
kareman, karebare, dirèkteman
strain: 1. *n.* tansyon, jefò,
presyon; traksyon; 2. *v.* fòse, fè
gwo jefò
strait: *n.* detwa
strange: *a.* dwòl, etranj
strangely: *adv.* etranjman
stranger: *n.* enkoni, etranje
strangle: *v.* trangle, toufe
strap hinge: panti
stratagem: *n.* mannigèt
strategy: *n.* estrateji
stratification: *n.* estratifikasyon
stratosphere: *n.* estratosfè
stratus clouds: nyaj estratous
straw: *n.* chalimo, pay
straw hat: chapo pay
straw house: choukounèt,
tonnèl
straw mat: nat
straw saddlebags: sakpay
strawberry: *n.* frèz
stray: 1. *a.* egare, pèdi; 2. *v.*
pèdi, fè vakabonday
stream: *n.* sous dlo, dlo kouran
street: *n.* ri, lari
streetwalking: *n.* vakabonday
strength: *n.* kouray, fòs,
puisans, pwen fò, kalite pozitif
strenuously: *adv.* rèd, ak efò

strep throat: enfeksyon nan gòj
stress: *n.* kontrent, presyon,
tansyon, estrès
stress reaction: fason yon
moun reyaji lè l sou presyon
stressor: *n.* yon kondisyon
espesifik ki bay presyon
stretch: *v.* detire, rale
stretcher: *n.* branka, sivyè
strict: *a.* sevè, disipline
stride: *v.* pwogrese, fè pwogrè
strike: *n.* grèv; atak
strike, struck, struck: *v.* fè
grèv; frape, atake
string: *n.* fisèl, kòd
string beans: pwatann
strip mining: eksplwatasyon
min sipèfisyèl
stripe: *n.* (military) galon,
bandwòl, bando
strive, strove, striven: *v.* fè
anpil jefò, redi
stroke: *n.* kriz kè, kriz tansyon,
estwòk, konjesyon nan sèvo,
emoraji nan sèvo
stroll: 1. *n.* ti pwomnad; 2. *v.*
balade; flannen; pwomennen
stroller: *n.* chèz pousèt
strong: *a.* fò, puisan, wobis,
solid, ki gen kouraj
structure: 1. *n.* estrikti; 2. *v.*
estriktire, mete estrikti
struggle: 1. *n.* batay, lit; *v.* titile,
debat, lite
stub: *n.* souch (chèk)

stubborn: *a.* rèd, ki gen tètdi, antete
stucco: 1. *n.* masonn; bouziyaj; 2. *v.* bouziye
stuck: *v.* bare
student: *n.* elèv, etidyan
student body: efektif lekòl
student cumulative record: dosye pèmanan elèv
student registration form: fòm enskripsyon pou elèv
student teacher (intern): pwofesè estajyè
studious: *a.* aplike; serye
study: 1. *n.* etid; 2. *v.* etidye, analize
stuff: *v.* kore, boure, ranpli
stuffed nose: nen bouche
stumble: *v.* bite, kilbite
stump: *n.* bout; chouk
stun: *v.* toudi
stunt: *v.* siprime, pa grandi
stunted: *a.* rabi, kout
stupefy: *v.* gaga, desounen, sezi
stupid: *a.* estipid, sòt
stupidity: *n.* sotiz, estipidite
sturdy: *a.* fò; solid
stutter: *v.* bege, begeye
sty: *n.* klou nan je
style: *n.* estil
styloid process: apofiz estiloyid
Sub-Saharan Africa: Afrik Nwa, espas nan sid Sahara
subcommittee: *n.* soukomite

subcontinent: *n.* sou-kontinan
subcortex: *n.* sibkotèks (pati sèvo ki anba kòtèks serebral la)
subduction: *n.* rekil
subdue: *v.* kontwole, kalme
subject: *n.* sijè, matyè, etid
subject area teachers: pwofesè ki espesyalize nan yon matyè
sublimation: *n.* siblimasyon
submarine: *a.* sou-maren
submission: *n.* soumisyon
submit: *v.* soumèt, remèt, prezante, pwopoze
subpoena: *n.* asiyasyon pou konparèt
subscribe: *v.* abòne, souskri
subscription: *n.* abònman
subset: *n.* sou-zansanm
subside: *v.* bese; dekwat; bay bous
subsidized child care services: sèvis èd finansyè pou gadri
subsidy: *n.* sibvansyon
subsistence agriculture: agrikilti sibsistans
subsistence farming: agrikilti sibsistans pou fanmi
subsoil: *n.* sousòl, anbatè, souteren
substance: *n.* sibstans
substance related disorder: maladi mantal osinon sikosomatik kifè moun abize dwòg

substantial: *a.* konsiderab, enpòtan, fondamantal
substantial evidence: prèv nan bon timamit, bonjan prèv
substantiate: *v.* jistifye, pwouve, fonde, etabli
substation: *n.* yon ti estasyon; sou-estasyon
substitute: *n.* pwofesè sipleyan, ranplasan
substitution effect: efè sibstitisyon
subsystem: *n.* sou-sistèm
subtest: *n.* egzamen seleksyon
subtract: *v.* wete, retire, soustrè
subtraction: *n.* soustraksyon
suburb: *n.* fobou, vilaj, banlye
subversive: *a.* sibvèsif
succeed: *v.* pwogrese, reyisi
success: *n.* siksè, pwogrè, chans
successful: *a.* bon, ki gen siksè
such: *adv.* kalite, tèl
such a way: tèlman
suck: *v.* rale, souse
sucking: *n.* sousèt
sucking reflex: reflèks natirèl pou souse (lakay tout tibebe k fèk fèt)
suction the tube: rale nan tib la
sudden: *a.* sibit, sanzatann
suddenly: *adv.* briskeman, toudenkou, sanzatann
suds: *n.* kim savon
sue: *v.* pouswiv anjistis; rele nan tribinal

Suez Crisis: Kriz nan kanal Suez
suffer: *v.* soufri; pase mizè, pase traka, pase mati
suffering: *n.* soufrans, tray, pwoblèm
sufficient: *a.* ki ase, sifizan
suffocate: *v.* sifoke, toufe
suffrage: *n.* sifraj, vòt, eleksyon, dwa vòt
sugar: *n.* sik
sugar cane: kann
Sugar Act: Lwa sou sik (1764)
sugarcane pulp: *n.* bagas
suggest: *v.* sijere
suggestion: *n.* sijesyon
suicide: 1. *n.* suisid; 2. *v.* suiside, touye tèt
suit: *n.* kostim; konplè
suitability: *n.* kapasite, konfòmite, apwopriye
suitable: *a.* konvnab
suitcase: *n.* malet; valiz
sulfur: *n.* souf
sultan: *n.* siltan
sum: *n.* total, adisyon, sòm
summary: *n.* rezime
summer: *n.* ete, lete
summer camp: kandete, kan vakans
summer school: lekòl ete
summer solstice: sòltis ete
summit: *n.* somè, rankont gwo chabrak, reyinyon wo-nivo

summon: *v.* konvoke
Sunbelt: Sounbèlt (rejyon sid Etazini)
Sunbelt States: Eta nan Sid Etazini
sunburn: *n.* kout solèy
Sunday: Dimanch
sunflower: *n.* flè solèy
sunglasses: *n.* linèt solèy
Sunni: Souni
sunny: *a.* an solèy
sunrise: *n.* solèy leve
sunroof: *n.* ouvèti pou limyè solèy
sunset: *n.* solèy kouche
sunshade: *n.* lonbraj
sunshine: *n.* limyè solèy
sunspot: *n.* kout solèy
superego: *n.* sipè-ego
superficial: *a.* sipèfisyèl
superior: *a.* siperyè
superior rating: evalyasyon siperyè
supermarket: *n.* makèt
superordinate goal: objektif siperyè pase objektif tout lòt moun
superpower: *n.* sipè-pisans
supersonic: *n.* sipèsonik
superstitions behavior: konpòtman sipèstisye
supervise: *v.* sipevize, kontwole
supervisor: *n.* sipèvizè
supper: *n.* soupe

supple: *a.* soup, manipilab
supplement: *n.* sipleman, vitamin
Supplemental Security Income: Revni Sekirite Siplemantè
supplementary: *a.* siplemantè, anplis
supplies: *n.* materyèl, founiti
supply: 1. *n.* òf; 2. *v.* founi, bay, ofri
supply and demand: òf ak demand
supply curve: koub òf
supply schedule: barèm òf
supply-side economics: ekonomi anfavè endistri
support: 1. *n.* sipò, èd; 2. *v.* sipòte, ede, apiye, soutni, bay jarèt
support group: gwoup sipò
supporter: *n.* sipòtè, fanatik
supportive environment: anviwònman ankourajan
suppose: *v.* sipoze
supposedly: *adv.* swadizan
supposition: *n.* sipozisyon
suppository: *n.* sipozitwa
suppress: *v.* siprime
suppression: *n.* sipresyon, eliminasyon, refoulman
supremacy: *n.* sipremasi
supreme: *a.* siprèm
Supreme Court: Lakou Siprèm
sure: *a.* si, sèten, asire

surely: *adv.* siman
surface: *n.* sifas, sipèfisi
surface area: sipèfisi, sifas
surface traits: trè, karakteristik vizib, aparans, fenotip
surge ahead: pran devan
surge protector: plòg ki pwoteje aparèy elektrik
surgeon: *n.* chirijyen
surgery: *n.* chiriji, operasyon
surgical ward: seksyon chiriji
surly: *a.* tchak, akaryat
surname: *n.* non fanmi, siyati
surpass: *v.* depase
surplus: *n.* sipli, eksedan
surprise: 1. *n.* sipriz; 2. *v.* siprann, sezi, bay sipriz, fè sezisman
surrender: *v.* bay legen
surrogate: *n.* ranplasan
surround: *v.* antoure
survey: 1. *n.* ankèt, sondaj; 2. *v.* apante
surveying: *n.* apantay, topografi
surveyor: *n.* apantè
survival skills: teknik pou siviv
survive: *v.* siviv, chape
survivor: *n.* sivivan
suspect: 1. *a.* sispèk; 2. *v.* soupsone
suspend: *v.* sispann, anile
suspenders: *n.* bretèl
suspense: *n.* sispenns

suspension: *n.* ranvwa, sispansyon, anilasyon
suspicion: *n.* sispisyon
suspicious: *a.* sispèk
Sutter's Fort: Fò Sutter
suture: *n.* siti
svelte: *a.* byen kanpe, svelt; pa ni gwo ni piti
Swahili: Swahili
swallow: *v.* vale
swamp: *n.* marekay
swap: 1. *n.* boukantay; 2. *v.* boukante, twoke, echanje
swarm: *n.* esen , nich, ensèk, anpil
sway: *n.* balansman, chanje lide
swear: *v.* sèmante, jire
sweat: *n.* swè; transpirasyon
sweat glands: glann swe
sweater: *n.* chanday, swetè
sweaty: *a.* swe; transpire
sweep: *v.* bale
sweet: *a.* dous, sikre
sweet potato: patat
sweeten: *v.* sikre
sweeten lightly: brak; ki pa sikre anpil
sweetheart: *n.* choupèt; chou, kòkòt, cheri, chouchou
swell, swollen: *v.* anfle, ogmante, gwosi
swelling: *n.* anflamasyon
swelling of feet: pye anfle
swift: *a.* rapid

swim: *v.* naje
swimmer: *n.* najè
swimming pool: pisin
swimsuit: *n.* kostimdeben, chòtdeben
swine: *n.* kochon
swing: 1. *n.* balansin; balanswa; 2. *v.* fè balansin, dodinen, balanse
switch: *v.* chanje
swoop: *v.* plonje (zwazo), desann
sword: *n.* epe
swordfish: *n.* espadon
syllable: *n.* silab
symbiosis: *n.* senbyoz
symbol: *n.* senbòl
symbolization: *n.* senbolizasyon
symmetric: *a.* simetrik
symmetry: *n.* simetri
sympathetic: *a.* konpatisan; senpatik
sympathetic system: sistem senpatik
sympathize: *v.* senpatize
symposium: *n.* senpozyòm
symptom: *n.* sentòm
synapse: *n.* sinaps, nè, rankont nè
synchronize: *v.* senkwonize
syncope: *n.* endispozisyon
syntax: *n.* sentaks
syphilis: *n.* enfeksyon sifilis
Syrian: 1. *n.* Siryen; 2. *a.* siryen

syringe: *n.* sereng
syrup: *n.* siwo
syrupy: *a.* epè
system: *n.* sistèm
systematic: *a.* sistematik

T

T-shirt: *n.* mayo
table: *n.* tab, tablo
table of contents: tabmatyè, lis matyè, kontni
tablecloth: *n.* nap
tablespoon: *n.* kiyè tab, gwo kiyè
tablet: *n.* grenn, pilil; makè pou konpyoutè
tack: 1. *n.* klou gagit; 2. *v.* tache, kloure
tadpole: *n.* teta
tag: 1. *n.* etikèt, plak; 2. *v.* mete etikèt
taiga: tayiga
tail: 1. *n.* ke, palmis; 2. *v.* talonnen
tail lights: limyè dèyè machin
tailgate: *v.* swiv deprè
tailor: *n.* tayè
take: *v.* pran
take care of: okipe, pran swen
take in: woule
take it easy: pran san, kalme
take it out on: pase raj sou
take sides: fè kan
take temperature: tanperati
take the lead: pran inisyativ, pran tèt (aktivite) pran devan
take turns: youn apre lòt
tale: *n.* istwa, kont
talent: *n.* talan

talent show: espektak varyete
Taliban: Taliban
talk: 1. *n.* koze; prezantasyon; 2. *v.* pale
talk back: replike
talk down: pale sou yon ton imilyan
talk nonsense: radote, ranse, deraye
talker: *n.* kozè, frazè
talkie: *n.* sinema palan
tall: *a.* wo
tallow: *n.* swif, la kochon, grès, mantèg
tamarind: *n.* tamaren
tame: *a.* aprivwaze, donte
tandon: *n.* tandon
tangent: *n.* tanjant
tangerine: *n.* mandarin, tanjrin
tangle: *v.* makònen, antòtye
tank: *n.* tank
tank truck: kamyon sitèn
Tanksgiving day: Jou Aksyondegras
tanner: *n.* tannè, moun ki transfòme po pou fè kwi
tannery: *n.* tànri po
tap: 1. *n.* wobinè; 2. *v.* frape
tap a telephone: mete yon liy telefòn sou ekout, espyone telefòn
tape: 1. *n.* riban; bann; kasèt; riban kolan; 2. *v.* tache ak riban
tape measure: *n.* santimèt, tep-a-mezire

tape player / recorder: aparèy ki anrejistre epi ki jwe kasèt

tapeworm: *n.* vè solitè

taproot: *n.* rasin prensipal

tar: *n.* goudwon

tarantula: *n.* krab arenyen

tardiness: *n.* reta

tardy: *a.* anreta

target: 1. *n.* sib, destinasyon; 2. *v.* sible, vize

tariff: *n.* dwa ladwann, tarif

Tariff of Abominations: Taks abominasyon (1828)

tarnish: *v.* tache, sal

taro: *n.* malanga

tarpaulin: *n.* prela, bach

tarsus: *n.* zo tas

tart: *a.* ki asid, si

task: *n.* tach, reskonsablite, travay

task force: ekip espesyal

tassel: *n.* bab mayi, riban

taste: 1. *n.* gou; 2. *v.* goute

taste aversion: degoutans pou gou yon manje

tasteless: *a.* fad, ki san gou, ki pa gen gou

tasting: goute, pran gou

tasty: *a.* ki gen bon gou, gou

tavern: *n.* tavèn, ba

tax: 1. *n.* taks; 2. *v.* takse, mete taks

tax collector: pèseptè

tax incentives: ensitasyon fiskal

tax-exempt bonds: obligasyon detakse

taxable income: revni enpozab

taxation: *n.* taksasyon

taxi: *n.* taksi, liy

TB (tuberculosis): tibèkiloz, tebe

tea: *n.* te, tizàn

Tea Act: Lwa sou te (1773)

teach: *v.* anseye, montre, aprann, enstwi, edike

teacher: *n.* pwofesè, anseyan

teaching: *n.* ansèyman

teak: *n.* bwa tèk

team: *n.* ekip

team approach: metòd kolaboratif

teammate: *n.* kòlèg, manm menm ekip

tear: 1.*v.* dechire; kriye; 2. *n.* akwo

tear open: dekoud, dechire

tears: *n.* dloje, lam

tease: *v.* takinen, anbete, anmède, toumante

teasing: *a.* taken, anbetan, anmèdan

teaspoon: *n.* kiyè te

tech prep: pwogram edikasyon teknik

technical: *a.* teknik

technical assistance: asistans teknik

technician: *n.* teknisyen

technique: *n.* teknik

technology: *n.* teknoloji
tedious: *a.* fatigan
teenager: *n.* adolesan, tinedjè, (moun ant 12 ak 18 tan)
teeth (tooth): *n.* dan
teething: *n.* dantisyon
telecast: 1. *n.* emisyon televizyon; 2. *v.* difize
telecommunication: *n.* telekominikasyon
telegram: *n.* telegram, depèch
telegraph: *n.* telegraf
telepathy: *n.* telepati
telephone: 1. *n.* telefòn; 2. *v.* telefòne, rele nan telefòn
telephone booth: kabin telefòn
telescope: *n.* teleskòp, lonnvi
televise: *v.* televize
television: *n.* televizyon, estasyon televizyon, aparèy televizyon
tell: *v.* di, pale, rakonte
tell a joke: bay blag
tell a lie: bay manti
tell stories: rakonte istwa, tire kont
temper: *n.* tanperaman
temperament: *n.* tanperaman, karaktè
temperance: *n.* tanperans, abstinans
temperate: *a.* tanpere, modere
temperature: *n.* tanperati
tempest: *n.* tanpèt
temple: *n.* tanp

temporal: *n.* zo tanp
temporal bone: zo tanp
temporal lobe: *n.* lòb tanporal
temporarily: *adv.* tanporèman; pou yon ti tan
temporary: *a.* tanporè, pwovizwa
tempt: *v.* tante
tempting: *a.* apetisan, tantan, atiran
ten: *a.* dis (10)
tenant: *n.* lokatè
tendency: *n.* tandans
tender: *a.* tann, sansib, mou
tenderness: *n.* tandrès
tendon: *n.* tandon, pati ki tache miskilati ak zo
tenement: *n.* bilding apatman bon mache
Tennessee Valley Authority (TVA): Otorite Valley Tennessee (1933)
tennis: *n.* tenis
tens: *n.* dizèn
tense: *a.* enève, rèd, entans
tent: *n.* tant
tentacle: *n.* tantakil
tenth: *a.* dizyèm, $10^{\text{yèm}}$
tenth grade: dizyèm ane
tepee: *n.* choukoun, tant
term: *n.* tèm, manda, peryòd, fen
term life insurance: asirans vi atèm
term limits: limit manda

terminal: *n.* tèminal
terminate: *v.* revoke
termination: *n.* revokasyon
termite: *n.* tèmit, foumi bwa
terms: *n.* kondisyon, kontra, dispozisyon
terrace: *n.* teras
terrible: *a.* tèrib, dwòl
terrific: *a.* ki fè pè, enkwayab, ki bay kè kontan
terrify: *v.* terifye, fè pè
territorial courts: tribinal teritoryal
territorial markers: liy fwontyè, limit, bòn
territory: *n.* teritwa
terror: *n.* tèrè, latèrè
terrorism: *n.* teworis
test: 1. *n.* tès, egzamen, depistaj; 2. *v.* teste, egzamine
test anxiety: kè sote anvan egzamen
test marketing: tès mache
test taking skills: bon teknik pou pase nan egzamen
test tube: epwouvèt, tib pou teste
testes: *n.* testikil
testicle: *n.* grenn, testikil
testify: *v.* temwaye, bay temwayaj
testimony: *n.* temwayaj
testis: *n.* testikil, grenn
testosterone: *n.* òmòn gason, testostewòn

tetanus: *n.* tetanòs
tetrahedron: *n.* tetrayèd
Texas longhorn: Bèf Tekzas longhorn
textbooks: *n.* liv lekòl
textile: *n.* twal, tekstil
texture: *n.* teksti
thalamus: *n.* glann talamis
than: *adv.* pase [konparatif]
than all: pase tout
thank: 1. *n.* mèsi, remèsiman; (thank god) = gras-a-dye; (thanks to) = gras a; 2. *v.* remèsye, di mèsi
that: 1. *conj.* ke; 2. *pron.* k, ki
that is to say: sètadi
that is to say: kòm ki dire, tankou
thatch: 1. *n.* tach; 2.*v.* mete tach sou kay
thaw: *v.* fonn
the: *art.* la, lan, a, an
theater: *n.* teyat, sal sinema
theatrical: *a.* teyatral
theft: *n.* vòl
them: *pron.* yo
thematic unit instruction: teknik ansèyman tematik
theme: *n.* tèm, sijè
themselves: *pron.* yo menm
then: *adv.* answit, apresa, alò
theocracy: *n.* teyokrasi
theorem: *n.* teyorèm
theory: *n.* teyori
therapy: *n.* terapi

there: *adv*. la, la a
there is, are: genyen, gen
there it is: vwala, men
therefore: *adv*. kidonk, pakonsekan, konsa, kidonk, alòs
thermal pollution: polisyon tèmik (chalè)
thermal resistance: rezistans tèmal
thermic energy: enèji tèmik
thermocline: *n*. tèmoklin
thermodynamic: 1. *n*. tèmodinamik; 2. *a*. tèmodinamik
thermometer: *n*. tèmomèt
thermos bottle: tèmòs
thermosphere: *n*. tèmosfè
thermostat: *n*. tèmosta, kontwòl tanperati
these: *adj. dem*. sa ... yo
these days: sèjousi
they, them, their: *pron*. yo
thick: *a*. epè, pwès, founi
thief: *n*. volè, vòlèz
thigh: *n*. kuis
thigh bone: zo kuis
thimble: *n*. de (pou koud)
thin: *a*. fen, mens
thing: *n*. bagay
think: *v*. panse, reflechi; (think it over) = reflechi sou sa
thinking: *n*. lojik, rezònman, bonsans, refleksyon, panse, lide
thinking skills: kapasite pou rezone

third: *a*. tyè, entyè (fraksyon), 1/3
third: *a*. twazyèm, $3^{yèm}$
third party: twazyèm pati
third world countries: peyi tyèmonn
Third World: Tyèmonn (peyi pòv)
thirst: *n*. swaf
thirsty: *a*. ki swaf
thirteen: *a*. trèz, 13
thirteenth: *a*. trèzyèm, $13^{yèm}$
Thirteenth Amendment: Trèzyèm Amannman (1865)
thirtieth: *a*. trantyèm, $30^{yèm}$
thirty: *a*. trant, 30
thirtyish: *n*. trantèn
this ... that: sesi..sela
this, that: *a. pos*. sa a
thorax: *n*. toraks, kòf lestomak
thorn: *n*. pikan, endesi
thorough: *a*. konsyansye; ki gen konsyans
thoroughly: *adv*. ak atansyon, an pwofondè
though: *adv*. byenke; malgre; menmsi
thought: *n*. panse
thousand: *a*. mil (1 000)
thousands (place value): *a*. milyèm
thousandth: *a*. milyèm
thread: 1. *n*. fil; 2. *v*. anfile; pase fil
threat: 1. *n*. menas

threaten: *v.* menase
three: *a.* twa, 3
three dimension: twa dimansyon
Three-Fifths Compromise: Konpwomi twasenkyèm (1787)
threshold: *n.* devan pòt, lento
thrifty: *a.* ekonòm; ki pa gaspiye
thrive, throve, thrived: *v.* byen devlope
thriving: *a.* ki an sante
throat: *n.* gòj, gòjèt
thrombosis: *n.* maladi twonbwoz
through: *adv.* atravè, nan
through and through: pak-an-pak
throughout: *adv.* toupatou
throw: *v.* jete, voye, lage
thrust: *v.* pouse ak fòs
thumb: *n.* dwèt pous
thumbnail sketch: desen rapid
thunder: 1. *n.* loraj, tonnè; 2. *v.* tonnen, fè kout loraj
Thursday: Jedi
thus: *adv.* kidonk
thyme: *n.* ten
thyroid: *a.* tiwoyid
thyroid gland: glann tiwoyid
tibia: *n.* zo tibya
tick: *n.* tik
tick-tack-toe: titato
ticket: *n.* kat; tikè, biye
tickle: *v.* satouyèt

tide: *n.* lamare
tide energy: enèji ki sòti nan lamare
tidy: *a.* pwòp
tie: 1. *n.* kravat, kòl; 2. *v.* mare
tie clasp: arètkòl
tie down: mare sere
tiger: *n.* tig
tight: 1. *a.* plake, jis, sere; 2. *adv.* solidman
tight money policy: politik monetè restriktif
tightwad: *n.* ti koulout
tile: *n.* mozayik, tuil
till (until): *prep.* jis, jiska
timber: *n.* bwa, planch
time: 1. *n.* fwa; lè, moman; tan; kou; 2. *v.* mezire tan
time deposits: depo atèm
time lags: dekalaj
time out: kanpe, sispann, rekreyasyon
time period: reny, rèy, tan
time zone: zòn orè, zòn lè, rezo orè
timeline: dat pwograme, kwonoloji, etap
timely: *adv.* alè
timely manner: atan, nan yon tan rezonab
timer: *n.* aparèy ki mezire tan
timid: *a.* timid
tin (Sn): *n.* eten, fèblan
tin can: mamit, kanistè
tin roofed house: kay tòl

tinea capitis: pyas, enfeksyon nan po tèt
tingling: *n*. pikotman
tinnitus: *n*. sansasyon zòrèy kònen
tinny: *a*. (sound) son fèblan
tinsmith: *n*. fèblantye
tinted windows: vit fonse
tiny: *a*. piti, toupiti
tiny bit: ti kras
tip: *n*. poubwa, pwent, konsèy
tire: 1. *n*. kawoutchou; 2. *v*. fatige
tired: *a*. fatige, bouke
tissue: *n*. twal, tisi, papye twalèt
tissue paper: papye fen
title: *n*. tit
to: *prep*. a, nan
toad: *n*. krapo
toast: *n*. pen griye
toaster: *n*. aparèy pou griye pen, tostè
tobacco: *n*. tabak
today: *adv*. jodi a
toe: *n*. zòtèy
toenail: *n*. zong pye
together: *adv*. ansanm
toil: *v*. travay di, trimen
toilet: *n*. watè; (WC) konfò
tolerate: *v*. sitire, admèt, sipòte, tolere
tollbooth: *n*. kazye pou peye dwa pasaj sou otowout
tomato: *n*. tomat; (tomato paste) = pat tomat

tomb: *n*. tonb, kav, kavo
tomorrow: *adv*. demen; (day after tomorrow) = aprè demen
ton: *n*. tòn
tongs: *n*. pensèt, pens, tenay
tongue: *n*. lang
tonic: 1. *n*. fòtifyan; 2. *a*. tonik, fòtifyan
tonight: adv. aswè a
tonsil: *n*. amigdal
tonsillitis: *n*. chè nan gòj
too: *adv*. twò; tou
too bad: tanpi
too much: twòp
tool: *n*. zouti
tool shed: depo zouti
tooth, teeth: *n*. dan
toothbrush: *n*. bwòsdan
toothpaste: *n*. dantifris
top: *adv*. anwo, sou, anlè
topography: *n*. topografi
topple: *v*. baskile; kilbite; ranvèse; fè tonbe
topsoil: *a*. tè arab
Torah: Tora (bib juif)
torch: *n*. tòch, bwadife
torment: *n*. touman, malè
tornado: *n*. tònad, toubiyon
torrent: *n*. lavalas, dlo desann
torso: *n*. tòs, lestomak, bibit
tortoise: *n*. karèt, tòti
torture: 1. *n*. siplis, tòti; 2. *v*. malmennen, tòtire
torturer: *n*. bouwo
toss: *v*. voye anlè, jete

total: *a.* total, global, tout
total war: lagè total
totalitarian: *a.* totalitè
totalitarianism: *n.* totalitaris
totally: *adv.* nèt, totalman
totems: *n.* totèm
touch: *v.* touche, manyen
touch-tone (telephone): telefòn ak bouton (oswa touch)
tough: *a.* rèd, difisil
tourist: *n.* touris
tournament: *n.* tounwa, konpetisyon
tow: 1. *n.* remòkaj; remòkè; 2. *v.* remòke
toward: *prep.* vè, nan direksyon
towel: *n.* sèvyèt
tower: *n.* tou, gratsyèl
town: *n.* vil, lavil
town meeting: asanble jeneral abitan komin, asanble popilè, reyinyon popilè
town square: plas piblik
townhouse: kay de (2) etaj kole ak lòt
township: *n.* minisipalite
toxic: *a.* toksik
toxic waste: dechè toksik
toy: *n.* jwèt
trace: 1. *n.* tras; 2. *v.* trase, depiste, jwenn, suiv tras
trachea: *n.* trache, tib ki ale nan poumon
track: 1. *n.* glisyè, trak; 2. *v.* suiv

track and field: atletis (kous)
tractor: *n.* traktè
trade (free): lib echanj
trade: 1. *n.* metye, pwofesyon, branch; komès, trafik, echanj; 2. *v.* twoke, chanje, fè echanj
trade agreement: akò komèsyal
trade association: asosyasyon komèsyal
trade balance: balans komèsyal
trade bank: bank komèsyal
trade barrier: baryè dwanyè
trade channel: sikui distribisyon (komèsyal)
trade cycle: sik ekonomik
trade deficit: defisi komèsyal
trade fair: fwa komèsyal, ekspozisyon komèsyal
trade figures: estatistik komèsyal
trade imbalance: defisi komèsyal
trade markets: mache aksyon, mache envestisman
trade name: mak komèsyal rezève
trade restrictions: baryè dwanyè, restriksyon komèsyal
trade sign: ansèy
trade surplus: eksedan komèsyal, sipli kòmèsyal
trade talks: negosyasyon komèsyal
trade union: sendika
trade-off: altènativ, konpwomi

tradition: *n.* tradisyon
tradition-based economy: ekonomi baze sou tradisyon, ekonomi enfòmèl
traditional economy: ekonomi tradisyonèl
traffic: *n.* sikilasyon
traffic citation: kontravansyon
traffic control device: aparèy ki kontwole sikilasyon
traffic light: limyè sikilasyon
traffic ticket: kontravansyon, amann
tragic: *a.* trajik
trail: 1. *n.* tras; pis; santye; chemen; 2. *v.* suiv tras; suiv pis
Trail of Tears: Santye dlo nan je (1838-39) (endyen ameriken)
trailer: *n.* remòkè, trelè
trailer hitch: aparèy pou rale trelè
train: *n.* tren
trait: *n.* trè, karaktè, fenotip
traitor: *n.* trèt
trajectory: *n.* trajektwa
trance: *n.* trans
tranquil: *a.* trankil
tranquilizer: *n.* kalman
tranquillity: *n.* trankilite
transaction: *n.* tranzaksyon
Transcendentalisme: Transandantalis
transcontinental railroad: tren transcontinantal

transcript: *n.* relvednòt, dokiman, kanè, transkrip
transfer: 1. *n.* transfè, deplasman; 2. *v.* transfere, bay transfè, fè transfè, deplase
transformation: *n.* transfòmasyon
transformer: *n.* transfòmatè
transfusion: *n.* transfizyon; (blood tranfusion) = transfizyon san
transistor: *n.* tranzistò
transition period: peryòd tranzisyon
transitive: *a.* tranzitif
translate: *v.* tradui
translation: *n.* tradiksyon; (geometry) translasyon
translator: *n.* traditktè
transluscent: *a.* translisid
transmission: *n.* transmisyon
transparency: *n.* dyapozitif, fèy plastik transparan
transparent: *a.* transparan
transpiration: *n.* transpirasyon
transplant: *v.* transplante, fè grèf, repike
transport: 1. *n.* transpò; 2. transpòte
transportation: *n.* transpò
Transportation Revolution: Revolisyon Transpòtasyon
transversal: *a.* transvèsal
transverse wave: onn transvèsal

trap: *n.* pèlen, pyèj
trapezoid: *n.* trapèz
trash: 1. *n.* fatra; 2. *v.* vandalize, denigre, sakaje, tòchonnen
trash compactor: aparèy ki kraze fatra
travel: 1. *n.* vwayaj; 2. *v.* vwayaje
traveler: *n.* vwayajè, pasaje
trawl: *n.* sèn
tray: *n.* kabare, plato
treason: *n.* trayizon
treasure: *n.* trezò
treasurer: *n.* trezorye
Treasury bills: bon Trezò an kont kouran
Treasury bonds: bon Trezò alontèm
Treasury notes: obligasyon Trezò
treat: *v.* trete
treat roughly: chifonnen, maltrete, malmennen
treatable: *a.* ki ka trete
treatment: *n.* tretman
treaty: *n.* trete
Treaty of Greenville: Trete Greenville (1795)
Treaty of Versailles: Trete Versailles (1919)
Tredegar Iron Works: Izin metal Tredegar
tree: *n.* pyebwa
tree diagram: dyagram branch

tremble: *v.* tranble
trembling: *n.* latranblad, tranbleman
tremendous: *a.* estra-òdiné, sansasyonèl
tremor of fear: tranbleman ak laperèz
trench warfare: lagè nan tranche
trend: *n.* tandans
trespass: *v.* depase limit, anpyete sou fwontyè
tress: *n.* très
trial: *n.* jijman, pwose
triangle: *n.* triyang
triangular: *a.* triyangilè
tribal group: tribi
tribe: *n.* tribi
tribulation: *n.* tribilasyon
tribunal: *n.* tribinal
tributary: *a.* tribitè
triceps: *n.* miskilati ponyèt
trick: 1. *n.* plan, estrateji, malis; 2. *v.* pran nan plan, fè mètdam
trigger: *n.* gachèt
trigonometry: *n.* trignometri
trim: 1. *a.* ki annòd; *v.* mete annòd, trime
trimester: *n.* trimès
trip: 1. *n.* vwayaj; 2. *v.* kilbite
triple: *a.* trip (twa fwa)
tripping: *n.* kwochèt
trivial: *a.* trivyal, vilgè
triviality: *n.* trivyalite, vilgarite

troop: *n.* bann; gwoup; twoup; eskadwon

trophy: *n.* twofe

tropical: *a.* twopikal

tropism: *n.* twopis

troposphere: *n.* twoposfè

trot: *v.* twote, mache prese

trouble: *n.* tètchaje, pwoblèm, akochay, twoub

troublemaker: *n.* tapajè, bagarè

troublesome: *a.* annuiyan, anmèdan

trough: 1. *n.* peryòd aktivite ralanti; kre; 2. *adv.* atravè, nan

trouser: *n.* pantalon, kanson

trout: *n.* pwason twit

trowel: *n.* tiwèl

truancy: *n.* woul, vagabonday

truant: *a.* woulè, absan, vagabon

truce: *n.* trèv

truck: *n.* kamyon

true: *a.* vrè, ki vrè

true or false: vrè oswa fo

true ribs: vrè kòt

truly: *adv.* vrèman, reyèlman

Truman Doctrine: Doktrin Truman (1947)

trumpet: *n.* twonpèt, piston

trunk: *n.* tij plant; malèt; twonp bèt, kòf machin

trust: 1. *n.* konfyans; 2. *v.* kwè, fè konfyans, konfye

trust: *n.* twòs

trust-busting: *n.* antiwòs, antimonopòl

trustworthy: *a.* ki merite konfyans, fidèl

truth: *n.* verite

try: 1. *n.* esè, tantativ; 2. *v.* eseye, chèche fè (try on) = mezire

tsetse fly: mouch tsetse ki bay maladi somèy

tsunamis: sounamis

tub: *n.* kivèt, benywa

tubal ligation: mare tib nan aparèy fi pou li pa fè pitit

tube: *n.* tib, chanm kawoutchou machin

tubeless tire: kawoutchou ki pa sèvi ak chanm

tubercle: *n.* douk, viv, rasin

tuberculosis: *n.* tibèkiloz, tebe

tuberosity: *n.* douk

tuck: 1. *n.* pens; 2. *v.* mete anplas

Tuesday: madi

tuft: *n.* touf

tug: 1. *n.* sakad, ti kou; 2. *v.* rale, redi, trennen

tumor: *n.* timè, anflamasyon

tuna: *n.* pwason ton

tundra: *n.* savann glase [nan aktik]

tune: 1. *n.* mizik; 2. *v.* akòde enstriman

tunnel: *n.* tinèl

turbine: *n.* tibin

turkey: *n.* kodenn
turn: 1. *n.* tou, kou; 2. *v.*
tounen, vire
turn indicator: siyal
turnip: *n.* navè
turnout: *n.* asistance,
patisipasyon, foul
turpentine: *n.* terebantin
turtle: *n.* tòti
turtledove: *n.* toutrèl
tutor: *n.* pwofesè; edikatè; titè
tutoring: *n.* leson patikilyè
tweezers: *n.* ti pens
Twelfth Amendment:
Douzyèm amannman (1804)
twelve: *a.* douz (12)
twentieth: *a.* ventyèm, 20^{yèm}
twenty: *a.* ven, vent, venn (20)
Twenty-first Amendment:
21èm Amannman (1933)
Twenty-sixth Amendment:
26èm amannman (1971)
twice: *adv.* de fwa
twin: *n.* jimo, jimèl, marasa
twist: 1. *n.* antòs, fouli; woulo;
twis; 2. *v.* kòde, trese, antòtiye,
tòde
two: *a.* de (2)
two-faced: ki gen de fas, ki pa
onèt
two-income families: fanmi a
de revni
two-party system: sistèm ak de
pati
type: 1. *n.* jan, kalite; 2. *v.* tape

typewriter: *n.* machin-a-tape
typhoid: *n.* maladi tifoyid
typhoid fever: lafyèv tifoyid
typical: *a.* tipik, karakteristik
tyranny: *n.* tirani, pèsekite

U

U.S. District Courts: tribinal federal
U-boats: soumaren
udder: *n.* manmèl
ugliness: *n.* lèdè
ugly: *a.* lèd
ulcer: *n.* ilsè, blesi
ulna: *n.* zo kibitis
ultimately: *adv.* alafen, finalman, anfinal
ultra violet: iltra vyolèt [reyon]
ultrasound: *n.* iltrason
umbilical cord: kòd lonbrit
umbilical hernia: gwo lonbrit
umbilicus: *n.* lonbrik
umbrella: *n.* parapli, onbrèl
unable: *a.* enkapab
unaffected: *a.* senp; ki pa afekte
unalienable rights: dwa inalyenab, dwa irevokab
unanticipated: *a.* enprevi
unappetizing food: *n.* tchanpan
unaware: *a.* pa okouran
unbearable: *a.* ensipòtab
unbecoming: *a.* ki pa apwopriye, ki pa nan plas li, ki pa kòrèk
unbiased: *a.* san paspouki, san byè
unborn: *a.* ki poko fèt
unbreakable: *a.* ki pa kapab kase

unbuttoned: *a.* ki pa boutonnen
uncertain: *a.* anbalan; ensèten; pa si
uncircumcised: *a.* ki pa sikonsi
uncle: *n.* monnonk
uncleanliness: *a.* malpwòp
uncomfortable: *a.* enkonfòtab; ki pa alèz
uncommon: *a.* estrawòdinè
unconditioned response: reflèks natirèl
unconscious: *a.* san konesans, endispoze
unconstitutional: *a.* anti-konstitisyonèl
uncontested: *a.* san kontestasyon
uncover: *v.* dekouvri
undecided: *a.* endesi; ki pa rezoud
under: *prep.* anba
under consumption: sou-konsomasyon
under oath: sou sèman
under-cover: sekrè, espyon
underarms: *n.* anba bra
undercook: *v.* rabi, pa byen kuit
underdeveloped: *a.* rasi, ki pa devlope, piti, chetif
underemployed: *a.* ki nan chomaj pasyèl
undergo: *v.* sibi
underground: *n.* anbatè
underground economy: aktivite ekonomik enfòmèl

Underground Railroad: Tren Klandesten
undergrowth: raje
underhandedly: *adv.* an katimini
underneath: *prep.* anba, pa anba
undernourished: *a.* malnouri
underpants: *n.* slip, kilòt, pantalèt
undershirt: *n.* chemizèt
undersigned: *a.* sousiye, moun ki siyen
understand: *v.* konprann
understanding: *n.* konpreyansyon, antant, konesans
underwear: *n.* kalson
underweight: *a.* lejè, mèg, ki pa peze ase
Underwood Tariff Act: Lwa pou redui tarif ladwann (1913)
underwrite: *v.* bay garanti, reprezante, pwoteje
underwriter: *n.* reprezantan, ki bay garanti, asirè
undisputed facts: prèv klè, prèv flagran, prèv san manti
undo: *v.* defè
undocumented worker: travayè san papye
undone: *a.* ki defèt
undress: *v.* dezabiye
unemployed: *a.* chomè
unemployment: *n.* chomaj

unemployment benefit: lajan asirans chomaj
unemployment rate: to chomaj
unequal: *a.* inegal
uneven: *a.* inegal, ki pa lis
unexpectedly: *adv.* sanzatann
unfair: *a.* malonèt; enjis
unforgettable: *a.* inoubliyab
unfortunate: *a.* malere, ki pa gen chans
unfortunately: *adv.* malerezman
unhappy: *a.* tris, mekontan
unicameral: *a.* inikameral (yon chanm lejislati)
uniform: *n.* inifòm
uniformed officer: lapolis ak inifòm
unify: *v.* inifye
uninhabitable: *a.* inabitab
uninsured: *a.* san asirans
uninsured motorist: chofè ki pa gen asirans
union: *n.* sendika; inyon, maryaj
union shop: konpayi sendike
Union (ACLU): Inyon pou libète Sivil Ameriken
unique: *a.* inik san parèy, estrawòdinè
unit: *n.* inite, grenn
unit of accounting: inite kontab
unit of measure: inite mezi
unitary: *a.* initè
unitary system: sistèm initè

unite: *v.* ini, inifye
United Farm Workers (UFW): Sendika Travayè Agrikòl inifye
United Mine Workers (UMW): Sendika Travayè nan Min
United Nations (UN): Nasyonzini
United States: Etazini
unity: *n.* inite, solidarite, inyon
universal: *a.* inivèsèl
universal attraction force: fòs atraksyon inivèsèl
universal law of gravitation: lwa inivèsèl gravitasyon
university: *n.* inivèsite
unjust action: enjistis, lenjistis
unkind: *a.* malonnèt; ki pa janti
unknown: *a.* etranj; enkoni
unlawful possession: posesyon bagay ki ilegal
unless: *conj.* amwenske, sof si
unlike: *prep.* kontrèman a
unlikely: *a.* pa pwobab
unlimited liability: reskonsablite ilimite
unload: *v.* dechaje
unlock: *v.* debloke
unplug: *v.* deploge, dekonekte
unprofessional: *a.* ki pa pwofesyonèl
unreasonable: *a.* ki pa rezonab
unreliable: *a.* pa sèten
unrest: *n.* enkyetid, deblozay

unripe: *a.* wòwòt, vèt, ki pa mi
unruly: *a.* brigan, ki fè dezòd
unscrupulous: *a.* sanwont
unsecured loan: anpren non garanti
unsightly: *a.* makwali, ki pa byen
unskilled laborer: mannèv
unskilled workers: travayè non-kalifye
unsteady balance: enstab
untie: *v.* lage, defèt, demare
until: 1. *prep.* jis, jiska, jous; 2. *conj.* annatandan, jiskaske
untrue: *a.* fo, ki pa kòrèk, mansonj
unused: *a.* ki pa sèvi; nèf
unusual: *a.* inabityèl, ki pa nòmal
unwrap: *v.* defè, ouvè, devlope
unzip: *v.* dezipe, ouvè
up: *adv.* anlè, anwo, soutèt
up-to-date: *a.* resan, ajou
upbringing: *n.* edikasyon, levasyon
uphill: an montan
upper: *a.* siperyè; ki anwo
upper arm: bout anwo bra
upright: *a.* dwat; vètikal
uprising: *n.* soulèvman, revòlt
uproar: *n.* eskandal; bri; eskonbrit

upset: 1. *a.* fache, twouble, vekse, kontrarye; 2. *n.* boulvèsman, dezòd; 3. *v.* ranvèse, fè chavire, boulvèse, deranje
upset stomach: kè plen
upside down: tèt anba
upstairs: *adv.* anwo, aletaj
upstart: *n.* kòmansman
uptight: *a.* siseptib, sere-pete
upward mobility: pwomosyon sosyal
Uranus: *n.* planèt iranis
urban: *a.* iben, lavil
urban development: devlopman iben
urban renewal: amenajman iben
urbanization: *n.* ibanizasyon, devlopman vil
ureter: *n.* itè, tib ki soti nan ren ki pote pise nan vesi
urethra: *n.* irèt, ti tib ki pote likid deyò
urethritis: *n.* maladi kanal boule
urge: *v.* rekòmande anpil
urgent: *a.* ijan
urinal: *n.* kote pou pise, irinwa
urinalysis: *n.* analiz pipi
urinary bladder: blad pipi
urinary catheter: katetè pou pipi
urinate: *v.* pipi; fè pipi
urine: *n.* pipi

urine catheter: katetè (tib plastik pou fè malad pipi)
urine test: tès pipi
urogenital: *n.* sistèm pipi ak sistèm fè pitit, iwo-jenital
us: *pron.* nou
use: 1. *n.* itilizasyon; 2. *v.* itilize; sèvi ak
used: *a.* ize, dezyèm men
used to: konn, abitye
useful: *a.* itil
useless: *a.* initil
usual: *a.* òdinè
usually: *adv.* souvan; anjeneral; jeneralman
usurer: *n.* izirye
utensil: *n.* veso; asyèt; vesèl
uterus: *n.* iteris, matris
utilities: *n.* sèvis piblik
utility: itilite (sèvis piblik tankou elektrisite, dlo, ranmase fatra eltr.)
utmost: *n.* pi gran; siprèm
utopian communities: kominote itopik
utopian reform: refòm itopik
utter: *a.* konplè; pi gran
utterance: *n.* espresyon, pouse son, son
utterly: *adv.* nètale
uvula: *n.* lalwèt
uzi: *n.* ouzi; zam otomatik

V

vacant: *a.* lib, ki pa okipe, vid
vacation: *n.* vakans
vaccinate: *v.* pran vaksen; bay vaksen; vaksinen; vaksen
vaccination: *n.* vaksinasyon
vaccine: *n.* vaksen
vacillation: *n.* endesizyon
vacuum cleaner: aspiratè
vagabond: *n.* vakabon
vagina: *n.* vajen
vagrant: *n.* vagabon
vague: *a.* vag; raz
vain: *a.* initil
valence electron: elektwon valans
valiant: *a.* vanyan; brav
valid: *a.* valid; valab
validity: *n.* validite; itilite
valise: *n.* sak vwayaj; valiz, malèt
valley: *n.* savann; plato
valuable: *a.* valab; ki gen valè
value: *n.* valè; enpòtans
valve: *n.* vav; soupap
van: *n.* kamyonèt; taptap
vandalism: *n.* kase kay, vandalis
vanilla: *n.* vaniy
vanilla beans: gous vani
vanish: *v.* disparèt
vanquish: *v.* venk; genyen, pote laviktwa
vapor: *n.* vapè

vaporizer: *n.* vaporizatè
vaqueros: kòbòy
variable: 1. *a.* varyab; 2. *n.* varyab
variation: *n.* varyasyon
varicose: *n.* varis
varicose veins: venn varis
variety: *n.* varyete
variety store: *n.* baza, boutik
various: *a.* divès; diferan
varnish: *v.* vèni
vary: *v.* varye; chanje
vascular plant: plant vaskilè
vase: *n.* vaz; potaflè
vast: *a.* vast; anpil; gran
vastly: *adv.* ekstrèman
vat: *n.* basen
vault: *n.* kòfrefò
VCR: aparèy pou jwe videyo
vector: *n.* vektè
veer: *v.* vire
vegetable: *n.* legim vèt; salad
vegetate: *v.* vejete; penpennen; anbès
vehicle: *n.* machin
vehicle registration office: biwo sikilasyon pou anrejistre machin
veil: *n.* vwal
vein: *n.* venn
velocity: *n.* velosite; vitès
velvet: *n.* vlou
vend: *v.* vann
vendor: *n.* machann; komèsan, vandè

venerate: *v.* venere; respekte
Venn diagram: dyagram Venn
vent: 1. *n.* griyaj; 2. *v.* vantile
ventilated: *a.* ayere, vantile
ventricle: *n.* vantrikil
venture: 1. *n.* negòs; antrepriz; 2. *v.* riske
venue: *n.* jiridiksyon; teritwa
Venus: *n.* planèt Venis
verb: *n.* vèb
verbal: *a.* vèbal; aloral; oral
verbal intelligence: entelijans vèbal
verbatim: *a.* literal; mo pou mo; alalèt
verdict: *n.* vèdik, desizyon; jijman; kondanasyon
verification: *n.* verifikasyon
verify: *v.* verifye
vermin: *n.* parazit; vèmin
Versailles Treaty: Trete Vèsay
verse: *n.* kouplè chante, vèsè Labib
version: *n.* vèsyon
versus: *prop.* kont, opoze
vertebra: *n.* vètèb
vertebral column: zo rèl do; kolòn vètebral
vertebrate: 1. *n.* vètebre; 2. *a.* bèt ki gen vètèb, zo rèl do
vertex: *n.* vètèks; pwent
vertical: *a.* vètikal
vertical angles: ang vètikal
vertical integration: entegrasyon vètikal

vertigo: *n.* tèt vire; vètij
vervain: *n.* vèvenn
very: *adv.* byen; trè; anpil
vespers: *n.* vèp
vessel: *n.* veso; bato
vestibular senses: sans ekilib
veto: *n.* veto
vex: *v.* vekse
vial: *n.* poban; flakon; ti boutèy
vibrate: *v.* vibre; souke
vibration: *n.* vibrasyon
vibrator: *n.* vibratè
vice: *n.* vis, mani, defo
vice versa: *adv.* ale pou vini; vise-vèsa
Vice President: Visprezidan
viceroy: *n.* viswa
vicinity: *n.* alantou; vwazinaj; katye
vicious: *a.* mechan; malveyan, visye
victim: *n.* viktim
victimless crimes: krim san viktim
victory: *n.* viktwa
videotape: 1. *n.* videyotep; 2. *v.* anrejistre nan matetoskòp
Vietcong: Vyetkong
Vietminh: Vyetmin
Vietnam: Vyetnam
Vietnam Veterans Memorial: Moniman Veteran Vyetnam
Vietnamization: Vyetnamizasyon
view: *v.* wè; gade; egzamine

viewpoint: *n.* opinyon; pozisyon; pwendvi

vigilant: *a.* veyatif , vijilan

village: *n.* vilaj; bouk

villain: *n.* malfèktè; vilen

villainous: *a.* selera

vinegar: *n.* vinèg

violate: *v.* vyole; dezobeyi

violation: *n.* vyolasyon; enfraksyon

violence: *n.* vyolans

violent: *a.* vyolan

violet: *a.* vyolèt

virgin: *n.* vyèj; tifi

Virgin Mary: *n.* Lavyèj Mari

virtual image: imaj vityèl

virtually: *adv.* pratikman

virus: *n.* viris

visa: *n.* viza

viscosity: *n.* viskozite

visible: *a.* vizib

visible light: limyè vizib

visibly: *adv.* avidèy

vision: *n.* vizyon; rèv

vision statement: objektif; misyon

visit: 1. *n.* vizit; 2. *v.* vizite; rann vizit

visitor: *n.* vizitè

visor: *n.* retwovizè; kepi

visual: *a.* vizyèl

visual arts: atizay plastik

visual pigment: pigman vizyèl

visual skills: pèsepsyon vizyèl; kapasite vizyon

visually: *adv.* vizyèlman

vital: *a.* vital; serye

vitamin: *n.* vitamin

vocabulary: *n.* vokabilè

vocal cord: kòd vokal; kòd vwa

vocational: *a.* pwofesyonèl; vokasyonnèl

vocational counselor: konseye vokasyonèl

vogue: *n.* alamòd, vòg

voice: 1. *n.* vwa; 2. *v.* pwononse

voice mail: repondè telefòn

volcanic rock: wòch vòlkanik

volcano: *n.* volkan

volleyball: *n.* volebòl

volt: *n.* vòl

voltage: *n.* vòltaj

volume: *n.* volim

voluntarily: *adv.* sou baz volontè; avèk volonte; volontèman

voluntary exchange: echanj volontè

voluntary muscles: mis volontè; miskilati

volunteer: *n.* volontè

voluptuous: *a.* byen pòtan; atreyan

vomit: 1. *n.* vomi; vomisman; 2. *v.* vomi; rejte

vomiting: *n.* vomisman

voodoo: *n.* vodou

voodoo priest: ougan

voodoo priestess: *n.* manbo

voodoo temple: *n.* houfò;

peristil
vote: 1. vòt; vwa; 2. *v.* vote
voter registration: enskripsyon
elektè
Voting Rights Act of 1965:
Lwa sou Dwa vot 1965
vow: *n.* ve; pwomès
voyage: *n.* vwayaj
voyeurism: *n.* vwayeris
vulgar: *a.* òdinè; vilgè
vulture: *n.* votou

W

wad: boul koton; lyas lajan
wade: *v.* patoje
Wade-Davis Bill: Pwojè lwa
Wade-Davis
wadis: *n.* wadis
wag: *v.* ajite; souke
wage: *n.* salè; peman;
apwentman
wager: 1. *n.* paryaj; 2. *v.* parye;
fè paryaj
wagon: *n.* kabwèt; baskil;
kajtren
wail: *v.* jemi
waist: *n.* senti; tay
wait: *v.* tann
wait and see: rete tann
waiter: *n.* gason sèvè
waiting list: lisdatant
waive: *v.* abandone; renonse;
anile; mete sou kote; sede
waiver: *n.* dispans;
konsiderasyon; eksepsyon
waiver of jury: renonse jijman
devan jiri
waiver of rights: renonse dwa
wake: 1. vèy; veye; 2. *v.* reveye
walk: 1. *n.* flann; pwomnad; 2.
v. mache; pwomennen
walk-a-ton: kous mache apye
walk-in cooler: gwo frijifdè
komèsyal
walker: *n.* machè

walking: 1. *a.* apye; 2. *n.* machapye; pwomnad; mach
walking stick: baton pou mache
walkout: *n.* manifestasyon; grèv
walkway: *n.* twotwa
wall: *n.* mi; panno; miray
wallet: *n.* bous; pòtfèy
wallow: *v.* woule; woule atè
wander: *v.* flannen; trennen
wane: 1. *n.* dekadans; 2. *v.* wonbe
waning: *v.* diminye; sevre
want: *v.* vle
war: *n.* lagè
war against poverty: lagè kont lamizè
war on terror: lagè kont teworis
War Hawks: Fokon lagè
War Industries Board (WIB): Konsèy Endistri Lagè
War on Drugs: Lit kont Dwòg
War on Poverty: Lagè kont povrete
War Powers Act: Lwa sou Pouvwa Lagè (1973)
War Production Board (WPS): Konsèy Pwodiksyon Lagè
ward: *n.* seksyon
ward: *v.* pare; detounen
wardrobe: *n.* amwa; gadwòd

wards: *n.* sikonskripsyon elektoral
warehouse: *n.* depo
warm: 1. *a.* cho; tyèd; 2. *v.* chofe
warm blooded animals: bèt san cho
warm front: fwon cho
warmth: *n.* chalè; kòdyalite
warn: *v.* avèti; prevni
warning: *n.* avètisman; avi; preyavi; atansyon; prekosyon
warrant: 1. *n.* jistifikasyon; garanti; biyè-a-òd; chèk; manda; bon souskripsyon; 2. *v.* garanti; merite
warrant arrest: manda-darè
warrant search: manda ki pèmèt otorite fouye
warranty: *n.* garanti
Warren Commission: Komisyon Warren
Warsaw Pact: Pak Vasovi
wary: *prep.* sou piga
wash: *v.* lave
wash and iron: lave-pase
wash one self: fè twalèt
washing: *n.* lavaj; lesiv
washing machine: machinalave
Washington Conference: Konferans Washington (1921)
washtub: *n.* benywa
wasp: *n.* gèp**

waste: 1. *n.* fatra; gaspiyaj; 2. *v.* gaspiye
wastebasket: *n.* panye fatra
wasteful: *a.* gaspiyè
watch: 1. *v.* gade; siveye; veye (as in eye); 2. *n.* mont
watch for: siveye
watch out: pinga!
watchman: *n.* gadyen
water: 1. *n.* dlo; 2. *v.* wouze
water cooler: aparèy pou refwadi dlo
water cycle: sik dlo
water heater: aparèy pou chofe dlo
water purifier: aparèy pou pirifye dlo
water vapor: vapè dlo
watercress: *n.* kreson
waterfall: *n.* kaskad; chit dlo
waterfront: *n.* bòdmè
Watergate: Watèget
Watergate scandal: eskandal Watèget
watermelon: *n.* melon dlo
waterway: *n.* kanal navigab
watery: *a.* ki gen dlo
watt: *n.* wat
wave: 1. *n.* onn; vag lanmè; 2. *v.* voye men
wave height: wotèdond
wavelength: *n.* longèdonn
waver: *v.* vasiye; tranble
wax: 1. *n.* si; lasi; 2. *v.* sire

way: *n.* fason; mwayen; wout; chemen
we; us; our: *pron.* nou
weak: *a.* fèb
weaken: *v.* febli; bese
weakness: *n.* feblès; frajilite
wealth: *n.* fòtin; byen; richès
wealthy: *a.* rich
wean: *v.* sevre
weaning: *n.* sevraj
weapon: *n.* zam
weapons of mass destruction: zam pou touye moun an mas
wear: *v.* pote; mete; abiye
wear a suit: kostime; abiye ak kostim
wear down: minen; kraze
weariness: *n.* fatig
weather: *n.* klima; tan; tanperati
weather forecast: prediksyon tan
weather vane: moulen van
weathering: *n.* degradasyon
weave: *v.* tise
web: *n.* rezo; fil arenyen; pat kanna
Web sites: Wèbsayt
wedding: *n.* maryaj; nòs
wedding ring: alyans
Wednesday: mèkredi
weed: 1. *n.* move zèb; 2. *v.* sekle
week: *n.* semenn
weekend: *n.* wikenn; fen semenn
weep: *v.* kriye

weigh: 1. *n.* pwa; pèz; 2. *v.* peze
weightless economy: ekonomi abstrè
weird: *a.* etranj; dwòl; sinatirèl
welcome: 1. *a.* byenveni; 2. *n.* byenveni; 3. *v.* akeyi
weld: 1. *n.* soudi; 2. *v.* soude
welding: *n.* soudi
welfare: *n.* byennèt, asistans piblik
welfare: *n.* asistans piblik
welfare reform: refòm byennèt sosyal
welfare state: pwoteksyon sosyal
well: *adv.* byen; bon
well: *n.* (water) pi dlo
well-bred: *a.* byennelve
well built: byen bati
well-known: *a.* popilè
well-mannered: *a.* byennelve
well-off: alèz
well then: bon; enben; alò
werewolf: *n.* lougawou
west: *n.* lwès
western: *a.* alwès; oksidantal
Western Europe: Ewòp Oksidantal
Western Hemisphere: Emisfè Oksidantal
westernization: *n.* oksidantalizasyon
wet: *v.* mouye
whale: *n.* balèn
wharf: *n.* waf

what (interrogative): *pron.* kisa?
what a pity!: *interj.* adye!
what do I care: kitemelem
what's new?: ki nouvèl?
whatever may be: kèlkeswa
wheat: *n.* ble
wheat flour: farin ble
Wheat Belt: Rejyon pwodisyon ble
wheedle: *v.* amadwe
wheel: *n.* wou; kawoutchou machin
wheelchair: *n.* chèz woulant
wheeler-dealer: *n.* brasèdafè
when: *conj.* kilè, kan, kou, lè
whence: *conj.* kidonk
whenever: *conj.* kan, lè, chak fwa, nenpòt lè
where: 1. *conj.* kibò; ki kote; 2. *adv.* kibò
whereas: *conj.* alòske
whether or not: ke...ke
whether...or: kit...kit
whetstone: *n.* mèl, wòch, lim
which: *pron.* ki
which one: *pron.* kilès
Whig Party: Pati Whig
while: *conj.* pandan, alòske
while ago: anvan
whim: *n.* fantezi; kapris
whine: 1. *n.* jemisman; 2. *v.* plenyen
whip: 1. *n.* fwèt; 2. *v.* kale
whipping: *n.* kal

whirlwind: *n.* toubouyon
whisky: *n.* wiski
whisper: *v.* pale ba; chwichwi
whistle: *n.* souflèt
whistle: *v.* sifle
white: *a.* blan
white blood cells: globil blan
white matter: matyè blanch
white-collar crimes: delenkans an kòl blan
white-collar workers: anplwaye biwo
who: *pron.* ki
whoa!: *interj.* la
whoever: *pron.* nenpòt moun
whole: *a.* tout, antye
whole learning: aprantisaj global
whole number: nonm antye (0; 1; 2; ..)
wholesale: *a.* an gwo
wholesaler: *n.* gwosis
wholly: *adv.* nèt; konplètman
whooping cough: koklich
whopper: *n.* bouden; blòf; boulòk
whore: *n.* piten; awona; jennès
whose: *pron.* ki
why?: *conj.* poukisa
wick: *n.* mèch
wicked: *a.* mechan; move
wide: *a.* gran; laj
wide range: tout yon seri; an gran espas
widen: *v.* laji; grandi

widow: *n.* vèv
widower: *n.* vèf
width: *n.* lajè
wife: *n.* madam
wig: *n.* perik
wiggle: *v.* ajite
wild: *a.* awoyo; andyable; sovaj
wilderness: *n.* espas sovaj
Wilderness Campaign: Lagè Savann (Me-Jen 1854)
wildlife: *n.* espas natirèl
wilful neglect: neglijans premedite
will: *n.* testaman; volonte
will: *v.* (future) ap; av; ava; va
willing: *a.* dispoze, pare pou
Wilmot Proviso: Pwopozisyon Wilmòt (1846)
win: *v.* genyen, pote laviktwa
wind: *n.* van. 2. *v.* bay chenn
wind turbine: motè ak van
winding: *n.* bobinay
window: *n.* fenèt
windowpane: *n.* vit
windshield wiper: esuivit
wine: *n.* diven
wing: *n.* zèl
wink: *v.* bay yon kout je; fè siy
winner: *n.* gayan
winnow: 1. *n.* laye; bichèt; 2. *v.* vannen
winnowing tray: laye
winter: *n.* sezon livè
winter solstice: sòltis ivè
wipe: *v.* siye

wire: 1. *n.* fil. 2. *v.* enstale fil
wire money: transfè lajan
Wisconsin Idea: Pwogram
Wisconsin
wisdom: *n.* sajès
wisdom teeth: dan zòrèy; dan
sajès
wise: *a.* saj
wish: *v.* swete
witch: *n.* sòsyè, majisyèn,
lougawou
with: *prep.* avèk, avè; ak
withdraw: *v.* retire
withdrawal: *n.* retrè
withdrawn: *a.* izole; apa;
rezève
wither: *v.* fennen; deperi
withhold: *v.* kenbe
within: *adv.* andedan
without: *prep.* san
withstand: *v.* sipòte, reziste
witness: *n.* temwen
wolf: *n.* lou
woman: *n.* fanm; madanm;
nègès; fi
Woman's Christian
Temperance Union: Inyon
Fanm Kretyen pou Abstinans
womb: *n.* itenj
women's right: dwa fanm
wonder: 1. *n.* mèvèy; 2. *v.*
etone
wonderful: *a.* estrawòdinè
wood: *n.* bwa
wooden floor: planche

woodpecker: *n.* sèpantye
woods: *n.* rak bwa; forè
woodshaving: *n.* rip bwa
Woodstock: Woodstock (1969)
wool: *n.* lenn
word: *n.* mo
word processor: pwogram pou
tape nan konpitè
work: 1. *n.* travay; 2. *v.* travay;
fonksyone
work cooperatively: travay
ansanm
work ethic: etik nan travay
work force: mendèv
work hard: feraye, travay di
work independently: travay
endepandan
worker: *n.* travayè; ouvriye
worker bee: myèl travayè
workers' compensation:
konpansasyon travayè
working class: klas travayè
working days: jou travay
workman: *n.* ouvriye
workshop: *n.* atelye; seminè
antrènman
world: *n.* lemonn; monn
world history: istwa jeneral
world war: lagè mondyal
World Bank: Bank Mondyal
World Court: Tribinal
Entènasyonal
World Trade Center: Sant
Komès Mondyal

World Trade Organization: Oganizasyon Komès Mondyal
World Trade Organization (WTO): Òganizasyon Mondyal Komès
World War I: Premyè Gè Mondyal
World War II: Dezyèm Gè Mondyal
World Wide Web: Rezo Entènèt mondyal
worm: *n.* vè
worm medicine: remèd vè
worn-out: *a.* ize, abime
worried: *a.* enkyè; enkyete
worry: 1. *n.* enkyetid; traka; pwoblèm; kalkil; tètchaje; 2. *v.* enkyete; trakase
worse: *a.* pi grav
worsen: *v.* anvlimen; vin pi grav; anpire
worst: *a.* pi mal
worth: *n.* valè
worthless: *a.* san valè
worthless object: tenten
worthy: *a.* merite
wound: 1. *n.* blesi; 2. *v.* blese
wow: int. kèt! wololoy!
wrap: *v.* vlope; plòtonnen
wrath: *n.* kòlè
wreck: *n.* aksidan; kraze; kolizyon
wrench: *n.* kle, zouti
wretched: *a.* minab
wring: *v.* tòde

wrinkle: 1. *n.* pli; rid, min; 2. *v.* chifonnen
wrist: *n.* ponyèt, pwayè
writ of *habeas corpus:* asiyasyon *habeas corpus* (abeyas kòpous)
write: *v.* ekri
writhe: *v.* kòde
writing: *n.* ekriti; òtograf; elokisyon; disètasyion
writing skills: ladrès pou ekri
writing system: sistèm òtograf
writs of assistance: manda kolektè taks
written: *a.* alekri; ki ekri
wrong: *a.* mal; move; pa bon; antò
wrong side: lanvè
wrought iron: fè fòje

X

x-axis: *n.* aks iks (x), absis
x-ray: *n.* reyon x, radyografi
xenophobe: *a.* zenofòb
xenophobia: *n.* zenofobi
xerox: 1. *n.* fotokopyez; 2. *v.* fotokopye
xiphoid process: pwent zo biskèt
Xmas: *n.* Nwèl
xylem: *n.* zilèm [plant]
xylophone: *n.* zilofòn
XYZ affair: Afè XYZ (1797)

Y

y-axis: *n.* aks igrèk (y); òdone
Yalta Conference: Konferans Yalta (1945)
yam: *n.* yanm
yank: 1. *n.* sakad; kou sèk; 2. *v.* bay kou sèk, rale
yap: 1. *n.* japman; 2. *v.* jape
yard: *n.* lakou; inite mezi yad (yd)
yard boy: gason lakou
yarn: *n.* fil
yawn: *v.* baye
yaws: *n.* pyan
year: *n.* an, lan, ane, lane
year-round: tout lane
yeast: 1. *n.* leven; chanpiyon; levi
yeast infection: enfeksyon chanpiyon
yell: *v.* rele
yellow: *a.* jòn
yellow fever: lajonis; lafyèn jòn
yellow journalism: jounalis sansasyonalis
yellow press: laprès sansasyonalis
yes: *adv.* wi
yesterday: *adv.* ayè; yè
yet: *adv. conj.* toujou
yield: 1. *n.* randman; 2. *v.* sede; kite pase
yo-yo: *n.* yoyo
yoke: *n.* jouk

you: *pron.* ou
young: *a.* jenn, jèn
youngster: *n.* jèn moun
your: *adj.* ou
yours: *pron.* ou
yourself: *pron.* oumenm
youth: 1. *n.* jennès; 2. *a.* jenn
yucca: *n.* manyòk
Yurt: Yòt

Z

zebra: *n.* zèb
zenith: *n.* zenit
zero: *a.* zewo
zigzag: *n.* zigzag
zinc (Zn): *n.* zenk
zionism: *n.* zyonis
zip: 1. *n.* zip; 2. *v.* zipe
zip code: kòd postal
zipper: *n.* zip
zit: *n.* bouton
zombie: *n.* zonbi
zonal: *a.* zonal
zone: *n.* zòn
zoning: *n.* zonaj
zoning law: lwa dekoupaj ak itilizasyon teritwa
zoo: *n.* zou
zoology: *n.* zowoloji
zoom: *v.* zoum
zoom in: agrandi
zoom out: diminye, redui
zygomatic bone: zo figi
zygote: *n.* zigòt

Comments

Please send your comments to:

Educa Vision
7550 NW 47th Ave.
Coconut Creek, FL 33073

phone: 954 725-0701, or
e-mail: educa@aol.com
or visit: www.educavision.com

Order

Title	Price
English Haitian Creole Dictionary, 2e.	$19.50

For one book, include $ 3.95 for Priority Shipping.
For two or more books include 10% of the total for shipping

We accept Purchase Orders, check, VISA and Master Card

Send to the address indicated above or call